语言学研究系列丛书

基于英汉语料的仿拟跨学科研究

INTERDISCIPLINARY STUDY OF PARODY BASED ON ENGLISH AND CHINESE CORPUS

罗胜杰 著

西北工業大學出版社

【内容简介】 本书基于英汉语料，以仿拟为研究对象，从哲学、语言学、叙事学、语言经济学与和合学五个维度，对仿拟展开了跨学科研究。揭示了仿拟的“生”（产生）、“质”（本质）、“隐”（隐含）、“状”（现状）和“用”（使用），构建了仿拟的多学科网络框架，形成了仿拟的一个完整的、同时也是良性的循环体系，为使仿拟类语言更好地服务于社会提供参照，同时也给类似语言现象的研究提供参考与借鉴。

图书在版编目(CIP)数据

基于英汉语料的仿拟跨学科研究/罗胜杰著．—西安：西北工业大学出版社，2015.9

ISBN 978-7-5612-4612-2

Ⅰ．①基… Ⅱ．①罗… Ⅲ．①修辞学—研究 Ⅳ．①H05

中国版本图书馆 CIP 数据核字(2015)第 218997 号

出版发行：西北工业大学出版社
通信地址：西安市友谊西路 127 号 邮编：710072
电　　话：(029)88493844 88491757
网　　址：www.nwpup.com
印 刷 者：陕西向阳印务有限责任公司
开　　本：727 mm×960 mm 1/16
印　　张：14.5
字　　数：266 千字
版　　次：2015 年 9 月第 1 版 2015 年 9 月第 1 次印刷
定　　价：40.00 元

本书是2011年湖南省哲学社会科学基金项目“英汉仿拟的跨学科研究”(课题批准号:湘哲社领[2011]10号,项目编号:11WLH16)的结题成果,特此鸣谢!

序　一

罗胜杰博士所撰《基于英汉语料的仿拟跨学科研究》是他长期致力于修辞领域研究的结晶，是一部有特色的学术专著，同时也是跨学科研究的又一成果。

回顾我和罗胜杰博士的初次相识是在 2007 年。当时他从事仿拟研究已经有两年时间，我们在一起聊得很投机，他把他的一些成果给我看了，我对仿拟了解不多，但也略知一二。当时他在语言学领域内的仿拟研究已经做得不错了，苦于没有新的视角，于是我跟他说起是否可以尝试跨学科研究，从别的学科领域来对仿拟进行研究。

此后的 2010 年，他告诉我他顺利考上了上海外国语大学的博士，成为一名博士研究生。欣慰之余，我问起他的研究方向，他告诉我说依旧想将仿拟研究深入下去，尝试对其开展跨学科研究。2011 年，他以"英汉仿拟的跨学科研究"为题，成功申请到湖南省哲学社会科学基金项目。消息传来，我不禁为他接二连三的收获倍感欣慰，鼓励他抓住攻读博士学位的机遇，在上海外国语大学这所知名学府好好将此课题研究下去。时隔两年，好消息又随之而来，他的博士论文《基于英汉语料的仿拟跨学科研究》顺利通过答辩。并且过了不久，在博士论文基础上，他的专著诞生了，嘱我为之作序，欣然应允。

罗胜杰博士属于那种工作十分认真，对学术追求十分执着的年轻人，有着明确的学术目标和研究方向。在我担任湖南工程学院外国语学院院长期间，他的勤奋有目共睹，他以自己的实力，在科研道路上取得了较为丰硕的成果：主持了多项省级课题，在核心期刊发表了数篇论文，并获得几项相关研究领域科研奖励，是一位具可持续发展的科研骨干。这本学术专著便是对他所付出的回报。

罗胜杰博士的这部论著的基本特点就是以多学科知识，将仿拟研究的范围由狭小而单纯的语言学领域引领出来，步入了跨学科研究的殿堂。对其研究深入、具体，从哲学、语言学、叙事学、语言经济学与和合学等五个维度，分析了仿拟的"生""质""隐""状""用"，构建了仿拟的跨学科研究网络框架，内容全面、新颖，创新性强，拓展了学术研究视野。该学科研究可以培育新的学术领域和学科增长点，弥合科学主义和人文主义的分裂。本研究选题反映出作者广阔的学术视野以及在多个学科领域内的熟练程度。全书文本流畅，文笔娴熟，反映出作者深厚的学术功底。正如作者所说，“该研究体现了三个方面的研究意义：联通整合学科，拓展完善理论，促进学科交叉”，为类似语言现象的跨学科研究提供了富有价值的参考。

他将他的博士论文初稿给我看了，我在拜读之余，与他探讨了两个问题：一是文章所提跨学科理论的科学性在今后还须进一步验证和完善，二是对仿拟现象的整合效应等还需要进一步思考。经过修缮后，这两个问题在专著中有了一定程度的解决，从而可看出作者虚心好学和认真踏实的学术修养。

最后，希望和期待着作者能以这方面的研究新成果贡献于修辞领域的研究，贡献于跨学科的研究。当然，更祝愿他在所从事研究的广阔学术领域内取得日益丰厚的收获。

张从益

2015 年 5 月

于湖南工程学院

序　二

（自序）

自 2013 年博士毕业后，我的博士论文《基于英汉语料的仿拟跨学科研究》几经努力加工润色，几经周折与修缮，终成书稿，并且即将付梓出版了。在出版之际，自然想说上几句。

（一）

我的博士论文选题颇费一番斟酌。当时我拿着已经发表的与仿拟有关的系列论文找我的导师梅德明先生，并告诉他我从 2005 年以来一直从事仿拟研究，至今有 8 年时间。他认为我经过"八年抗战"，在仿拟修辞这一领域可谓是驾轻就熟，既然有了一定的造诣和相当的资料积累，就建议我仍以此为题继续写下去，但前提是一定要在原有基础上有创新。关于创新不是一个简单的话题，他建议我跳出已经做得很成熟的修辞学视角，另辟蹊径，在别的学科领域内寻找机会。受此启发，我系统研读了哲学、语言哲学、叙事学、语言经济学等方面的书籍和文章，然后跟导师说想从跨学科角度来研究仿拟修辞，得到了梅老师的赞许，他说道："跨学科视角有几十年的历史检验作指导。陈望道先生早在 20 世纪 60 年代就讲过，修辞介于语言、文学之间，它是一门边缘学科；张志公和宗廷虎两位学者在 1984 年出版的中国修辞学会编的《修辞学论文集》第二集中，同时提出'修辞学是介于多种学科之间的一门边缘学科'的论点；后来宗廷虎在多本论著中，既指出修辞学属于语言学，又指出它介于多门学科之间的边缘性、综合性、多变性的性质；戴炜栋教授（2000：385）提倡'打通多学科相连的经脉'；而我在首届《外国语》高层论坛暨汉外语言学界合作研讨会上也强调'要打通语言学学科与其他人文学科和自然科学学科之间的关系'。这些为语言的跨学科研究提供了指导性意见。在上述理论的指导下，学界涌现出许多修辞的跨学科研究论著，充分体现出修辞学与语言学、文学和美学等诸多学科'打通'的特色，这些成果都是修辞学跨学科研究的结晶。"因此，论文选题有着深厚的理论基础作为指导。

回到选题上来。仿拟作为修辞格之一，如果能跳出修辞看修辞，从其他学科开展研究，那么将是一次了不起的跨学科研究尝试，它既是宏观的，又是微观的。从宏观上说，涉及的学科门类较多，稍有不慎就难以驾驭；就微观而言，选取众多修辞格中的这一小小辞格——仿拟——来做跨学科研究尝试，可谓“小题大做”，容易控制。

梅老师后来与我分析：现在涌现了大批跨学科成果，既为我撰写博士论文提供了众多理论、视角与语料，也为深入研究形成了某些不利因素，因为某些领域别人已经探索过，留下的薄弱环节就要少些，探索起来肯定难度不小。但是梅老师鼓励我认真思考，从中寻找突破口，努力找到其中尚未涉足的领域，抓住几个关键点深入挖掘，体现自己的研究特色。加之我已经搜集了不少英汉语料，阅读了不少语言学之外的学术书籍，有了一些新的想法，这些构成了我取得成功的有利因素。思考再三，我决定采用现在这个题目，并决定从哲学、语言学、叙事学、语言经济学与和合学五个维度进行重点分析。

博士论文初稿中，梅老师发现文章的框架不是很紧，嘱咐我将所涉学科放在一个统一理论框架之中进行探讨，并且要注意各理论之间的先后顺序和内在联系。听言后我马上着手努力修改，我把创建一个跨学科理论框架的想法与梅老师交流，梅老师告诉我说，只要能说明问题，能用来指导论文写作，这样的理论应该是可行的，哪怕这一理论还不是很成熟，也许可能还是一种悖论，但这是作者的创新，经过不断的检验、修改和完善，最后会慢慢走向成熟的。经过反复修改，几易其稿，博士论文终于成熟。

博士论文撰写期间，我做了大量的资料收集工作，文章从整体框架的建构，到内部观点的产生和推敲，都经历了艰难的打磨过程。在博士论文答辩会上，受到了答辩委员会专家的高度评价，我以优异的成绩顺利通过答辩。正如答辩委员会主席、上海交通大学王同顺教授对论文的评价：“该论文采用理论分析和案例分析相结合的研究方法，从哲学、语言学、叙事学、语言经济学与和合学等五个维度对仿拟进行了跨学科研究。研究结果揭示了仿拟由‘生’到‘质’、到‘隐’、到‘状’、到‘用’等五个特质，构建了仿拟的多学科网络框架。该研究拓展、完善了仿拟研究的理论，促进了学科交叉，为类似语言现象研究提供了一定借鉴。论文作者较好地掌握了与本课题相关的理论知识，学术视野开阔。该研究的方法得当，研究成果具有创新性。论文概念清晰，例证翔实，分析严谨，结论正确。论文语言流畅，表达清晰，逻辑性强，书写规范，是一篇优秀的博士学位论文。”

(二)

这本专著是我在博士论文的基础上加工润色而成的，主要特点是通过仿拟这一介质，将修辞学与哲学、语言学、叙事学、语言经济学与和合学有机地结合起来了，系统研究仿拟的产生、特质、隐含、现状及使用等诸多问题，突破了其以往仅从一个或主要从某一层面研究的格局，较好地体现了多学科、多角度的结合，为其他修辞现象乃至语言现象研究拓宽了思路。这种研究路子，本身就具有创新性。

在论文的序言部分，就论文中所涉及的仿拟的基本概念进行了细致入微而又颇有见地的再认识，其研究方案为这本专著的创新打下了坚实的基础。

本书从系统哲学的高度来阐释仿拟现象，将自然科学的成果用于社会学研究领域，给这一理论认识带来了新的视角。信息论和耗散结构理论对于仿拟的阐释翔实而具体，将这两种理论与仿拟研究做到了较为完美的结合。语言学视角中具有研究价值的是对概念合成理论中的类属空间的作用有了进一步的认识，语用学视角也考虑得较为周到，对仿拟的翻译研究和命名学研究给学界一定启示。叙事学领域也有涉足，确立了仿拟叙事观，探究了其叙事理念、叙事语言和叙事动力。语言经济学维度研究颇具新意，系统研究了仿拟中的拜物教、交替和博弈等现象，体现了经济学与语言研究的完美结合。和合学是一门新兴学科，笔者受此启发，确立语言和合概念，针对仿拟对语言和合的叛逆现象，分析其表征，提出和合仿拟乃至和合语言构建的策略，具有一定新意。

(三)

我个人认为，出版专著在让人高兴的同时，也难免会留些遗憾。因为有些论文常常来不及修改或自己未曾发现，所以留下些许不足。我的博士论文，借鉴了诸多理论，对仿拟现象的生成、应用与理解等从不同角度进行分析，研究具有较大的广度与一定的深度。文章结构庞大，内容繁多，对于其内在相关性的研究分析似乎还有些欠缺。当然，要想做到这一点是不容易的。这次我将博士论文修改成专著，在这一点上有了改进。

专著的出版，说明我往前跨了一大步。但是这只能代表过去，新的起点已在眼前，新的目标在前面等着。我将不断总结经验，重视每一次取得的成果的质量，在现有基础上勇攀高峰，争取获得更大收获！

罗胜杰

2015年6月

于湖南工程学院

前　言

自亚里士多德首提“parodia”、1932 年陈望道先生首创“仿拟”一词以来，相关研究连绵不断，数十位学者为此奉献了 300 余篇论文以及 4 部仿拟研究专著。然迄今为止，仿拟的跨学科研究依然一片空白，而本书整合了哲学、语言学、叙事学、语言经济学与和合学相关理论，对仿拟做了跨学科研究，填补了此空白。

本书采用理论分析与案例分析相结合的方法，基于英汉语料，从哲学到和合学五个不同的维度对仿拟展开跨学科研究，分别揭示仿拟由“生”（产生）到“质”（本质），到“隐”（隐含），到“状”（现状），到“用”（使用），最后促进其更好的“生”的循环过程，形成一个封闭的仿拟多学科网络框架。该研究体现了三方面意义：其一，联通整合学科。以仿拟为介质，揭示文中所涉五个学科间的联系，以此构建跨学科理论，为语言相关现象的跨学科研究提供参考。其二，拓展完善理论。通过仿拟叙事论证，首提仿拟叙事观，补充完善叙事学理论；以经济学中的重要概念如交替、博弈、拜物教和边际效应递减等研究仿拟，为语言经济学研究拓宽视角。其三，促进学科交叉。以仿拟研究促进语言学分支学科的“内部”交叉、修辞学与叙事学的“远距离”交叉以及语言学与系统科学、经济学、和合学的“界”交叉，推动培育新的学术领域和学科增长点。

本书由九章组成。

第一章序言，在前人研究的基础上将仿拟定义加以整合，重新界定并定义仿拟，同时对其内在要素——本体和仿体——展开研究。

第二章对仿拟的国内外研究现状进行较为细致的归纳与述评。

第三章从哲学维度揭示仿拟的“生”。受信息论启发，仿拟的产生和接受过程是信息编码和解码的过程，构建了基于信息论的仿拟产生与接受模型；普利高津提出的耗散结构理论的四项基本特征给仿拟以物质基础、生存平台和多维创造模式，并为仿拟负偏离的规避提供指导，据此构建了仿拟耗散结构形成示意图，体现了自然科学理论在语言学中的应用；语言哲学解释了仿拟的语言游戏特性，体现为仿拟的多样性、家族相似性以及规则性。

第四章从语言学维度研究仿拟的“质”。在认知语言学视角上，概念合成理论揭示仿拟构成的心理机制，其类属空间作用甚大，可以之规避仿拟负偏离；仿拟而成的“中心词＋外化亲属称谓语”个案分析，重构认知语言学的表征方法，确立除经验观、凸显观和注意观的第四种表征——联想观，并按思维程序重新排序，其使用基于礼貌的原则，体现“贬己尊人”的思想。在语用学角度上，关联理论揭示本体与仿体的内部关系为二者在语音、语义和语篇等层面上的相互关联，仿拟生成理解应遵循“语用三律”：恒力规律、自主性规律和经济规律，仿拟创作所付出的力量恒定，体现了人们的自主性与创新性，彰显了效用最大化原则，但其边际效用会出现递减；仿拟的使用是省力原则的较佳体现，是语言省力的实现者与表达效果的保障者，通过其使用，达到了省力与效果优化之目的，是省力原则中45°角的实现者；模因论对仿拟构成要素和构成机理提供阐释。命名学角度揭示了仿拟的命名功能，带通名“园”仿拟类楼名的产生给其提供具体例证。从翻译学角度而言，以广告为例，借助模因论，提出仿拟的两种翻译方法：直接套用翻译法，以译入语现成的相同或相近的词语、句子为参照对象（模因），直接将源语翻译成目的语，在用词上基本不加改动；近似复制翻译法，以“相似”为向度进行类比（以译入语中某一词、句为模因，变更某词语而成）。文学视角主要分析了网络文学、校园文学作品以及新闻标题中仿拟的类型、特点以及功能作用。应用语言学视角主要探讨了仿拟在语言教学中的作用，体现为仿拟可用来培养学生的仿拟思维能力和创新思维能力。

第五章从叙事学角度研究仿拟的“隐”。置于修辞叙事学视角，并从事件的存在来看，仿拟也为叙事，由此确定了仿拟叙事观，其叙事特征体现在：以互文性为理念，用陌生化的叙事语言，结合模仿与类推这一叙事动力，用仿拟语言，讲述了一个个故事。

第六章从语言经济学维度研究仿拟的“状”。首先，媒体中仿拟的滥用形成仿拟拜物教，其源于原始拜物教，历经商品拜物教和符号拜物教两个阶段。其产生动因在于追求产品销售的急功近利、过分强调销售广告的求新求异，以及对名人效应的盲目追求，解决的关键在于弱化媒介力量，转变消费认同，摒弃游戏语言，提倡一种超功利的审美文化。其次，经济学中的交替关系原理用于仿拟研究，揭示了仿拟中存在的显性与隐性交替两种形式，分别对应为仿拟的形式和内涵的交替。隐性交替有拟创与构式的交替和形式与效果的交替两种，它既是语言创新之本，又是语言规划与语言和谐的重要保证，值得关注，通过经济学中的机会成本策略和语言学相关策略，可以达到仿拟交替平衡。最后，以博弈论分析，仿拟是语言博弈之体现。在博弈类型上，仿拟博弈分本体与仿体的博弈和创造者与接受者的博弈两种，分析表明，语言的选择便是博弈。仿拟博弈可收到一定的语用表达效果。

第七章从合和学维度分析仿拟的“用”。针对仿拟造成不良封建思想的流露，对现有成语的胡编乱造，对名人的诋毁、民族感情的伤害等负面影响，提出摒弃不良价值取向，消除经济负面影响，倡导和谐仿拟语言构建。

第八章为仿拟的多学科研究网络框架建构。在第三章到第七章基础上，分析总结了仿拟各维度所揭示的仿拟的实质与作用，建立了仿拟的多学科网络框架，以图表方式将全书所涉及的各个学科维度及相互位置与顺序加以说明，给类似语言现象的多学科研究提供理论范式。

第九章为结论，指出本研究的不足之处，并对未来研究提出几点展望。

著　者

2015 年 5 月

Foreword

Researches on parody have been going on without stop since Aristotle brought forward the word "parodia" and Mr. Chen Wang-dao mentioned "fangni" in 1932. More than 300 papers and 4 books on parody have been written by dozens of researchers since then. However, there exists a gap in the study of parody from multi-dimensional and interdisciplinary perspective, and this dissertation fills in the gap by integrating the relevant theories in linguistics with those in philosophy, narratology, language economics as well as Hehe theory.

With the research method of combining theoretic analysis with case study, the dissertation researches on parody from five different dimensions, respectively describing the cyclic process of parody's generation, essence, concealment, present situation and correct use, and finally back to its newer and better generation, thus forming a closed multi-dimensional framework. This research is of significance in three aspects. Firstly, with parody as a medium, it reveals the connections among five disciplines mentioned above by unifying and integrating them, providing reference for interdisciplinary research of language. Secondly, it improves relevant theoretical construction. For example, it puts forward the viewpoint of parodic narrative by demonstrating the existence of parody narrative, which supplements narratology. Besides, it broadens the research area of language economics by applying some important concepts such as alternation, game theory, fetishism and diminishing marginal utility to parodic research. Thirdly, it boosts intersections of disciplines, such as the inner intersection of sub-disciplines in linguistics, the distant intersection between rhetoric and narratology, and the interface intersection of linguistics with science of system, economics and Hehe theory, with the aim of fostering new academic realm and new subject research.

This dissertation consists of nine chapters.

Chapter one gives a new definition to "fangni", based on different kinds of definitions put forward by previous researchers, and discusses its two inner key elements.

Chapter two is contributed to reviewing and commenting on parody studies both inland and abroad.

Chapter three probes into the generation of parody from the dimension of philosophy: Systematics Philosophy and Language Philosophy.

Firstly, enlightened by the Information Theory, the generation and acceptance of parody resembles the encoding and decoding of information, on which basis, "The Model of Parody's Generation and Acceptance Based on Information Theory" is constructed. Secondly, four basic characteristics of the Dissipative Structure Theory put forward by Progogine provide parody with material base, platform for existence, and multi-dimensional creation model. Besides, the theory also gives guidance to how we can avoid negative deviation of parody. Based on these, we draw a sketch map of the formation of parodic dissipate structure, presenting the application of natural science in linguistics. Thirdly, linguistic philosophy explains parody's characteristics of language game, namely, its diversity, family resemblance and regularity.

Chapter four reveals parody's essence from the dimension of linguistics. The result of research shows that Conceptual Blending Theory in cognitive linguistics offers mental mechanism for parody's construction, and the generic space plays an important role in avoiding parody's negative deviation.

The case study of "central word + externalized communicative appellation" reorganizes the representation methods, which implies that association view is also an essential part of representation means apart from the experience view, prominence view and observation view. With this, re-sequencing of the representation means in cognitive linguistics is made according to the thinking order. Besides, the research results reveal that the choice of externalized communicative appellations is made on the basis of politeness principle, self-belittling and others-esteeming is the internal motivation.

As far as pragmatics is concerned, the Relevance Theory explains that the inner relationship between noumenon and profile model lies in their relevance in pronunciation, word meaning and discourse. The generation and understanding of parody should follow "Three Laws in Language Use", namely, law of force constancy, law of autonomy and law of economy. Under these laws, the effort payout in parody-making is constant; the process of parody-making shows people's autonomy and novelty, the utility maximization is represented, but the marginal utility diminishes. The use of parody is the reflection of the Least Effort Principle, for parody makes speech-saving possible and guarantees speech effort. By using it, the aim of effort-saving and effort optimization is realized, which makes parody the achiever of the 45° angle mentioned in the Least Effort Principle. Memetics helps explain the relationship of the two elements and mechanism in parody.

Onomatology draws out the naming function of parody, since the making of apartment names with "yuan"(园) as generic term gives an illustration for it.

As far as translation is concerned, taking advertisements for example, we explore the translation method of parody from the perspective of memetics by putting forward two translation methods: directmechanical application, namely, with the same words or sentences in target language as meme, translating the original words directly into target language, almost without changing the words; Conformity duplicating translation, that is, taking the existing words or sentences as meme and changing some of their parts so as to draw an analogy.

From the viewpoint of literature, we analyze the types, charecteristices and functions of parody existed in Internet literature, campus literature as well as news headlines.

Applied linguistics is also referred to in the paper. Parody plays an important role in language teaching, for it can help to train students' parodic thinking ability and innovative thinking ability.

Chapter five studies things concealed in parody from the perspective of narratology. Parody is also proved to be one kind of narration according to rhetorical narratology and the existence of events in it. Its narrative features lie in that the philosophy of parody narrative originates from intertextuality, while its language bares the characteristic of defamiliarization, and its narrative power comes from imitation and analogy. With all these, stories from one to another are told by means of parody.

Chapter six puts present using situation of parody under consideration. Language misuse in advertisement roots in parody fetishism, which is the result of the evolvement from the primitive fetishism, to commodity fetishism and further to symbol fetishism. The main reasons of this phenomenon lie in three aspects, namely, seeking prompt success and instant benefits in product selling, overemphasizing novelty and diversity of the advertisement language as well as blindly pursuing celebrity effect. To advocate correct parody generation and abandon parody fetishism, we must diminish media influence, convert consuming self-identity and cast away playing language tricks. Above all, the key is calling for an ultra-utilitarian aesthetic culture.

Being the primary principle of economics, the alternation theory also applies to parody research. There exist two kinds of alternations in parody, namely extrinsic alternation and intrinsic alternation, which are also called alternations of form and connotation. Intrinsic alternation is sub-divided into two kinds: alternation between innovation and construction, as well as alternation between form and effect. It proves to be the root of language innovation and the important guarantee of language layout and harmony, which deserves research. The balance of parody alternation can be reached by following the strategy of opportunity cost and relevant linguistic tactics.

According to the Game Theory, parody is the reflection of language game. Parody game is divided into two types, firstly, the game between noumenon and profile model and secondly, the game between creator and recipient. The research on parody game shows that the choice of language is a game and parody game may bring us certain expressive effect in language use.

Chapter seven analyzes parody use. Parody misuse leads to language disharmony in the aspect of speech sounds, vocabulary, grammar and the combination of language unit, which embodies the feudal consciousness, juggles language idioms, slanders celebrities and hurts people's feeling. To avoid this, we must abandon undesired value orientation, eliminate economic negative influence and advocate construction of harmonious language.

Chapter eight constructs a multi-disciplinary framework for parody. Based on the researches from chapter three to chapter seven, this part analyzes and summarizes the intrinsic quality and its role revealed in all the dimensions mentioned above, and brings forth this framework. The author shows, in a diagram, all the dimensions mentioned in the dissertation, and explains their situations and orders, which plays the role of theoretical model for multi-disciplinary research of some language phenomena.

Chapter nine makes a conclusion for the dissertation, we also points out the deficiencies in the research and forecasts future researches in parody.

Luo Shengjie

May 2015

目　录

第一章 绪　论

1.1 研究动因

1.1.1 选题缘起

记得小时候我们曾学过《仿生学》一课，从中明白了这样一个道理：人类许多发明创造都源自于动物界。受鱼儿身体两头大、中间小的启发，人们设计了流线型的汽车、轮船、潜艇等；蝙蝠的超声波技术为人所模仿，制成了靠回声定位的探测仪；人们学习水母，制成了“水母耳风暴预测仪”，可以提前 15 小时预报海上风暴的强度和方向，避免了许多可能发生的海难事故；人们学习昆虫，研究它们眼睛的特殊结构，发现由上千个单眼组成的复眼能全方位捕捉视觉信号，于是“蝇眼”照相机问世了，它可以一次拍下 1 000 多张照片，分辨率极高。

以上事例说明，人类向动物学习，模仿动物的形体、行为而制成了新的工具，仿生学由此而生，这便是生物技术中的仿拟——一种模仿动物行为特性拟创新的科学技术的过程。

自然科学如此，社会科学尤其是我们赖以生存的语言世界当中又何尝不是如此呢？与对动物行为特性的模仿创造相似，人类通过对已有语言形式的模仿，拟创了新的语言形式，这说明自然界的模仿创造行为在语言界同样存在。

在快节奏的信息时代，我们生活在仿拟世界中。打开电视，“‘舞’味俱全”（仿五味俱全）栏目映入我们的眼帘；翻阅报纸，《让爱情飞》（仿电影名《让子弹飞》）的标题进入我们的视线；轻触鼠标，打开的是一个精彩的仿拟世界：××门、××哥等仿词比比皆是。肚子饿了，去“客临顿”餐馆吃饭；衣服旧了，去“衣拉客”服装店购买；头发长了，去“最高发院”发廊修理；钥匙丢了，去“钥匙尚”钥匙店配；冰箱坏了，去买一台“冰贵神速”的“美菱”牌冰箱……简言之，仿拟无处不在，我们活在仿拟语言世界中。仿拟以其幽默风趣、辛辣讽刺的语言特色，给我们的生活平添了许多乐趣。有着“小品王”美誉的赵本山的众多作品中，多少类似于“师傅领进门，忽悠在个人”“问君能有几多愁，恰似满仓中石油”的语句曾让我们捧腹。这些不断涌现的新词语及词语组合，表明一种新事物的出现和人们对这种新事物的语言给予，而这种给予的实现，主要通过模仿现有语言形式而新创的、给我们的生活带来笑料的、我们称之为“仿拟”的语言形式所实现，值得关注。

语言源于生活，仿拟概莫能外。弄清其本质属性以更好地服务于生活很有必要。仿拟属修辞学范畴，是众多辞格之一，国内相关研究甚多，然国外可供参考的文献较少（文献综述一章有论述）。如何做到“小题大做”？在林林总总的研究当中，如何找到该课题的研究突破口，如何实现研究的创新，这成了摆在笔者面前的一个难题，攻克这一难关具有一定的挑战性。然而笔者敢于接受挑战，选择该课题研究，主要出于以下两个原因：

第一，笔者有着一定的前期研究基础。

至今笔者对仿拟的研究已有 9 年时间，历经三个阶段：初始阶段（2005—2008 年）发表了几篇心得似的文章，并于 2006 年成功申报了湖南省教育厅科研项目——英汉仿拟辞格对比研究（课题编号：06C251），该课题于 2008 年以 5 篇系列论文顺利结题；提升阶段（2009—2010 年）出版了名为《英汉仿拟研究》专著，主要从语言学角度系统研究仿拟的语言特质；提升阶段（2011—2014 年）跳出语言学的窠臼，从其他学科视角展开研究，于是就进行了一些论证，并于 2011 年侥幸以“英汉仿拟的跨学科研究”为题，成功申报湖南省哲学社会科学基金项目，目前该项目正在顺利研究之中。以上这些积累给予笔者从事仿拟研究的信心和完成任务的保障。

第二，跨学科研究趋势给笔者提出了新要求。

综观语言学领域，由于受到“本质”的控制，一些涉及跨学科的问题很难在静止的图像之中显出完整的轮廓，然而我们不得不在特定的学科边缘驻足，唯恐在另一个陌生的领地遭受不测。这好比一个中箭的士兵就医，外科医生剪短箭杆，然后打发其去内科。正确的做法是内外科联合会诊，一道结合方能利于问题的解决。因此，语言研究要勇于打破学科间的森严门户观念，实现跨学科研究。

这方面有些知名学者已经意识到了。如戴炜栋教授（2000：385）提倡“打通多学科相连的经脉”，梅德明教授在首届《外国语》高层论坛暨汉外语言学界合作研讨会上也强调“要打通语言学学科和其他人文学科和自然科学学科之间的关系”，这些为语言的跨学科研究提供了指导性意见。现有的跨学科研究趋势使得我们以仿拟为介质进行跨学科研究成为可能与必要，同时本课题也是一次小小的勾连人文学科与自然科学学科的跨学科研究尝试。

鉴于此，笔者在经历了前期仿拟研究小打小闹的初始阶段、渐成系统的拓展阶段之后，将这一课题研究推向一个提升阶段，基于前期研究基础，转换仿拟研究视角，摆脱仿拟研究囿于语言学范畴的传统桎梏，拓宽自己的学术视野，将仿拟置于多学科角度,从宏观上系统研究其产生、本质、隐含、现状及其使用,以期在该领域内获得新发现,圆满完成仿拟研究的三个阶段。

1.1.2 研究意义

本课题从跨学科角度研究仿拟,既有理论意义,又有社会意义。

1.理论意义

第一,填补研究空白。大胆突破仿拟传统研究之语言学视角的局限,重点从哲学、叙事学、语言经济学、和合学等维度展开研究,填补仿拟语言学以及语言学之外其他学科领域的研究空白。

首先是仿拟的哲学研究空白。其分系统哲学和语言哲学两个方面。从系统哲学角度而言,以 Shannon 的信息论和 Progogine 的耗散结构理论为主要内容的系统哲学给仿拟提供阐释,建立了仿拟产生与接受信息模型以及仿拟耗散结构模型;语言哲学角度给仿拟的语言游戏属性以阐释。

其次是仿拟的语言学研究空白。从语用学视角研究语篇、句子之外的词汇层面的仿拟,弥补语用学研究对象多限于话语层面的局限,拓宽语用学研究领域,为实现国外理论的本土化和构建具有中国自主"知识产权"的语言学体系做出尝试。

再次是仿拟的语言经济学研究空白。将拜物教、博弈、交替等经济学相关理论用于仿拟研究,拓宽语言经济学研究视角,为类似语言现象研究提供借鉴。

最后是仿拟的和合学研究空白。将仿拟置于和合学大背景下视之,基于和合学中的"八维和合",提出第九维和合——语言和合,探寻仿拟带来语言不和的语言表征和现实表征,并且探究和合仿拟的构建策略,促进语言与社会的和谐共振。

第二,完善理论构建。通过研究,可以完善叙事学等领域内的相关理论。

(1)从叙事学角度研究仿拟,提出并论证仿拟即为叙事,以此例证后经典叙事学,从而补充完善叙事学理论。

(2)探寻修辞经济学研究。国内对迈克洛斯基(2000)提出的"修辞经济学"缺乏重视与研究,本课题以经济学中的重要概念如交替、博弈、成本-效益分析和边际递减效应等,对仿拟辞格加以研究,借此完善修辞经济学理论构建。

(3)整合本课题所涉自然科学与社会科学的相关理论,提出"跨学科理论"的大理论观,为类似语言现象的跨学科研究提供理论参考。

第三,促进学科交叉。20 世纪下半叶,学界兴起了交叉学科研究之风,这给科学研究以可喜突破,借助交叉研究,众多前沿与复杂问题得以解决。本书以仿拟为介质,通过研究,促进语言学各分支学科的"内部"交叉、修辞学与叙事学的"远距离"交叉以及语言学与系统科学、经济学、和合学的"界"交叉,以此推动培育新的学术领域和学科增长点。

2. 社会意义

第一，达到净化人的心灵、保持语言纯洁性之目的。仿拟负偏离的规避对语言纯洁性的保持作用甚大，能在一定程度上剔除社会中的浮躁现象，净化人的心灵。通过本课题研究，从语言学中的概念合成理论角度挖掘仿拟负偏离产生的语言学之源，从和合学角度揭示仿拟负偏离所带来的不良价值取向，从经济学角度阐述仿拟拜物教的应对策略。通过对仿拟负偏离产生的原因及解决办法的研究，净化我们的心灵，明示仿拟正确使用之途径，剔除仿拟负偏离，从而达到语言净化之目的。

第二，加强语言与社会的结合，促进二者的和谐共振。以往学术界对仿拟的研究，偏重理论，以静态眼光看问题，未能从动态角度开展，其研究成果难免与社会发展相脱节。实践证明，这种分割的局面对仿拟研究非常不利，仿拟在大众文化的历史条件下产生，如何沟通仿拟这一单一语言现象和社会发展的关系，是学术界深化和谐社会与语言研究的重要任务。语言源于社会，依附于社会，反映社会变革，作为语言现象的仿拟研究，不能出现与和谐社会发展距离渐行渐远的趋势。本课题研究将采用新角度，以动态和发展的眼光看问题，从和合学角度出发，将仿拟研究放置在整个社会大背景下考量，有助于语言创新，能促进和谐语言的产生，从而对推动和谐社会的构建有着较大的经济效益、社会效益和生态效益。通过研究，既可深化英汉仿拟体系的研究，又可进一步加深对和谐社会建设的认识与理解，对未来解决语言与社会和谐共振的问题将起重要作用。

1.2 研究对象

本课题的研究对象是仿拟，首先要对其有基本的了解。故本节分两部分讨论，首先对仿拟加以界定，在已有研究基础上对其重新定义，然后就仿拟两个内部要素——本体与仿体——的相互关系进行探讨，有了这一研究基础，仿拟的多学科研究有了保障。

1.2.1 仿拟定义

自先秦两汉时期初现以来，仿拟一直没有获得一个正式名称与地位，处于无名状态，直到 1932 年陈望道先生的《修辞学发凡》一书中正式确立了仿拟的名称与地位，该局面才被打破。他定义如下："为了滑稽嘲弄而故意仿拟特种既成形式的，名叫仿拟格"，同时他还把仿拟分为拟句和仿调两种类型。然此后一段时间，仿拟没有得到承认，往往与其他辞格如"拈连""飞白"等混为一谈，直到 20 世纪 80 年代中期，才得到人们的普遍认可，并在辞格家族中取得了一席之地（徐国珍，2003:279）。

陈望道先生给仿拟下了一个明确的定义，这对仿拟研究的贡献无疑是巨大的，因其打开了仿拟的研究大门。然而分析陈先生所下定义，笔者认为存在三处不足。第一，定义不清。定义中，"仿拟"一词被用来定义仿拟，不足以说明问题。第二，分类不全。他将仿拟分为拟句和仿调两类，将其他形式如仿词、仿语排除在外。第三，功能不足。他只提到其滑稽嘲弄功能，然其构词性功能和命名性功能被置于遗忘之角落。

此后，人们对仿拟的认识随着其普遍性而逐步加深，对其定义的全面性也随之加强，以徐国珍（2003:5）为甚。她提出"仿拟是一种'仿'照某种现成的语言形式'拟'创造一个临时性的新说法的修辞方法"，将仿拟拆分为"仿"和"拟"，把二者同时置于定义中，体现仿拟两个重要要素：模仿和创造。该定义重点突出，言简意赅，较为全面。然而尽管如此，笔者认为仍有不足：第一，定义中没有提到语用效果；第二，仿拟所创造的语汇不一定都是临时性的，有的说法可能沉淀为固定说法，如"网吧"一词，仿"酒吧"而来，现已突破"临时性"的限制而成为汉语词汇大家庭中的一员。

汉语如是，英语何如？分析如下：

英语中与"仿拟"相对应的词有二："nonce word"和"parody"。二者稍有不同，nonce word 指临时性造词方式，由作者根据需要临时杜撰而成；parody 的含义远超于 nonce word，根据 *A Dictionary of Literary Terms* 的解释，"parody"（仿拟）一词源于希腊词"parodia"，意思是"mock song"，指模仿某作者的词语、风格、态度等，使作品滑稽可笑。*Webster's New World Dictionary* 解释为："Literary or musical composition imitating the characteristic style of some other work or of a writer or composer, but treating a serious subject in a nonsensical manner, as in ridicule."该定义含三个要点：第一，仿拟重在模仿（imitate）；第二，仿拟发生层面有二：文学和音乐层面（literary or musical composition）；第三，仿拟的目的功能为嘲弄（ridicule）。parody 与 nonce word 的最大不同之处在于，"前者是一种模仿，往往带有浓烈的滑稽、嘲弄、调侃味，而后者仅仅是简单的文字变异"（许建平、沈达正，2001:28）。此外，parody 范畴较广，其种类之一便是谐音仿拟，Hempelmann（2003）将之定义为"不完全双关"（imperfect pun）或"多（异）音双关"（heterophonic pun），其特征是，被仿拟的目的词语的发音同用作双关的词语的发音有异。

汉语中的"仿拟"与英语中的"parody"定义基本一致，一是强调模仿，二是模仿的目的在于滑稽可笑或嘲弄。

综上所述，我们（罗胜杰等，2010:7）将仿拟定义为："仿拟是为了达到某种语用功能（如命名与造词），收到某些语用效果（通常以讽刺幽默为甚）而仿照已有的语言形式（词、语、句、篇、调）创造出新的语言形式的一种修辞与构词方法。”

该定义特点有三：一是突出仿拟“模仿”和“新创”之本质；二是显现仿拟“讽刺幽默”等语用功能；三是强调仿拟“修辞构词”的语言功用，较为全面。

1.2.2 内在要素

仿拟定义表明，仿拟由两个基本的内在要素组成：本体（被仿者，表现为既成的语言形式）和仿体（模仿本体并拟创的新的语言形式）。仿拟研究者不乏，然而专门研究其内在要素者很少，仅见于徐国珍（2003：12－22），她对本体和仿体特点的描述可概括为：“本体具有既成性、习见性和宽泛性，仿体具有依附性、偶发性和能产性。”该描述较为详细，为深入研究二者关系提供较具价值的参考和建议。然而笔者认为，关于这一点，徐的某些观点依然值得商榷，两要素间的相互关系有待深入探讨，这样可以利于得体仿拟的创作，服务于我们的表达需要。以下我们从英汉仿拟内在要素的表现形式和相互关系入手分析。

1.2.2.1 本体和仿体的表现形式

对于本体和仿体的表现形式，可以从语法和语体两个层面来研究。

1. 语法层面

黄伯荣、廖序东（1997：250）认为，“语法是词、短语、句子等语言单位的结构规律，语法单位分为四级：语素、词、短语和句子。”我们选取词、短语和句子三个层面分析，三者分别对应仿词、仿语和仿句。

词汇层面的仿拟称“仿词”。仿词基于现有词语，更换个别语素，通过类推创造出新词，细分为音仿和义仿两种。如以“空姐”“水门”为本体，仿造出“空少”和“艳照门”，仿 third world 拟造出 fourth world 等。

短语层面的仿拟叫“仿语”。如：科技兴国——科技兴局、脍炙人口——快治人口、一鸣惊人——一明惊人、black list——white list / gray list（罗胜杰，2005：32）。

句子层面的仿拟为“仿句”。如：百闻不如一见，百见不如一试；利润诚可贵，信誉价更高；Give me Green World, or give me yesterday（绿色和平组织口号）；She was born with a Cadillac in her mouth（她一生下来嘴里就含着一辆卡迪拉克）。

以上仿拟出现于词、短语和句子层面，然而语素层面无仿拟，原因在于，作为辞格之一的仿拟，其模仿对象应是有意义的、基本的语言单位，如此产生的仿拟方有意义。词是语言运用中的最小造句单位和概念名称，是语言的基本单位（葛本仪，2003：232），而词素是语言分析的最小单位，不是基本单位，所以，词素层面的仿拟不存在。

2.语体层面

"语体是为了适应不同的交际需要而形成的语文体式，它是修辞规律的间接体现者。语体的分类多种多样，根据交际目的的不同，可分为公文体、科技体、政论体和文艺体"(黄伯荣、廖序东，1997:302)。这些文体形式常被用作本体拟创仿体。

公文体(事务语体)包括正式的文件、法令、条约，以及企事业单位的合同、规章等，仿拟见于此层面。如手机短信：

今天白天到晚上有些想你，预计到明天上午，将转为持续想你，受此思绪影响，明天下午将转为大到暴想，明天晚上心情将降至零度以下，预计这种天气将一直持续，直到见你为止。

此例仿自中央电视台《天气预报》栏目，以公文体的形式表达了发信人对收信人的思念之情，内容诙谐幽默，形成题旨情趣与语言文体的强烈反差，陡增笑料。

仿拟在多种语体中出现，活跃于政论体和文艺体。政论体仿拟常见的有仿社论、宣言、声明等。例如：

儿子激昂地说："我们家吃饭是五十年不变。有一根本性缺陷，那就是蛋白质不足而碳水化合物过多……"

上例仿自政论体，以严肃的语言体式来讲述一个家庭肉类少而蔬菜多的餐饮问题，一本正经的背后收到了揶揄与嘲弄的语言效果。

文艺体有散文体、戏剧体和韵文体三类，仿拟常见于散文体。例如：

盼望着、盼望着，炎热的酷暑终于过去了，秋天的脚步近了。

一切都是秋高气爽的样子，天高了，云淡了。果子熟起来了，蛐蛐儿的叫声响起来了，天气凉爽起来了。

小草并没有完全从大地中消失，仍绿绿的。园子里，田野里，瞧去，一片一片满是的。孩子们跑着，跳着，翻几个跟斗，捡几个落下的果子互相投掷着，比赛着谁投得更远、更准。风凉丝丝的，草绿绿的。

……

这篇仿自朱自清散文《春》所写的作品——《秋》，以优美的散文体将秋天的宜人景色描写得惟妙惟肖。

韵文体包括诗歌、词曲和快板等。韵文讲求节奏与韵律，常被仿造。例如："松声，竹声，钟磬声，声声自应；山色，水色，烟霞色，色色皆空。"其本体是："风声，雨声，读书声，声声入耳；家事，国事，天下事，事事关心。"

戏剧体为电影、话剧、歌剧等，其对白常被用作仿拟之本体。如娃哈哈饮料广告语："曾经有一瓶娃哈哈饮料放在我的面前，我没有珍惜……"仿自电影《大话西游》台词，其被誉为"引用次数最多的爱情名言"，多被仿用。例如：

曾经有一套黄山新房放在我的面前，我没有珍惜，等到失去的时候才后悔莫及，人世间最痛苦的事莫过于此。如果上天能再给我一次机会的话，我会对那个置业顾问说六个字：我还是买不起！

语体分类较为复杂，广告体似归文艺体，但有差异，姑归之为应用语体。对于广告语的设计者来说，时（空）间就是金钱，故借助人们熟悉的语言形式设计广告词，让受众记忆深刻，可收到广告效果。如：无胃不至（胃药广告）；口蜜腹健（营养液广告）；咳不容缓（咳嗽药广告）；中意空调，终身无“汗”（中意空调广告）等。

上述广告语仿自熟知成语，利用同音效果，将表达内容巧妙融入其中，让人过目不忘。英语广告仿拟不及汉语普遍。如“Not all cars are created equal.”为日本三菱汽车公司向美国开拓市场的广告，仿自名言“All men are created equal”。

1.2.2.2　本体和仿体的相互关系

在徐国珍（2003：12－22）的研究基础上，笔者将本体与仿体的相互关系重新界定，归纳如下：

第一，本体的先成性和仿体的临时性。

徐国珍（2003）在论述二者关系时说，“本体具有既成性，仿体具有依附性”，笔者认为此言过于绝对。诚然，本体大都具有既成性即约定俗成性，然临时性语言亦可充当本体，这就意味着本体不一定总是既成的，也可能是临时的。下面以徐著（2003：217）中“阿凡提的故事”为例：

阿凡提开了间染坊，有个巴依想刁难他。一天，巴依夹着一匹布来到染坊，阿凡提问染成什么颜色，巴依说：“我要染的颜色不是红色，不是蓝色，不是黑色，不是白色，不是绿色，也不是青色，总之，什么颜色也不是。”阿凡提听言，把布锁到柜子里。巴依问哪天可取，阿凡提说：“不是星期一，不是星期二，不是星期三，不是星期四，也不是星期五和星期六，星期天也不是。到了那一天，你就来取吧！”巴依听后，哑巴吃黄连，有苦难言。

阿凡提针对巴依的回答仿自巴依原话，具有与巴依话语一样的临时性，并非约定俗成。所以，本体并非全都既成，准确地说，本体具先成性，即先于仿体存在。

与本体先成性相对，仿体具有临时性，为临时仿造，具不确定性，很多仿体“昙花一现”，而且，仿体的临时性往往由人的思维的临时性造成。

值得注意的是，临时性仿拟须注意话语情景的合适性。John Langshaw Austin（2002：8）说过：“一般说来，话语说出的场合应该在某种或某些方面上是合适的。”合适的情景为仿拟提供了生成土壤，正是依据一定的场景，方能让我们借助已有语言形式而信手拈来新的语言形式，产生临时性仿拟，上面阿凡提仿拟巴依话语的例子便是证明。

第二，本体的单一性和仿体的多元性。

英汉语中的本体常为一个，但仿体数量不定，是谓"本体的单一性和仿体的多元性"，即指一个本体可以对应多个仿体。据统计，仿《陋室铭》作品有30余种，仿《生命诚可贵》不下5种，仿"To be or not to be, that is a question."不在少数，至于"××族""××门"等仿拟构成的词族比比皆是，此乃一调多仿：一本体对应多仿体。值得一提的是，仿体的多元性使得语言词汇系统得以扩大，语言方呈现出勃勃生机。

第三，本体的定型性与仿体的拓展性。

被确定为本体的语言形式在结构与字数上具有定型性，是事先就形成并存在的，而仿体则较为灵活，可在结构与字数上与本体保持不变，亦可与本体不完全对应，有所拓展，此谓本体的定型性与仿体的拓展性。如："先天下之锻炼而锻炼"仿自"先天下之忧而忧"，仿体在原有字数上有拓展。不过我们认为仿体的拓展须有度，即结构与字数上的拓展以不伤及本体的基本结构为前提，要让人一眼就能看出其本体何为，否则仿拟不成立。

事物无限，而言语形式有限。"人类借助已知的事物和已有的语言形式，能利用事物之间的相关性来认知和命名新事物"（罗胜杰，2007：101）。本体存在于多个语言层面与多个语体，仿体与本体紧密相连，反映了语言的关联性，利用这种关联，可丰富语言表达手段，从而收到不错的语言表达效果。

以上笔者总结了仿拟的多方定义，对仿拟做出了重新定义，同时还对仿拟的两个基本要素——本体和仿体——的表现形式和相互关系做了分析，这为接下来的深入研究奠定了一定的基础。

1.3 研究方案

本节将阐述本课题的研究方案，重点从研究目的、研究内容、研究设计、研究方法与创新点等几个方面加以阐述。

1.3.1 研究目的

本课题基于两个研究目的：①深化仿拟研究。突破以往研究局限，将研究重心从单纯语言学角度转移到跨学科角度上来，从而实现对仿拟的深入系统研究。②尝试界面研究。界面研究"以一种学科为本体，以其他学科为理论或方法论，借此深化或扩展研究领域"（杨绍梁，2012：143）。受此影响，笔者尝试将仿拟作为研究对象，以其他学科如语言哲学、叙事学、语言经济学与和合学等为方法论，努力尝试界面研究。

1.3.2 研究内容

笔者拟在现有思路和成果基础上，扩大新的理论视野，开拓新的考察视角，基于英汉语料，着重运用哲学、语言学、叙事学、语言经济学与和合学的方法论，考察仿拟的固有属性，揭示其生成机理与内在属性，构建仿拟的跨学科网络框架。具体研究以下几个方面的内容：①仿拟的哲学维度；②仿拟的语言学维度；③仿拟的叙事学维度；④仿拟的语言经济学维度；⑤仿拟的和合学维度。每一维度又选取其中一到数个视角来研究（见图 1.1）。

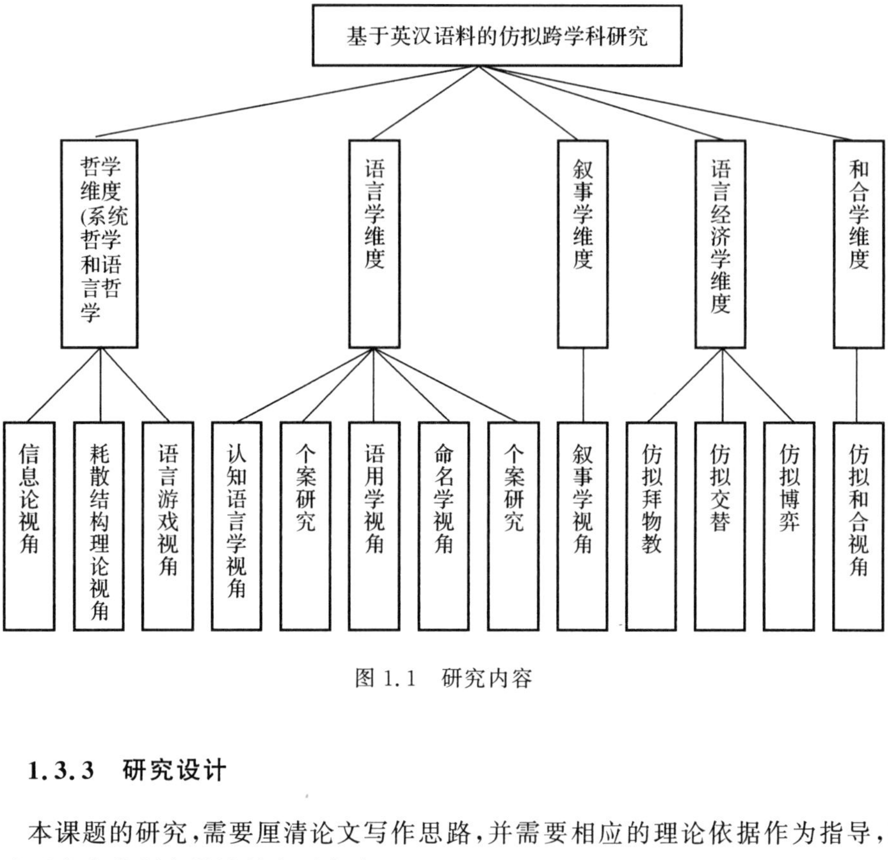

图 1.1　研究内容

1.3.3 研究设计

本课题的研究，需要厘清论文写作思路，并需要相应的理论依据作为指导，这构成了本小节研究设计的主要内容。

1.3.3.1 研究思路

本课题的研究基于以下思路：首先从哲学、语言学、叙事学、语言经济学与和合学五个不同的维度分别对仿拟展开研究，这五个维度揭示仿拟由“生”（产生）到“质”（本质），到“隐”（隐含），到“状”（现状），再到“用”（使用），最后促进其更好的“生”，然后将前面所讨论的五个维度加以整合，将研究结果置于一个统一框架内分析，探讨维度间的先后顺序与相互关系，从而构建一个仿拟跨学科研究的整体网络框架，并为类似研究提供一定借鉴。

1.3.3.2 理论基础

既为研究，难免涉及相关理论。而对于跨学科研究而言，必然涉及多学科理论，以任何单一理论解释之，必构不成多学科研究，然笔者又提倡以一理论解决多问题，此乃矛盾之所在。如此何为？树立跨学科的大理论观成为必要。

1. 大理论观

佛祖慧能曰：“菩提本无树，明镜亦非台。本来无一物，何处惹尘埃！”。我辈凡俗，无法参透其中奥妙，故讲求“理论”一说。然问世间何为“理论”，直叫人紧紧相随？理论非树非台，本无此物，将对事物的理解加以论述，便成其为“理论”，而它不过是人们对事物认识的规律的总结与提升罢了。囿于精力与篇幅，我们平时所做研究皆从某一学科领域内的某一微观角度而言，所涉理论均为单个小理论。这样做当然有它的合理性，然不足之处在于给人以见树不见林之感，缺乏将各小理论加以整合的大理论观，而这一大理论观是我们所提倡的，这也是跨学科研究所需要的。

小理论缘何能加以整合？道理很简单，芸芸众理论，不过是言论罢了，如同世间万事万物存在相关性一般，各家言论，必定相关。以相关之“绳”，将本研究所涉各“小”理论合理串连，便成就了一“大”理论。

就本书而言，因为研究所涉单个小理论来自哲学、语言学、叙事学等诸多学科领域，故笔者将整合各小理论而成的大理论姑且命名为“跨学科理论”。置于这一大的理论框架之下，文中各小理论不过是一个个小小节点，“跨学科理论”以哲学理论节点开始，以和合学理论节点告终。

因此，本书虽说涉及多种理论，然可视为只用了一种理论——一种综合了各学科小理论的、名为“跨学科理论”的“大”理论。

2. 大理论关照下各小理论间的联系

在此大理论关照下，本书所涉五个学科被视为五个点，分别对应哲学、语言学、叙事学、语言经济学与和合学五个维度，它们将仿拟从“生”到“用”连成一体。将五个维度有机联系起来，揭示五个学科理论间的如下联系。

首先，哲学为语言学提供营养钵。在本书中，系统哲学中的信息论解释仿拟语言信息的产生、传递和接受过程，耗散结构理论为多样化的仿拟语言的实现提供可能，而仿拟的游戏性质在言语交流中得到体现。

其次，语言学以哲学为研究基础。以仿拟的“生”为基础，语言学进一步研究仿拟的“质”。而在“质”的研究过程当中，所涉及的三个主要理论间有着先后顺序的关系，形成一个“质”的研究的统一体。认知语言学因其从一个侧面揭示了仿拟语言在人脑中的形成过程，奠定了仿拟语用学研究的基础，仿拟中本体与仿体两要素间的联系由关联理论得到解释，仿拟使用受“语用三律”的制约，是省力原则的实现者。在这两个基础上，仿拟三功能之一的“命名”功能便是仿拟语言学研究的最后一站。

第三，叙事学因语言学的介入得以拓展。经典叙事学以文学为研究对象，语言学的加入使得经典叙事学产生转向，泛叙事观成为可能。而仿拟的叙事学研究，给这一可能提供了有益补充，使得这种可能得以扩大，从而扩大了泛叙事学研究对象。

第四，语言经济学是语言学与经济学相结合的产物。通过对仿拟的经济学分析，明确了仿拟的使用现状，揭示其所遵循的经济规律。

最后，和合学为语言的使用提供正确轨道，为其保驾护航。经由“生”，到“质”，到“隐”，到“状”，最后必然落脚于“用”。经由仿拟，实现语言的和谐，这是语言使用所应提倡的。

3.跨学科理论构建

上述设计认为，各理论非独立存在，乃相互关联，前一理论是后一理论的基础，层层递进。我们重点研究仿拟的五个维度：“生”“质”“隐”“状”“用”。它们前后因果、互相关联，每一个维度涉及不同理论，故而所使用的理论间必然存在上述联系。发掘其联系，打通各理论，将各个单独的“小”理论综合起来，组织成为一个“大”理论，这是本书所体现的，这也是跨学科研究的必由之路，因为跨学科研究必然涉及多种理论，故跨学科理论有一定的存在理由和基础。

跨学科理论实质是各学科间的理论整合。书中透过仿拟表现出来的“生”“质”“隐”“状”“用”五个维度可以用来解释包括仿拟在内的诸多语言现象。一个语言现象，先谈“生”(产生)，从哲学学科找到支撑。涉及信息论为主导的系统科学，其运作遵循一定的规则，涉及语言(或文字)游戏。次谈“质”(本质)，回归语言本真，涉及认知、语用等。后谈“隐”，语言叙事背后所隐藏的故事。再谈“状”，放置经济学维度考量。终谈“用”，以和合学为关照。类似语言现象如歇后语“外甥打灯笼——照舅”、笑话、双关等，均可放置于本“跨学科理论”之下，从五个方面入手研究。

据此，笔者拟构一跨学科理论，该理论提取并糅合了五个学科中的相关小理论，作为相关语言问题跨学科研究参考之用。如图 1.2 所示。

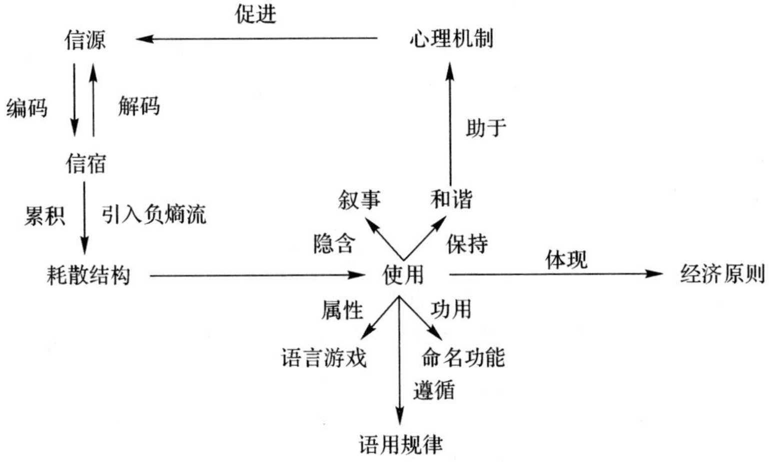

图 1.2　跨学科理论结构图

虽然提取、整合五个学科而产生的本理论只是笔者一孔之见，还有太多的不完善，甚至是完全错误的说法，但任何事都不是一开始就是绝对正确的，随着时间的推移，经过不断修正与完善，都会有一定的价值和意义。

以上便是本书的设计，以此指导全书的写作。

1.3.4　研究方法

“我国辞格研究几十年来一直停留在‘定义＋例句＋分析’的模式上难以突破，这是修辞学一直被认为‘品位不高’的原因之一”(徐国珍，2003：3)。本研究力求突破，结合采用理论分析、案例分析和实证研究的方法开展研究。

(1)理论分析。基于理论的仿拟研究，是笔者的研究方法之一。从系统论角度，构建仿拟耗散结构和仿拟信息产生与接受模型；从语言学角度，认知语言学、语用学和命名学理论用于揭示仿拟产生与运用规律；从叙事学角度，界定并研究仿拟叙事，为修辞叙事学研究提供参考与借鉴；从语言经济学角度，拜物教、交替和博弈论相关理论为仿拟研究提供支撑。

(2)案例分析。书中通过案例分析，达到研究目的。例如，对“中心词＋外化亲属称谓语”进行个案研究，验证并补充认知语言学的表征方法，提出第四种表征——联想观。此外，仿拟类楼名的产生验证了其对于源语语境关系的顺应和语言结构的顺应。

(3)实证分析。针对仿拟实现的语言与社会的和谐共振研究，通过平面媒体中仿拟例证的社会价值、政治价值等进行实证分析和网络调查，从而明确语言与社会相生相济、和谐互动构建模式的诸多要素。

本研究对象是仿拟，研究语料以中文为主，兼顾英文；取材范围以网络媒体中的例子为主，兼顾文学作品；选择理论以叙事学、语言哲学和语言经济学理论为主，兼顾其他。

1.3.5 研究创新

本研究以构建仿拟的多学科交叉整合网络框架为出发点，以实现可持续的、多学科综合发展理念与仿拟折射的人文思维的有效结合为目标，探讨一种可以正确揭示语言产生、内核、现状及正确使用的多学科研究理论范式。具体而言，本研究的创新之处体现为以下三个方面：

(1)拓展仿拟研究。通过理论分析与案例分析相结合，从哲学维度、语言学维度、叙事学维度、语言经济学维度与和合学维度系统研究仿拟，揭示仿拟的"生""质""隐""状""用"五个特质，构建仿拟的跨学科网络框架，从而摆脱仿拟研究长期囿于语言学层面的局限，拓展其研究视野。

(2)补充完善理论。论证仿拟叙事，首提仿拟叙事观，补充完善叙事学理论；以经济学中的重要理论如拜物教、交替、博弈、边际效应递减等研究仿拟，为语言经济学理论的应用研究拓宽视角；以语言和谐与社会和谐为旨归，借助仿拟介质，从和合学原理出发，揭露仿拟对语言和合所做出的叛逆之现状，分析其表征，探究以仿拟和合为例的和合语言之构建，实现语言与社会的和谐互动。

(3)联通整合学科。以仿拟为介质，揭示哲学、语言学、叙事学、语言经济学、和合学等学科间的联系，构建跨学科理论，为语言的跨学科研究提供借鉴。

以仿拟研究促进语言学分枝学科的"内部"交叉、修辞学与叙事学的"远距离"交叉以及语言学与系统科学、经济学、和合学的"界"交叉，推动培育新的学术领域和学科增长点，并解决科学主义与人文主义两种文化自近代以来的分裂，从而实现对"斯诺命题"的破解。

第二章 文献综述

2.1 国内仿拟研究综合

作为辞格之一，仿拟早在 2 000 多年前就已产生，为“年轻的老牌辞格”（徐国珍，2000:28）。年轻，说明研究历史不长，老牌，说明出现历史已久。

国内仿拟研究比较活跃。截至 2013 年 1 月 19 日，我们对发表在中国期刊全文数据库（CNKI）“中国语言文字、外国语言文字”类刊物的论文进行“精确”关键词检索，检索词设定为“仿拟”。结果表明，查到的文章有 365 篇。首次提及仿拟的文章是在 1986 年，只有 1 篇文章，此后的 1987—2002 年，只有 26 篇，平均每年为 1.63 篇，其中 1990—1993 年发表此类文章为零。2003—2013 年，每年发表的论文（含硕士论文）均在 10 篇以上，11 年间共计发表论文 338 篇，平均每年约 33.8 篇，最多的一年是 2010 年，达 60 篇，此后研究成果数量呈下降趋势，2012 年减少到 34 篇，2013 年重拾升势。下面以图表形式展现国内 2003—2013 年 10 年间发表仿拟研究相关论文数量情况（见图 2.1）。

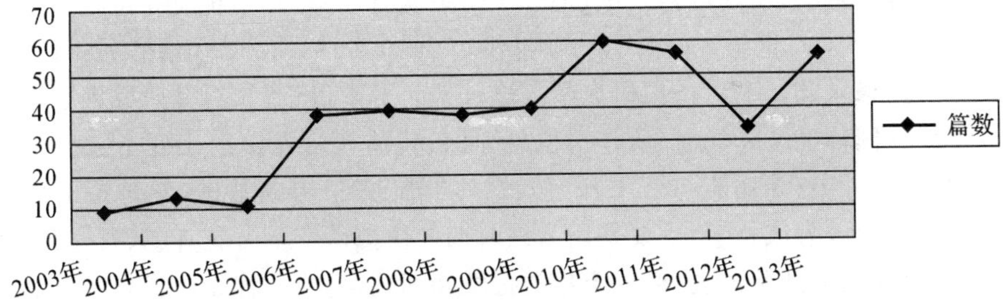

图 2.1　2003—2013 年发表仿拟研究相关论文情况

图 2.1 从一个侧面反映了我国仿拟研究的大体趋势。从发表论文情况可以看出，从 2003 年到 2010 年这 7 年时间里，仿拟成果数量处于一上升通道，这说明仿拟已为我国学界所接受并不断有研究成果出现。然而，值得注意的是，自 2011 年以来，成果数量处于下降通道，说明其研究巅峰已过，研究视角与研究内容给人以黔驴技穷之感。虽然我们在 2014 年 1 月 27 日又重新检索，发现 2013 年此类研究

论文达56篇(见图2.1),好似仿拟研究有升温之势。但是从研究内容来看,依然逃不出语言学的窠臼,只不过换了些研究文本而已,创新不足依旧。所以,继续从事该课题研究的话,一定要有新的视角才行。为此,我们必须首先综合已有研究成果,从以下两个方面对仿拟研究成果做出综述,以把握仿拟研究脉络与研究动态,为仿拟研究开辟新的角度。

2.1.1 历史时段划分

虽说已在研究成果累累,但是至目前为止,国内还没有人对仿拟研究做过历史划分,从而使得其研究处于一种无序状态,这不能不说是一个遗憾。通过对仿拟研究成果的梳理与分析,我们将国内仿拟研究划分为以下几个历史时段:

(1)萌芽期(先秦两汉时期至20世纪20年代)。仿拟初见于先秦两汉时期,杨雄便是证明,其著《法言》中不少语句出自《论语》。如:"虽有民,焉得而涂诸?"(《问道篇》)仿自《颜渊》中的"虽有粟,吾得而食诸?"唐代刘知己的《史通》对仿拟也做了一定研究(徐鹏等,2007:24)。这是仿拟的萌芽期,其特点是仅仅对已有语句做了有意或无意的摹仿,谈不上研究,而且数量寥寥,未成系统,然而仿拟研究的序幕已徐徐拉开。

(2)形成期(20世纪30年代至70年代)。将仿拟研究形成期确定始于20世纪30年代,显然是因为陈望道先生著述《修辞格发凡》中对仿拟首次正式定义并研究,正是这一定义,标志着仿拟研究一个历史性开端,奠定了仿拟的辞格地位,它被正式纳入辞格范畴,薄薄的数页纸,揭开了仿拟研究序幕,其系统研究正式形成。

(3)成长期(20世纪80年代至90年代)。20世纪80年代,仿拟方始得以认可并立足于辞格家族,于是,仿拟研究步入成长期。至本世纪初,对其研究踊跃,成果凸显。据徐国珍(2000,2001)所作仿拟研究综述,前人研究集中于6个方面:①定义及特点;②分类;③功能与效果;④仿拟格的界定;⑤构成基础;⑥仿拟的应用。这段时期之所以为成长期,主要是因为该时期内仿拟研究呈百花齐放、百家争鸣局面,大量研究成果开始涌现,散见于各类报纸和期刊,呈现一种无序状态:仿拟的定义众说纷纭,分类莫衷一是。其中所经历的这些阵痛,恰好说明仿拟研究如同一个正在成长的婴儿,正处于慢慢成长之中。

(4)成熟期(21世纪初至今)。之所以认为21世纪初是仿拟研究成熟期的开始,是因为自2000年起,仿拟研究逐渐走向成熟,研究堪称系统,以先后出现的四本专著为标志。首先是徐国珍(2002)的代表作《仿拟研究》的面世。在前人研究基础上,她分别探讨了仿拟的"客观基础""美学基础""心理基础""逻辑与语义基础""社会与文化基础",这是截至当时最为完备的仿拟研究巨著,后续的仿拟研究言必谈此书，其引用率一直居高不下，而且即使至今徐国珍女士还偶有仿拟研究成果问世。几年后，幺孝颖(2008)出版了名为《仿拟话语的认知语用研究》的专著，她将语用学和认知语言学理论有机结合，运用象征理论及概念合成理论，为仿拟话语的研究建构了一个认知语用模式。随后，罗胜杰等(2010)的专著《英汉仿拟研究》从理论与实践两个视角切入，着重探讨了仿拟的实践研究，完善并拓宽了仿拟的理论与应用研究视角。最后，唐骏(2011)的专著《汉语仿拟翻译研究——社会符号学视角》以社会符号学翻译法的“意义相符，功能相似”为指导，探讨了仿拟的翻译问题。

以上四书各有千秋、各有侧重，“全面”与“重点”研究相互结合、相互促进。徐国珍与罗胜杰的研究全面性较强，涉及面广，而且罗是在徐的研究基础上的深入；幺孝颖与唐骏的研究选取两个侧重点，分别从认知语用学与翻译学视角切入，四书点面结合、相得益彰。此外，迄今为止，尚未有其他仿拟专著面世。

在这段时期，除上述专著外，仿拟研究还散见于修辞学及对比语言学等著作中。如王德春、陈晨(2001:341－342)将仿词列为修辞方法之一，分析了其格式特点：“在上下文中按照上文中的词语仿造新词语，表达转义。其特点是以甲连乙，分反义相仿和类义相仿两种”。王希杰(2004:413－416)也对仿拟做过类似定义，并将它与新词做了区分，认为“仿拟只是作为原格式的临时替身而已”。徐鹏等(2007:331－350)对仿拟和 parody 做了比较，并分别从仿词、仿句、仿篇、仿调四个角度展开论述。

虽然随后又有不少学者从不同角度做了研究尝试，并取得了一定研究成果，但至此，仿拟研究已走向成熟并几乎达及顶峰，鲜有超越，充分展现出仿拟研究的成熟魅力。

2.1.2 研究内容分析

在仿拟不同研究历史时段，其研究内容各不相同。在仿拟萌芽期的研究处于朦胧阶段，多以单纯的仿造为主，成果鲜见，故而研究内容单一；在形成期内的研究内容局限于其定义，成果不多。在成长期内成果纷呈，在对仿拟定义进一步探讨的基础上，开始对仿拟的其他方面有所涉及，但多局限于仿拟的内部研究(如效果分析、理据探索、功能与分类等)，偶涉应用领域，以广告仿拟研究为甚。成熟期阶段有三个特点：第一，内容更新。其研究内容开始向着深度和广度进军。徐国珍(2003)与罗胜杰(2010)挑起了系统深入研究和广度扩展的大旗，研究视角被拓宽了许多；幺孝颖(2008)与唐骏(2011)充当深度研究的先锋，在仿拟的理论与翻译研究领域内大做文章，成果独特。第二，理论注入。许多语言学理论如认知语言学(主要是概念合成理论)、语用学(以模因论为主)、徐盛桓的自主-依存框架理论等被利用来研究仿拟，仿拟背后的生成机制得到了较为充分的挖掘。第三，功能凸显。虽然仿拟应用领域内的研究题材仍以广告为主，但可喜的是，仿拟的构词功能得到充分肯定，徐国珍(2006)从广度上对仿拟构词法做了系统研究，挖掘了仿拟的构词类型、特点与理据，并对仿拟构词法进行了规范；而罗胜杰(2008)则从微观角度对仿拟构词做了个案研究，他从词源、变异、认知与翻译四个视角对“××门”词族做了分析，深度和广度结合，这是以前所没有得到重视的。

随着时间的推移，经过四个历史时期的研究，仿拟研究在理论上开始走向成熟，内容上逐渐开拓。

2.2 国外仿拟研究综合

与国内仿拟研究的火热程度相比，国外仿拟研究则显得较为冷清，是否与国人偏爱文字游戏有关？这尚且不得而知，有待考究。虽然国外仿拟研究在成果数量上远不及国内，但在研究内容上却颇具特色，而这正是国内仿拟研究所不容忽视和需要借鉴的。

2.2.1 仿拟的思想雏形

在西方国家，仿拟最早由亚里士多德在作品 *Poetics* 中提及，他提到“parodia”一词，但是没有给出仿拟的定义(吴亚芝，2004：4)。1976 年，Richard Dawkins 在 *The Selfish Gene* 一书中，首提模因(meme)一词：他认为人类的思想、词语等，均可被模仿复制。两位学者的论说，奠定了仿拟的思想雏形与研究的理论基础，而仿拟的产生机制来源于索绪尔在《普通语言学教程》中所说的类比，类比的原理——四项比例式(Ferdinand de Saussure, 2001：160)是新词产生的机制之一，也是语言变化的一种非常常见的和有力的道路(And such use of analogy is a very common and powerful pathway of change generally)(Robert Lawrence Trask, 2000：106)，其动力源自于“聚合体的压力”(Dwight Bolinger, 1993：605)，它使得词汇以同一方式变位。

2.2.2 仿拟的构词功用

国外仿拟构词初现于 40 多年前，英国作家乔治·奥威尔(George Orwell, 1903—1950 年)在他的政治讽刺小说《1984 年》中杜撰了 doublespeak(假话，欺人之谈)，newspeak(假话，指以模棱两可和自相矛盾为特点的宣传语言)和 oldspeak(陈词滥调)三个词，后来人们模仿推出类似于 computerspeak(计算机语言)、

netspeak(网络语言)、artspeak(艺术语言)、mediaspeak(媒介语言)等新词(汪榕培,2000:121)。可见,仿拟最初是被作为一种构词手段而提及,英语中一些语素,它们不同于词缀,它们是被从已有词中提取,称为组合形式(combining form),与其他词汇组合在一起形成新的词汇。如 Vitoria Fromkin 等人(2004:511)认为,Watergate 中提取-gate,意为"丑闻",hamburger 中提取-burger,然后这些组合形式与其他词类一起组合,形成 irangate,zipgate,beefburger,chickenburger 乃至 mouseburger 等词族,此外,-peat 意味着"多年连续获胜",组成 threepeat 和 fourpeat 等词,多见于报端。类似的还有-thon/-athon(talkathon, telethon)等,成为新词构成的一种手段。而这种新词创造和组词成句能力被乔姆斯基称为语言使用的创造性。(The linguist Noam Chomsky refers to this ability as part of the creative aspect of language use.)(Victoria Fromkin et al.,2004:9)语言的创造性并不是随意的,它基于人类行为的目的性,人类词汇的再造,必须符合人们大脑中已存在的内在知识,符合规范着人类语言行为的语言框架结构。正如萨皮尔在《语言论》中所阐述的:"一个新概念的产生……在绝大多数情况下……是用已经存在的语言材料,按照老规矩所制定的极端严格的方式造成的。"

2.2.3 仿拟的多学科研究路径

与国内仿拟研究多限于语言学范畴相异,国外则在语言学与其他学科相互交叉中做文章(肖翠云,2003:19),研究范畴主要涉及以下学科:

第一,文学。Linda Hutcheon(1985)从现代文学、视觉艺术、音乐、电影等媒介入手,分析了仿拟的定义及功能;Margaret A. Rose(1993)对古代、现代和后现代的仿拟加以比较,总结出差异,见证仿拟演化路径;巴赫金提出了"戏拟"这一概念,意指一种滑稽性的模仿,即将既成的、传统的东西打碎加以重新组合,赋予新的内涵。作为一种创作手法,戏拟最早出现在诗歌、小说之中,我国鲁迅先生的诗《吊大学生》:"阔人已骑文化去,此地空余文化城。文化一去不复返,古城千载冷清清。"就是对崔灏《黄鹤楼》一诗的戏拟。

第二,叙事学。仿拟作为叙事也有提及。如华莱士·马丁(Wallace Martin,2006: 178)认为类似于仿拟的叙事有悖于常理,并根据他们的偏离形式,将此类叙事行为分为两类,通过讽刺、仿拟等手段来挑战文学和社会常规的语言形式便是其中之一。(In the first group I place those that challenge literary and social conventions through satire, parody, irony, and the the like.)《文学术语词典》认为仿拟实质上是一种文体现象——一种对作家或体裁的正式特征的夸大了的模仿,以言语、结构或主题的相异为信号。(Dictionaries of literary terminology say that parody is essentially a stylistic phenomenon — exaggerated imitation of the formal characteristics of a writer or genre, signaled by verbal, structural, or thematic disparities.)(Wallace Martin, 2006: 179)

第三,歌舞剧。约翰·邓普(1992:2-3)对歌舞剧中的仿拟做了归类与分析,他将滑稽讽刺剧分为四支:滑稽模仿(Travesty)、修迪布拉斯式嘲讽(Hudibrastic)、仿谐文(Parody)、模仿诗(Mock-poem),并且分而述之。值得一提的是,他根据奇曼·P.邦德对滑稽模仿剧的定义——"模仿严肃事物或严肃文体的创作,由于其形式与内容的不协调而使人发笑",将这些模仿剧归为两类:一类描写平凡琐碎的事物,借不同的表现风格使其升格;一类描写庄重的事物,以相反的表现风格使其降格。升格与降格的提出与界定,在仿拟研究中尚属首次。

2.3 国内外仿拟研究述评

2.3.1 研究特点

对比国内外研究成果,发现有同有异。在构词功能研究上,二者是一致的;在研究内容上,汉语侧重仿词、仿句研究,英语侧重篇章层面;在仿拟出现的文体上,汉语将文学作品与应用文并重研究,略偏应用文如广告、短信等,而英语仿拟研究侧重点在文学作品;在跨学科研究上,英语仿拟领先于汉语,在歌舞剧、叙事学等领域有所建树,汉语则较为缺乏。关键的一点是,在仿拟的理论研究这一领域内,国外领先于国内,国内的仿拟研究所借鉴的理论,如概念合成理论、模因论等皆出自于国外,然而可喜的是,国内具有自主知识产权的理论如徐盛桓先生的自主-依存框架理论是首个用于仿拟研究的国内理论,只是这样的理论数量不多。结合英汉语且以汉语为重,目前仿拟研究具有以下三个特点。

1.早期研究奠定基础

首先,就结构而言,研究集中于仿拟的定义、特点与修辞功能等(陈望道,1932;王德春,1989;黄伯荣、廖序东,1997;刘泽权,1995;汪榕培,2000;李鑫华,2001;白解红,2001;曾庆璇,2001;李国南,2001;吴礼权,2004;刘苗,2005;罗胜杰,2005,2008);其次,就体裁而言,多集中于广告类应用文体,如罗胜杰(2007,2008,2010),偶见于文学作品(罗胜杰,2010);再次,就理论而言,多见于认知语言学和语用学,探究其理论构建(罗胜杰,2007,2008,2009;黄缅,2007);最后,就翻译而言,白解红(2001)、罗胜杰(2009)分别探究了仿拟翻译策略。此外,英汉对比角度也有涉及,如罗胜杰(2005)、乐金声(2003)。

2. 后续研究纵横交织

观察发现，从横向上看，仿拟应用研究逐步加强。如针对广告、校园文学作品、手机短信等应用文体中频繁使用的仿拟，其研究成果屡见不鲜；从纵向上看，仿拟理论研究走向深入，分析角度涉及认知语言学（罗胜杰，2009）、语用学（罗胜杰，2007）和认知语用学（牛保义、席留生，2009）。

3. 研究成果系统深入

自陈望道于 1932 年首次提出仿拟一说，至今几十年，研究逐成系统，其标志为前面提到的四部仿拟研究专著：徐国珍（2002）的《仿拟研究》、罗胜杰（2010）等人的《英汉仿拟研究》以及其他两部作品。其中唐俊（2011）《汉语仿拟翻译研究——社会符号学视角》当数仿拟最新研究著作，其对汉语仿拟英译文体进行了系统研究。

2.3.2 研究不足

综而观之，国内关于仿拟研究的 365 篇文章以及出版的 4 部专著，内容包罗万象，研究成果在数量上不可谓不众，研究角度上不可谓不广。但是，笔者认为其研究远没有穷尽，还有许多值得拓展之处，下面将现有研究不足之处归结为“四不”。

1. 理论研究不深

仿拟研究多限于语言学领域，运用得最多的是语用学和认知语言学相关理论，难有扩大。如语用学角度的仿拟研究仅限于关联理论，未能将其纳入整个语用学体系，从话语分析等角度来阐述；认知语言学视角也有介入，多限于借用概念合成理论，从人类认知入手解剖仿拟，对认知语言学理论的贡献不大，这是理论研究上不深的表现。

2. 研究视角不广

语言学中的修辞视角是仿拟研究的另一切入点，该角度的研究主要涉及仿拟的内部结构与应用，这样的研究角度难免单一，应该达及其他层面，如叙事学等。然迄今，汉语中甚至尚未有人把它归为叙事，更谈不上从叙事学角度来研究，它被置于叙事学领域“被遗忘的角落”。随着叙事学研究领域的拓展，我们可对其从该理论角度进行研究。

3. 社会联系不紧

仿拟在语言系统中占据重要位置。如果说广泛活跃于平面媒体中的仿拟的使用以社会为核心，那么其范围就是整个社会，是构建和谐社会的重要问题。最近十年，作为语言词汇系统拓展与变革的重要手段之一的仿拟，是社会与时俱进的产物，在社会各要素中占据十分重要的地位，然而其与社会的联系方面，较之于其活跃程度而言，这个问题尚未引起学术界的足够重视，其研究现状与它的社会地位并不相称。

4.跨学科研究不力

前面的统计表明，近十年发表此类文章的数量自2011年开始下滑，该研究似乎已到“山穷水尽”的地步，无法再行突破。其原因主要是跨学科研究不力，缺乏突破口。除了幺孝颖(2008)从认知语用学视角对仿拟做过研究外，在跨学科研究这一问题上并无多大进展，缺乏从哲学、系统科学、语言经济学与和合学等角度的研究。仿拟是学界一个传统的研究话题，仿拟研究必须有新视角、新理论和新方法，才能有新发展、新突破和新成果。所以，目前仿拟研究范围主要围绕少数几个主题、在语言学内部反复做文章的这一趋势必须得到改变，拓展其研究维度，深入研究除语言学以外的其他维度成为必要。具体而言，仿拟的哲学维度无人介入，语用维度尚可深入，叙事维度期待开拓，和合学维度值得探究，经济学维度是未开垦的处女地。

总之，仿拟研究绝非穷尽，无论从目前研究现状、研究内容还是从未来研究的方向看，尤其在学界跨学科研究的浪潮中，仿拟始终未能迈出第一步，依旧桎梏于修辞层面，尚未达及其他，对学科建设的作用更未谈及，本课题还需从新的视角进一步深入研究乃至做出跨学科探讨。因此，以仿拟的学科交叉整合网络框架构建为目标导向，在学习和借鉴现有研究成果的基础上，系统研究仿拟的跨学科特质，具有一定的前瞻性和创新价值。这些情况促使笔者将“基于英汉语料的仿拟跨学科研究”作为博士论文研究选题，尝试从新的视角对其进行研究。

第三章 仿拟的哲学维度

3.0 引 言

人类自从事实践活动以来，总结出了一系列的理论，这些理论构成了一个体系，该体系内包世界观、人生观、认识论、方法论等，从而构成了哲学。哲学给我们深刻地认识世界提供了成体系、有深度的理论作为指导，提供了认识世界的动力源。仿拟自然也要寻求哲学支撑，方显其立足之地，而这可以从系统哲学和语言哲学中寻求答案。

其一，系统哲学支持。系统是由一些元素(要素)通过相互作用、相互关联、相互制约而组成的、具有一定功能的整体(谭璐、姜璐，2009:20)。系统科学是一门以自然界和人类社会中普遍存在的各种系统为研究对象的科学。现代系统科学从无到有，历经两个阶段：一是以贝塔朗菲(L. V. Bertalanffy)创立的一般系统论、维纳(N. Wiener)创立的控制论和申农(C. E. Shannon)创立的信息论为代表的"老三论"的诞生和发展阶段；二是以普利高津(I. Prigogine)创立的耗散结构理论、托姆(R. Thom)创立的突变论和哈肯(H. Haken)创立的协同学为代表的"新三论"的诞生和发展阶段。系统哲学是关于系统的根本观点的理论体系，亦即关于系统的普遍本质和最一般的发展规律的学说，它是关于系统科学的哲学，它熔系统科学和哲学于一炉，既从系统科学研究哲学，又从哲学研究系统科学(黄金南等，1992:1)，它由著名美籍奥地利学者冯·贝塔朗菲提出，在拉兹洛于1972年出版的《系统哲学引论》中得以继承和发展。国内关于该理论有30余年的研究历史(吴彤，2010:1-12)，学者黎德扬等于1993年出版《系统哲学——综合时代的综合哲学》一书，对其做了详细介绍。系统哲学代表我们的思维方式，指导我们用系统的观点看待我们所处的这个世界，并以系统的方法解决一些疑难问题，是系统思想的结晶(钱兆华、马红霞，2004:1)，是"马克思主义哲学的全新发展"(杨桂通，2011:1)。

语言是一个系统，这一大系统内包含许多次级系统，如语音系统、词汇系统、语法系统等。在词汇系统内，仿拟词成为一个独具特色的次系统，既如此，系统以及系统哲学的某些理论同样也适用于仿拟，给这一语言现象提供解释。分析发现，作为现代系统科学发展主线之一，源自于通信领域的申农的信息理论和普利高津所提出的基于热力学理论的耗散结构理论,给仿拟研究提供了系统哲学上的营养,值得关注。

其二,语言哲学支撑。维特根斯坦(Wittgenstein Ludwig)作为"第一个语言哲学家"(陈嘉映,2003:4),他后期的哲学思想之"语言游戏说"认为,使用语言是"语言游戏","是为了强调一个事实,即讲语言是一种活动的组成部分,或者一种生活形式的组成部分"(维特根斯坦,1992:19)。作为语言文字游戏的仿拟,从中可得到语言哲学,至少是语言哲学中的语言游戏观的支持,值得研究。

基于此,本章分别从系统哲学和语言哲学两个角度切入,探寻仿拟的哲学基础。思路如下:从系统哲学视角探寻仿拟产生与接受的原由以及仿拟大量存在的依据,然后从语言哲学视角研究仿拟的一些特质。首先,从信息论角度入手,研究仿拟生成与理解的信息编码和解码机制,提出基于信息论的仿拟产生与接受模型。其次,以普利高津提出的耗散结构理论为出发点,研究其对仿拟的阐释力,并构建仿拟耗散结构模型。最后,从维特根斯坦所提出的"语言游戏说"视角切入,提出仿拟语言游戏观,探求仿拟的游戏属性。

3.1 系统哲学之信息论视角

以信息论角度视之,仿拟的产生与接受对应于信息的编码与解码。信息论与心理学结合,可以揭示仿拟从产生(编码),到传递,直至接受(解码)的全过程。

3.1.1 信息论概述

信息论发端于20世纪20年代,成熟于40年代。其创建者申农从理论上阐明了信源、信宿、信道和编码等有关通信方面的一些基本问题,创立了一般的通信系统模型,并以精确的数学概念提出了信息量的计算公式(李苓,2008:69),如图3.1所示。

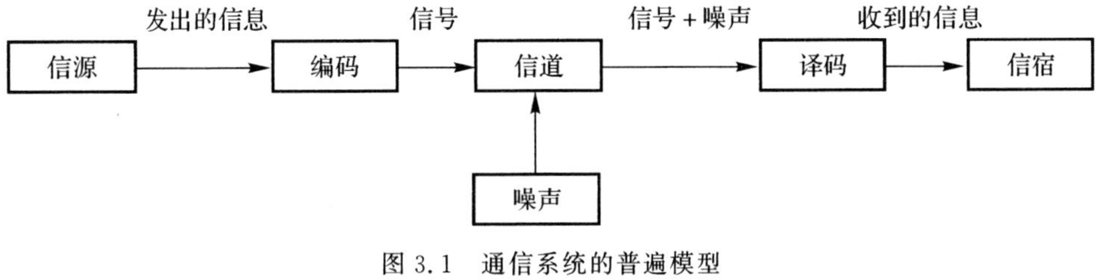

图 3.1 通信系统的普遍模型

图3.1中,信源即信息的来源,直接产生包含信息的消息,然后利用编码器将

信息编码成符号，再通过信道（从编码器传输到译码器的中间媒介）将信息解码，这其中会遇到噪声干扰。译码器将包含噪声的信息进行解码，最后传递到信宿即信息的接受者（包含人和设备），完成整个信息的发出到接受的过程。

交流即信息处理这一想法由申农创立（The idea of communication as information processing was firmly established by Claude Shannon.）(Em Griffin，2000：36)，由此建立了信息论基础。信息论本属应用学科，后被广泛应用于遗传学和语言学等领域。借用现代信息技术进行文献检索发现，该理论在语言学领域的应用研究主要集中于翻译。如孔庆成、刘文波（1992：5－10）提出翻译信息论，就翻译中信息处理有独特见地；王斌、王晋瑞（2000：4－8）借用信息论，解释了翻译对等的内涵，以及如何实现文本的翻译；岳启业（2010：121－124）将信息概念引入翻译研究，强调信息的等值可能由于语言文化的差异导致语义模糊、歧义，甚至语义空白。翻译的信息处理，涉及信息发出者和接受者对信息的编码和译码问题，信息论自然为其提供重要参照。然而语言的产生与理解，也涉及上述问题，涉及信息的产生、传递与接受，仿拟便是其中之一，其产生涉及将外界信息编码的过程（当然人脑机制在其中起着重要作用），其接受涉及信宿对接收到的信息进行解码的问题。编码也好，解码也罢，这其中无疑折射出信息论的相关内涵，故可以从信息论角度对仿拟加以研究。对仿拟的信息论阐释，可从两部分入手：信息的编码和解码。

3.1.2 仿拟的信息编码

仿拟产生，信源为先。信源是信息的集合，编码在信源基础上进行。在信源上，仿拟与非仿拟没什么两样，不同之处就在于信息的编码。

一个通信系统，信源和信道是给定的，要使信宿最可靠而又最快地得到信息，使信源发出的信息能充分表达，信道的容量能充分利用，关键就在编码和译码上做文章，而其中最关键就是编码（黄金南等，1992：67）。编码其实是一种符号调制手段，通过它可以把信息变得适于传播和保存，便于接纳和理解。比如语言、文学、图像的具体呈现形式，它是信源提供者（传者）“如何传情达意的一个创作过程，也是信息符号化的制作过程”（吴文虎，2000：172）。

分析认为，仿拟信息编码离不开感觉、知觉、联想等心理活动，下面从这几方面入手，以仿词“美丽‘冻’人”为例，分析仿拟产生的心理过程，解构仿拟在人脑中所进行的信息编码过程。

1. 感觉

感觉（feeling）是人脑对作用于感官的事物的个别属性的反映。感官在仿拟创造中起着关键作用，是仿拟产生的基础。人们必须对所反映的事物有一视觉或是听觉上的感觉，然后才能以此为基础，进行下一步的心理活动。

“美丽冻人”乃仿习语“美丽动人”而来，这个词语的产生源于这样一种感官上的心理行为，人们在日常生活中，看见这样一幕：寒冷的冬天，一个衣着时尚但却十分单薄（也许身着短裙）的女孩走在大街上，冻得瑟瑟发抖。这幅画面给我们众多信源，如寒冷的冬天（或许飘着雪花）、美丽的女子（女子容貌次信息如眼睛、嘴巴、鼻子、眉毛等）、单薄的衣着……众多信源皆可通过信道传递，然其中两条重要信息——“美丽”与“挨冻”——以其不同一般而最为凸显，故而得到提取，满足申农的无失真信源编码定理：在每单位时间内，从信源 H 不可能传输比信道容量/H 个更多的消息数，而且总存在能传输小于信道容量/H 个信息的编码方法（袁聪、张鸿燕、王新梅，2002：76）。

有了视觉上的感受与重要信息的提取之后，紧接着就进入下一个心理活动阶段——知觉。

2. 知觉

知觉（perception）是个体对感觉信息的组织过程。通过大脑，我们将外部世界所感觉到的信息加以选择、整合与组织，从而形成一种较为稳定而清晰的完整印象，感觉信息决定知觉行为。

回到仿语“美丽冻人”上来。人们将通过视觉所看到的零散信息，如五官端正的女子、单薄的衣裳等，以及通过感官感受到的寒冷天气结合起来，形成这样一种知觉：一个因寒冷而冻得发抖的美丽女子。

有了这种知觉后，人们产生了一种将这一知觉表象化，然后再寻求表达方式的冲动。在这一过程中，由于心理词库中没有找到合适的表达法，只好借助于联想。

3. 联想

联想（association）是由一事物想到另一事物的心理过程。联想分接近联想、相似联想、对比联想等。

接近联想给仿拟的创造提供了一定的理据，语音仿拟就是典型。仿“常来常往”拟“常来常网”就是一例。因为根据“往”的拼音“wǎng”，人们很容易就联想起其同音词“网”，当然还可以联想到其他同音或近音词如“王”“惘”“望”“汪”“旺”“忘”等。同理，在天寒地冻的天气里，美丽动人却衣着单薄之女子在受“冻”，根据“冻”与“动”在发音上的相似，人们便顺势由“动人”联想到“冻人”，于是乎，仿语“美丽冻人”应运而生。

此外，相似联想和对比联想也是信息编码手段。相似联想，顾名思义，是指事物由于其间的相似性而引发的联想，用于词语创作中，买房、买车等引发的负债可用“房奴”“车奴”表示。推而广之，任何负债都可以此表示，如卡奴、孩奴等。相似联想产生类似于“××门”等词族：“电话门”“监控门”“解说门”“艳照门”等。这些“××门”词族的产生皆出于此类事件的相似之处，即共同特征：都是见不得人的不光彩事件。因此，只要是丑闻，就可以带上“××门”的帽子。对比联想因相对的事物两方容易引起联想，如新与旧、爱与恨、长与短、大与小等，故而成为一种信息编码与创作经常使用的方式。如根据 hot line 类推出 cold line，hardware（计算机的硬件）→software（计算机的软件），brain drain（人才外流）→brain gain（人才流入）。

4. 再造

再造（recreation）基于联想，指经过大脑对过去感知的材料进行加工，再根据个人的知识、经验和表象再造出来新形象。新作品创造之前，头脑中先构成一定事物的新形象，即表象，然后在此基础上加以想象和再造。

仿拟作品的创造离不开想象与再造，任何一个仿体的产生都是其结果。“美丽冻人”的产生依据对现有事物的零碎感知，然后借助大脑已有的词汇“美丽动人”，在原有基础之上发挥想象，再造出仿语——“美丽冻人”。又如，针对当今社会的腐败现象的一则打油诗：

当官不怕喝酒难，千杯万盏只等闲；鸳鸯火锅腾细浪，海鲜烧烤走鱼丸；桑拿小姐周身暖，麻将桌前五更寒；更喜小姐白如雪，三陪过后尽开颜。

该诗据毛泽东的著名诗篇《长征》仿拟再造而成，创造中运用了如下心理过程：首先将感觉到的贪官污吏的各类腐败现象加以组合，形成对这一现象的整体性认识，产生知觉；然后凭借丰富的想象力，展开联想。在联想的过程中，为了达到引人注目的讽刺嘲弄之目的，借助于对比联想，将该现象与充分体现先烈们为了革命事业而不惜抛头颅、洒热血的诗词——《长征》联想在一起，形成强烈对比，然后放飞想象的翅膀，借助语言表现手段，将贪污腐化的干部们的形象一一融入原诗，再造出一个与原诗在格调上相似、内容上相反的新作品。值得一提的是，该诗与原诗在每句的最后一个字上都完全一样，通过二者的对比，讽刺何等辛辣！作者的聪明才智显露无遗。

综上所述，将仿拟产生即信息编码总结如图 3.2 所示。

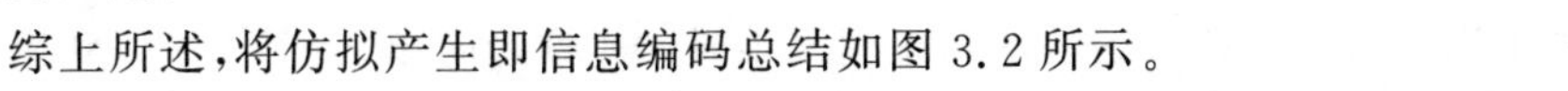

图 3.2　仿拟信息编码模型

仿拟信息编码，感觉是来源，知觉是组装，联想是功臣，再造是手段，四者依次结合，完成仿拟信息编码过程。

值得一提的是，非仿拟信息编码过程与仿拟信息编码相比，依然经过感觉和知觉两个阶段，然后就将知觉到的信息编码后直接通过信道传递、解码，不必经过联想和再造阶段，而仿拟、双关、歇后语等语言现象的产生，均须借助联想和再造这两个过程方始形成。

3.1.3 仿拟的信息解码

经由上述过程的信息编码完成后，经过信道，在信宿那里必须进行解码并充分接受，信息传递过程方称完整。而信息解码也在心里完成，涉及一系列心理过程。

1. 匹配

面对新接受信息的刺激，信宿大脑皮层产生兴奋点，立刻开始对信息进行解码。然而经过上述过程后编码的信息在信宿那里遇到了一定的解码困难，信宿所接受的信息在其大脑的记忆仓库中找不到与刺激物一致的语词，于是不得不将之与最为接近的词语相匹配，激活现有图式。

面对编码而成的“美丽冻人”，记忆中没有该词，经过大脑搜索，与最为接近的“美丽动人”相匹配，激活其图式。前文所提打油诗也如此，信宿将该编码与已有的《长征》诗词相匹配，激活《长征》图式。

2. 完型

完型(格式塔)表示“整体、完整模式”的意思，着眼于个体与成分之间的关系，而非仅限于分离、孤立的元素(Chris Sinha，2010:36)。完型心理学认为，“任何动物有一种先天的‘完型’。我们感知的是‘形’……如果环境发生变化，使有机体的行为碰到了困难……那么这个‘形’上就出现了‘缺陷’或‘缺口’。但是，人脑有一种先天的弥补缺陷的‘完型’能力，一旦‘缺口’填补，完型就出现了，问题就解决了”(杨清，1983:290)。语言现象是一种格式塔，是一个“被分离的整体”，整体并不等于部分的总和，它并不是由若干部分组合而成的，整体乃是先于部分而存在的，而且它还制约着部分的性质和意义。

仿拟信息解码正是在这种“完型”心理作用下得以实现，当所接受的信息使语言的“形”产生缺陷，使人脑的认知碰到困难时，“完型趋向律”会促使人们利用已有信息的语义迁移来弥补这一缺陷，以达到完型(徐国珍，2003:40)。

完型在仿拟信息解码中起着非常重要的作用，它有效地沟通了人们的新认知和已有经验图式之间的关系，借助于内在图式，将新信息纳入原有知识经验，再据此得出新信息的新图式。“美丽冻人”作为初次出现的一个词语，其形态在词汇库中显然不存在，具有缺陷，但信宿会对其中的缺陷加以忽略并做出弥补。弥补离不开两个手段：类推与顺应。类推即根据一事物推出与之相似的另一事物的心理过程，顺应乃顺势而为。“美丽冻人”与“美丽动人”语音相似，接受者将其纳入后者的认知范畴，使原有认知图式顺势与后者顺应，实现仿体的完型，从而完成信息解码。

综上所述，将仿拟接受即信息解码总结如图 3.3 所示。

图 3.3　仿拟信息解码模型

可见，仿拟信息解码，匹配是根本，完型是关键，二者结合，完成对仿拟的信息解码过程。

综上所述，通信模型同样也适用于仿拟分析，仿拟产生就是信息编码过程，仿拟接受就是信息解码过程，我们将之细化，为对仿拟的信息编码与解码有一个详细的了解，建立一个“基于信息论的仿拟产生与接受模型”（见图 3.4）。该模型以图表形式展现了仿拟从信息产生到信息接受的人的一系列心理过程，体现了信息论在语言创作与接受中的运用，而这一模型是否适用于双关、歇后语等语言现象的分析（尽管笔者大致认为可以），这还有待进一步的验证。

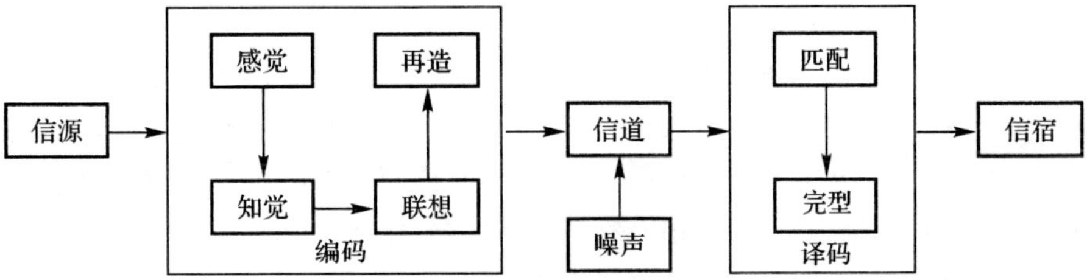

图 3.4　基于信息论的仿拟产生与接受模型

3.2　系统哲学之耗散结构理论视角

仿拟的产生由信息的编码和解码得到解释，然而这只是仿拟的单个揭示，芸芸众多的仿拟，组成一个庞大的词汇系统。因此，探寻这一仿拟词汇系统其产生的物质基础、存在理据与创作模式，避免一些失误的仿拟对其系统所带来的负面影响，就成为必要。所以，必须有一理论思想担负起这一重任，揭示仿拟系统的多维共生、避免仿拟的粗制滥造，而担此重任的就是耗散结构理论。

3.2.1 耗散结构理论的基本思想

耗散结构理论(the Dissipative Structure Theory)是20世纪60年代末比利时科学家普利高津在长期潜心研究热力学问题的基础上所创立的理论。他在1969年举办的一次理论与生物学的国际会议上提出该理论,并因此获得1977年诺贝尔奖。该理论中,谓之耗散,意为"消散";谓之结构,说明"有序",非混沌一片:或对称分布、层次排列等空间有序,或花开花落、四季循环等时间有序。故耗散结构理论乃系统内部在一定条件下自发组织的、远离平衡态的系统从无序变为有序的理论,曰"自组织理论",这种有序结构可为"时间、空间或时间——空间结构"(蒋景东,2010:178)。

在普利高津看来,系统耗散结构的形成需要具备一定的条件:第一,开放性。系统必须具有开放性,如此方能与外界进行物质、能量与信息的交换,引入负熵流,从而走向有序。第二,远离平衡态。热力学定义表明,平衡态是孤立系统经过无限长时间后稳定存在的一种最均匀无序的状态,系统须远离平衡态,处在力和流的非线性区,才有可能演变为有序结构,非平衡态是有序之源。第三,非线性相互作用。系统中必须存在非线性相互作用,这样才能产生有别于数量叠加的线性机制的非线性机制与相干效应和协同作用,系统方能自组织,从无序到有序,形成耗散结构。第四,随机涨落。这是耗散结构形成的孵化器,依靠个体变量涨落的诱导和启发,通过随机涨落实现从无序到有序的转化,在非线性相互作用下,构成体系的各部分间相互制约、相互耦合、相互作用,形成时空有序的耗散结构。

耗散结构理论在化学上得到普遍应用,推动了化学热力学、动力学的发展,它的成果被用于解释生物有序现象,产生了像量子生物化学这样横跨理、化、生的边缘学科。此外,在激光物理、生物物理、地球物理等领域也有广泛的应用。发源于自然科学的耗散结构理论,反映了自然界的基本规律。然而,受制于自然规律的人类社会也受到此规律的影响,社会科学成了这一理论试图干预的领域。现代社会高度的物质流通和信息化,它的时空有序和自组织,表明社会也是一个开放系统的耗散结构。因此,从人和自然的关系、经济、文化、军事到城市规划、人口控制、生产服务等,都有十分诱人的应用前景。此外,这一理论在管理学、教育学等领域被广泛应用,"已成为一种贯穿许多领域的科学方法和研究方法,在众多领域得到广泛应用"(徐建军、龚涛,2011:14;段晓静,2003:66)。受该理论启迪,"人们进一步认识到事物有序与稳定的内在联系具有普遍性"(吴今培、李学伟,2010:60)。耗散结构理论的崛起,使人们看到多学科互相渗透的边缘学科与横跨各学科的横断科学正如雨后春笋般涌现,并取得越来越显著的地位。

3.2.2 仿拟生成之耗散结构理论阐释

耗散结构理论的应用面十分广泛，它具有强大的生命力。语言系统与其他系统相互联系、相互作用、相互制约，语言内部从无序到有序，形成一种语言平衡态，该理论可以提供较好的解释。所以，发源于自然科学的耗散结构理论，也为社会科学领域内的语言发展变化、特别是词汇系统变化的规律提供阐释，可用来揭示仿拟生成之迷。

3.2.2.1 语言系统的开放性为仿拟提供了物质基础

如前所述，耗散结构形成的先决条件是开放性，任何有序系统的形成与保持，“必须不断从外部环境引入物质、能量和信息的负熵流，并不断排出其‘代谢’产物”(唐建军，2010：168)。一个封闭的、不与外界进行物质能量交换的系统，都只能自发地走向无序、解体或消亡(苏桂凤，1986：47)，自然系统与社会系统概莫能外，“生命以负熵为主，新陈代谢的本质在于使有机体成功地消除了当它活着时不得不产生的全部的熵”(埃尔温·薛定谔，2003：76)，系统的开放性为熵的引入提供可能。

熵最初是热力学中的一个概念，作为态函数来使用，之后，申农将其推广为信息熵，一些数学家又将其进一步规范，使得熵可以用来描述一般系统内部各子系统分布的均匀性。与一个宏观态对应的微观态的数目越多，熵值越大，这个宏观态就越无序(谭璐、姜璐，2009：31－32)；相反，如果熵值越小，说明这个子系统就越有序。因此，熵是表示系统无序程度的量，熵的增大表示系统无序的增大*。熵有正负之分，系统内部产生的熵为正，外部引入的熵为负。封闭系统只有正熵，即 $ds_i>0$，所以 ds 永远是正的。而系统一旦开放，由于系统与外界交换物质、能量和信息，通过系统边界输送进来的负熵 $-ds_e$ 与正熵相互作用，可以抵消系统内部产生的 ds_i，甚至还可以超过它，因而 ds 就不一定为正。它可以是零或负值(即 $ds\leqslant 0$)。由于正负熵的相互作用，耗散结构的形成方有基础。在此基础上，系统在和外界所进行的物质、能量交换过程中，外部输入负熵流大于内部产生的熵，使得总熵量为负，随着这种负熵流的逐步增加，系统内部产生的熵逐渐减少，那么系统将趋向有序，其内部诸要素间的组合变得有规则，稳定而有序的耗散结构就此形成。

如何让一个系统处于最佳稳定状态即获得最佳耗散结构，普利高津于 1975 年提出了“最小熵”概念(黄金南等，1992：70)。这意味着系统只有从外界源源不断引入负熵流，使系统中的熵处于最小状态，才能使得系统始终保持一种活力，这样的

---

* 在孤立系统中，熵总是在增加的；在一个开放系统中的熵 ds 等于系统内部产生的熵 ds_i 和系统外部进入的熵 ds_e 之和，即 $ds=ds_i+ds_e$。

系统才是最为稳定而可靠的。这一原理的提出与我国改革开放政策不谋而合，正是打破固步自封，实施改革开放，大胆引入国外先进科学技术、引入三资企业等负熵流，汇入了竞争机制，打破了一些企业的长期垄断地位，如此才带来了国民经济的壮大与发展。同理，语言系统的开放性和负熵流给语言研究提供了很好的启发作用，只有保持语言系统的开放性，不断从外界吸取新的物质与能量，语言系统才能焕发出并始终保持着一种独特的青春与活力，保持着词汇系统的新陈代谢。语言系统具有开放性，这从英汉词汇中不断增加的新词即可看出，新词增加的速度在不断加快，而旧词消亡的周期似乎在缩短。《中国语言生活状况报告》每年向社会公布当年的新词语，如 2012 年 12 月 20 日，国家语言资源监测与研究中心、中国传媒大学、商务印书馆在"汉语盘点 2012"新闻发布会上联合发布"2012 年度中国媒体十大新词语"：正能量、表哥、失独家庭、鹰爸、元芳体、莫言热、弹性延迟、甄嬛体、骑马舞、中国式过马路（见中国传媒大学国家语言资源监测与研究有声媒体中心网站）。这说明语言处于动态的开放性系统当中，而促成这一现象的主要因素之一就是仿拟的运用，仿拟有如新词新语现象产生的催化剂，好似语言"鲶鱼效应"的产生者，其存在依据就是"语言系统中材料的开放性"（徐国珍，2007）。

仿拟造词法的实施由于语言材料的开放性而具有了重要的前提和基础，正是由于语言材料的开放性，仿拟的存在方有基础，而仿拟就成了语言负熵流引入的活化剂，它的存在，使得语言词汇系统不断得以更新。所以，我们认为语言系统的开放性是仿拟存在的前提与基础，缺少这个前提，仿拟成了无源之水和无本之木。可以预见的是，与其他因素相结合，所形成的语言耗散结构，将由平衡态变为不平衡态，然后趋于平衡态，而且随着系统的开放性的不断加大，这一平衡态又被打破，形成一种新的不平衡态。周而复始，语言词汇系统在平衡态与不平衡态的交替中不断得以更新，而仿拟在这旧的耗散结构被新的耗散结构所代替的过程当中，起着至关重要的作用。

3.2.2.2 非平衡态原则为仿拟提供了生存平台

如上所述，在普利高津的视野里，系统状态有平衡和非平衡两类。平衡态是指系统内部各要素在能量分布上处于均匀状态，要素间达成一种平衡，处于一种没有活力的封闭式的寂静状态；而非平衡态则是由于外界事物不断介入，系统内部诸要素与进入系统的要素不断进行着物质与能量的转换所产生的一种有差异的、分布不均匀的状态。举例而言，我国改革开放之初，国民自给自足，实行配给制，大家的生活水平差异不大，国民经济基本处于一种没有很大波动的平衡状态。改革开放以后，国外先进的科学技术（称之为负熵）的引入，给国内经济注入了新鲜活力，这种经济上的平衡态随之被打破，多种经济体制并存，使得国民经济处于一种非平衡状态，这样一来，远离平衡态的市场经济由于不断接收外界力量，从而形成一种经济上的耗散结构。

如此看来，维持一种充满活力的状态，就必须打破自身所处的平衡态，只有远离平衡态，使得系统处于一种非平衡状态，这样的系统才是有活力的。语言系统亦如此。雅各布森指出，没有一种语言具有完全平衡的系统，语言系统不平衡的动态性是语言交际功能的必然结果，使用语言谈论的这个客观世界是不断变化的，而且越来越复杂。因此，语言就要不断打破自己的平衡以适应这种复杂性和交际功能的需要，这在词汇层面上尤为明显（封宗信，2006：22）。语言活力的表现体现在敢于打破传统，引入新思想、新观点、新理论，使得整个系统远离平衡态，处于一种不平衡态中，并且保持这种趋势，达成新的不平衡态，保持一种动态的可持续发展状态。在此笔者认为，仿拟是语言系统（至少是语言中的词汇系统）实现非平衡态的手段，换言之，非平衡态原则为仿拟提供了一个生存平台，仿拟为词汇非平衡态而生，仿拟的介入产生众多新词新语，打破了词汇系统固守的平衡态，语言的词汇系统方能得以不断扩充。推而广之，仿拟研究也须打破其研究内容与研究现状的平衡态，引入新的研究视角和新的理论，这样的研究才充满新鲜活力。因此，笔者对仿拟的跨学科研究，打破了仿拟研究的现有平衡状态，形成了仿拟研究领域内的耗散结构。

下面以“水门”（Watergate）为例，分析词汇平衡态是如何被打破的。

该词最初具有两个平衡态，结构（组合）平衡态：水（water）＋ 门（gate）；意义平衡态：水门大厦。但“水门事件”使该词的意义平衡态首先被打破，该词也就被赋予了新义：政治丑闻。例如：

But less in a year later in August of 1974, Nixon resigned because of Watergate. Had he not, congress might have removed him from office.（但事后不到一年，也就是1974年8月份，尼克松因水门事件而自动退位。其实如果他不那样做，国会也会采取行动取缔他的职位。）

该事件发生后，新义“水门事件”暂时获得并维持一种平衡态，然而这种平衡态是混沌、无序而任意的，不过是以不同于其他表达方式的无序存在而已，与其他表达单元不理不睬，我们称之为“睡子”（普里戈金，1987：342）。随着时间的推移，在使用中不断与外界事物发生交换与能量转换，词素“门”（gate）的意义平衡态被一次又一次打破。具体而言，经历了三个阶段：专化（本义剥离，语义浓缩，专指某一特定社会现象，标记“重大”“丑闻”“高层”“政界”语义特征）—类化（政坛丑闻，如“拉链门”）—泛化（不雅或不法的代名词，如“艳照门”），而泛化后的“门”的意义最终演变成一个有序的结构组织，获得了“稳定的形态表征、独特的义项内容，以及稳定的词条地位”(杨永林,2004:37),谓之意义耗散结构。

与意义耗散结构相生相伴的是组合耗散结构。应该说,“水+门”这一组合最初也是一种无序的任意组合,伴随时空的不断转换与新信息的不断涌入,逐渐形成一种稳定而有序的“××门”词族。如“伊朗门、白水门、档案门、情报门、国旗门、解说门、补妆门、牵手门、强拍门、艳照门、牛奶门”等,谓之组合耗散结构。

缘何“××门”类词族如此盛行,以致于“门”终成一词缀呢?语言学提供了解释,语法化使然。孙锡信(2002:91-95)对实词虚化的过程认识为,实词经过认同、弱化、移位、泛化、类推、诱化与暗喻,逐渐完成虚化过程。“认同”指当某一实词成分甲在运用中变得跟另一虚词成分乙的语法位置相同、句法结构关系相同、语义也相同时,使用语言的人们就会把甲看作与乙一样的语言成分,从而将甲的这一变化固定下来,完成甲由实词向虚词的传化;“弱化”指实词由于语法位置的变更逐渐减弱、淡化它本来的词义,被利用来实现说话中的间歇、停顿等功能和表达感叹、假设、要求、询问等语气时,经过经久的使用,便丧失其词义,虚化成语法成分;“移位”是词语语法位置的变更,是实词虚化的先导;“泛化”是实词虚化的必经之路,某一词汇成分由原来专指用于该成分的词汇意义有关的事物,转而用于指称与此词汇意义无关的事物,从而使得该成分的本来意义渐趋消逝,虚化成某种事物的标记;“类推”是实词虚化的手段与机制,指两个本来意义和功能相同的成分或形式,当其中一个成分或形式语法化后,另一个成分或形式在相同的条件下,也可能受其影响,发生同类的变化;“诱化”是一词由于相邻词语语义特征的影响,逐渐失去本来的词义,演变为表达抽象理念的概括的范畴义,这时该实词便被相邻词语诱化为一个语法成分;“暗喻”是将一个具体的概念抽象化,并通过该抽象的概念去理解和称述别的具体事物,它是实词虚化的最后一环。一般情况下,实词经过上述过程,可以完成向虚词的转化过程。

综上所述,词汇耗散结构的形成,是一个从平衡态到非平衡态的过程,作为其形成要素之一的非平衡态原则,为仿拟提供了生存平台,仿拟肩负起实现这一结构的手段。正是因为仿拟的存在,新词新语才得以不断产生,语言词汇系统方得以不断扩充,人类可供表达的语言手段才日益丰富。

3.2.2.3 非线性相互作用为仿拟提供了多维创造模式

语言符号呈线性方式展开,这是语言符号的基本特征,索绪尔在《普通语言学教程》中论述语言符号的本质时指出,符号的能指(signifier)具有线性特征(linearity)。然而在语言符号的线性展开背后包含着非线性特征(吕公礼,2007:147)。耗散结构的形成,离不开一个根本特性——非线性机制。非线性机制是系统内元素间相互作用的一种机制，它的存在，使得要素间的相干效应和临界效应*得以产生，从而使得新的有序结构的形成有了可能。反之，如果只存在线性作用，那它们的组合就只有量的增长，而不可能有质的变化。因为只有非线性作用，而不是线性作用才存在多个定态解与分支，才可以形成新的稳定有序状态，而这是耗散结构形成的必要条件。也只有非线性的相互作用，才能使系统内部各组元素之间在不稳定点以后发生一致动作的情况和一种长程的关联，形成协同作用或相干效应，这样才能接受外界的负熵流，形成耗散结构（苏桂凤，1986：47）。

非平衡态原则只是为仿拟的产生提供了一个平台，上述"××门"词族的形成源于线性机制，具体而言，就是不改变词汇的内部结构与构成规则，类推出该词的其他语言形式，形成一个词族。然而仿拟种类繁多，功能类型上，有修辞性仿拟和构词性仿拟两种；单位类型上，有仿词、仿语、仿句、仿篇；结构类型上，有共现仿和隐现仿；性质类型上，有谐音仿、语义仿、格式仿、语调仿和语体仿；意义类型上，有反义仿、近义仿和涉义仿；生成类型上，有直接仿、间接仿和换序仿；特殊类型上，有多重仿、连锁仿、对举仿、应对仿、辐射仿和摹新仿，总共有 7 大类、25 小类（徐国珍，2003：54－73）。这说明语言中丰富多彩的表达方式的产生不是仅凭线性机制这一点（否则语言只有在某一点上单纯的内部量的累积），而正是由于非线性相互作用机制的存在，仿拟的创造才摆脱了单一模式，向着多维方向发展。正是由于这种非线性机制的存在，仿拟的创作才得以摆脱单纯的量的累积，形成了这样一个多维立体化的非线性仿拟耗散结构。

3.2.2.4 有效性涨落原则为规避仿拟负偏离提供了理论依据

涨落是系统内某变量对平衡值发生偏离，耗散结构理论认为，涨落导致有序，涨落达到一定阈值后，再通过相干作用与连锁效应，系统方产生突变，新的有序结构才能形成。没有涨落，系统不能实现由量变到质变，有序结构不能形成。

然而，这种涨落必须加以控制，将之控制在一定阈值（即临界度）以内，即保证涨落的有效性，或曰有效性涨落，不然，有序将变为无序。所谓成也涨落，败也涨落，一个耗散结构的形成需要涨落，但是对涨落必须加以控制。

仿拟明为"仿"，重在"拟"，这决定了对原有语言形式必须存在一种偏离，才能产生新的语言形式，因此，仿拟中的偏离如同涨落，是仿拟产生的充要条件。偏离有正负之分，须将偏离控制在一定范围内，亦即控制仿拟的有效性涨落，否则易发

---

* 相干效应和临界效应：相干效应是一种整体效应，由系统元素间互相制约与耦合产生，它意味着线性叠加失效，元素的独立性丧失；临界效应是指系统由于非线性相互作用，在临界点上将会失稳，按多分支演化，系统向有序发展，不是只有一个方向，而是会出现几种可能性，可能出现不同的结果，从而产生系统演化的复杂性和多样性。

生负偏离。所以说,涨落如同偏离,而其中的有效性涨落等同于规避仿拟负偏离,仿拟负偏离的规避,在此找到了理论依据。至于如何控制仿拟的负偏离,罗胜杰(2008b:94)提出了四条策略:词性不变策略、尊重情感策略、慎用名人策略和最佳相关策略,这些给仿拟负偏离的规避提供了重要参考和依据。

综上所述,将耗散结构理论的基本原理——系统新的有序结构即耗散结构得以形成的原则条件具体化,运用于仿拟产生的过程分析,得出如下结论:基于耗散结构理论的仿拟产生过程为,在语言系统开放性前提下,作为平衡结构的本体,基于非平衡态原则,通过有效涨落,结合非线性相互作用,形成非线性多个仿体,这些仿体组成一个有序的仿拟耗散结构(见图 3.5)。

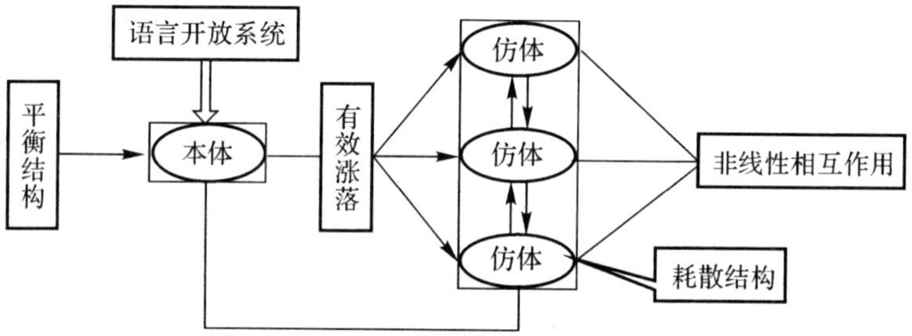

图 3.5　仿拟耗散结构形成示意图

以上运用耗散结构理论的基本原理,对仿拟的生成进行了阐释,从语言学角度证明了普利高津的耗散结构理论是对一般系统论的重大发展,它从一般的角度揭示了系统新的有序结构即耗散结构得以形成的条件,对于研究特殊系统新的有序结构的形成有着重要的方法论启示,其应用领域之广,可见一斑。本研究将自然科学理论运用到社会科学,尤其是语言学领域,是跨学科“界”交叉中的一次小小尝试。

3.3　语言哲学之语言游戏观视角

维特根斯坦是一位哲学家与数理逻辑学家,因其哲学对西方以及整个世界产生的影响之大,被誉为“哲学家的哲学家”,在语言哲学领域具有非凡的贡献,后人称之为“语言哲学的奠基人”。他所提及的“语言游戏”(language game)成了现代语言哲学的一个基本概念,影响面扩大到“包括语言学在内的其他学科”(刘龙根,2004:34),现以此对仿拟加以分析。

3.3.1 “语言游戏说”概述

后期的维特根斯坦提出了语言游戏说。语言游戏是作为他整个哲学的核心概念。该说法首见于《蓝皮书》与《褐皮书》，后在《哲学研究》中有深入论述。在该书开篇，他将两种不同的朴素的或曰原始的语言归为语言游戏，一种是脱离了生活语言的奥古斯丁的图画，后来这幅简单的画被包括罗素、弗雷格在内的许多哲学家试图应用到其他复杂情况；另一种是建筑师和助手之间为某一目的而交流信息的对话，即我们所说的“日常语言”。

实际上，在维特根斯坦那儿，缺乏对语言游戏的严格定义，他不过是在《哲学研究》中，将一个由语言和动作交织成的语言整体命名为“语言游戏”（维特根斯坦，1992：11）。此概念具有开放性，这与其后期反对事物具有本质的哲学立场不谋而合。在他看来，原始语言可为游戏，语言和语言交织的活动这一整体亦可称游戏，如棋类活动包括棋的下法一样。语言游戏离不开游戏规则（语言用法），下棋也有下棋的游戏规则，二者都是一种内在构成规律（constitutive rules）。

语言游戏说可归纳为以下几个基本特征。①意义即使用。在《哲学研究》第43节中，维特根斯坦提到，大多数情况下，使用“意义”，一词（非全部）可解释为，一个词的意义是它在语言中的用法，意义即使用。②多样性。在第23节，他通过一些例子说明了语言游戏的多样性：下达命令、服从命令——描述物体外观，根据描述（绘图）构造一个物体等，游戏种类多种多样。③规则性。游戏是根据特定的规则来玩的，语言游戏具有规则性，游戏不同，规则各异，相反语言游戏则失去意义。④家族相似性。在第67节，他提到：“我想不出比家族相似（family resemblances）更好的说法来表达这些相似性的特征，因为家庭成员之间各种各样的相似性，……我要说，各种游戏形成了家族。”由此可见，如同家族成员间存在相似性一样，在各种不同游戏之间也存在一定的相似性。

3.3.2 仿拟的语言游戏观

对维特根斯坦的语言游戏所做的研究，主要分两个部分：一是理论探索。如辛斌（2003：331－336），段惠琼、王川一（2009：76－79），马琳（2009：48－55）；二是应用研究，以其与教学相结合的研究为甚。如周辉、张巍成（2007：66－67），尹晓妍、李强（2007：118－119），梁兰（2008：106－108）等，然而将语言游戏说用于修辞研究的并不多见。修辞是为了收到语言表达效果而使用各种手段对言论进行修饰的活动，常见修辞手法数十种，其间，多种（如比喻、双关、拈连、移就等）实际就是一种语言游戏，仿拟因其秉持语言游戏的诸多属性也概莫能外。为此，我们以仿拟为例，论证其语言游戏的归属性、多样性、家族相似性和规则性，以此确立其语言游戏观。

3.3.2.1 仿拟语言游戏的归属性

Burrhus Frederic Skinner(2009:493)认为，单词是用于言语目的的一种手段，好比是代币、筹码或信号旗(Words are regarded as tools or instruments, analogous to the tokens, counters, or signal flags sometimes employed for verbal purposes.)，是语言游戏使用的手段。既然是游戏，便有游戏的特性：乐趣、情趣、旨趣(陈嘉映，2003:167)。仿拟属维特根斯坦所提语言游戏范畴，出现在日常生活领域和文学领域，是纯粹意义上的文字游戏。"文字游戏的本质是文字的多义逻辑推理，即人们通过语句给定信息(语句命题)，能够通过推理而获得文字所要传达的真正信息(后设命题)"(董小英，2000:47)。仿拟便是这样一种语言文字游戏，通过更换原有词而得到新的语言形式，人们可以通过推理而获得作(说)者所要表达的意思。如见到"闲"妻良母这一语言形式，根据已有图式，很快便能猜出该语出自于"贤妻良母"，进而结合这一广告语背后的产品——某品牌的洗衣机，推理出文字所要表达的真正意思：产品性能极好，能让妻子"闲"下来。读罢此文，体会到作(说)者的隐含之意，会产生一种愉悦的感觉，有一种猜中获胜的欣喜，这便是创作的乐趣，是说话的艺术，是文学艺术，因而也可以归属于语言游戏。

3.3.2.2 仿拟语言游戏的多样性

既归属于语言游戏，那么语言游戏属性之一的多样性也同样适用于仿拟，具体体现为仿拟类型的多样性。前面已经提到，仿拟分7大类、25小类，而有些类型的仿拟又可以更加细微地划分，如音仿可以分为同音仿和近音仿，足见其类型的多样性。由此看来，多种类型的仿拟形式构成了庞大的仿拟家族，在语言游戏中，仿拟充分展示了它的多样性特点。

3.3.2.3 仿拟语言游戏的家族相似性

尽管游戏规则各不相同，然而诸多游戏依旧关联，虽然关联方式不同，但是各联系在一起的游戏组成了一个大的(游戏)"家族"，这是不争的事实。这个游戏"家族"间存在重叠交叉的相似性，称之为"家族相似性"(韩林合，1996:102)。维特根斯坦的"家族相似"是指家族成员由于血缘关系而在身材、相貌、性格等方面表现出相似性，讨论游戏、椅子、树叶等自然界不同家族时，每一个家族都有一张重叠、交叉的相似之网。

语言和游戏一样，是一个通过家族相似性特征而组成的概念家族。仿拟的本质是仿造，各种类型的仿造皆有很大程度上的相似性，关于仿拟的家族相似性，可从以下两个方面加以印证。

首先，宏观相似。从宏观上看，仿拟不管形式上的数量如何，依旧不能脱离其本质属性，满足其最基本的特性。分析认为，所有类型的仿拟，其相似性如下：①有着共同的构成基础与生成方式（仿已有语言形式，拟创新的语言形式）；②离不开相同的心理产生机制（记忆与联想、类推与创造）和心理接受机制（感知与探究、激活与匹配、完形与理解）；③表达特定的语言功效（幽默或讽刺）；④有着共通的语言功能（修辞或构词）。以上四点，便是仿拟家族的宏观相似性。

其次，微观相仿。从微观上看，仿拟家族内部具有相似性，它们演绎出一种文字游戏，将字母（单词）重组，所达成的效果成为德里达解构主义的理论依据，文字的意义是可以消解的，可以任意改变文字意义而消解原意（董小英，2000：46）。这与日常生活中的文字游戏如玩笑、儿歌、指桑骂槐等有异曲同工之妙，同时也印证了维特根斯坦所提出的观点：日常语言是或大或小的、彼此具有家族相似性的系统，这种系统是开放的，也是无尽的。因此，我们可以说它是一个“异质类聚物”（韩林合，1996：128）。由此，我们可以这样大胆假设：具有小的家族相似性的不同类型仿拟，与其他类型的语言游戏一起，共享一个较大的语言家族相似性，然后这个较大的语言相似性，又与另外类型的语言文字一起，共享一个更大的语言相似性，这样无穷下去，语言与语言间具有家族相似性（语言系统内部具有全息关系），乃至整个宇宙中的各种组分如语言与自然等都具有家族相似性，因为“语言与自然同构”（钱冠连，2008：331）。

3.3.2.4 仿拟语言游戏的规则性

俗话说“无规矩不成方圆”。既是游戏，便要遵循一定的游戏规则。维特根斯坦（1992：39）提出：“游戏是按照某某规则来玩的——就像一条自然法则支配着游戏。”语言游戏也得遵循一定的规则，这种规则带有公众性、习俗性、实践性和多样性的特点（王健平，2003：171）。仿拟是通过对原有语言现象形成一定的偏离方始形成，形成的过程遵循一定的规则，因为“说一种语言是从事一种受规则支配的行为方式”（Speaking a language is engaging in a rule-governed form of behavior.）（John Rogers Searle，2001：16）。在偏离过程当中，如果是符合规定、语法、习俗等的偏离，就是正偏离，是我们要提倡的；反之，形成仿拟的负偏离，这是我们要避免的。

3.4 小　　结

本章分别从系统哲学和语言哲学两个视角对仿拟进行了理论探索。从系统哲学角度而言，信息论为仿拟的产生与接受提供了心理学上的依据，仿拟从信息编码到信息解码，都是在信息论的关照下进行，这一理论也为仿拟之外的语言交流提供解释。仿拟是耗散结构理论在语言上的体现，非平衡态原则与非线性相互作用的存在，为仿拟的产生以及仿拟多元化的存在提供了自然科学的阐释和依据，进而对语言文字的多样化提供了解释。此外，从语言哲学角度而言，仿拟包含语言游戏的本质属性，具有多样性、家族相似性和规则性等特点，而追求一种以遵守语言规则为准绳的仿拟语言游戏，反对任何形式的游戏语言的做法，将会导致语言垃圾的产生。仿拟之所以可能，反映了汉语构词的自由性和多样性。汉字“意蕴丰富有余，配合制约不足”（申小龙，1989），汉字如同基本粒子，相互碰撞，自由组合，凑在一起，就能意合，体现了有别于“西方的‘法治’语言与中方的‘人’治语言”（林汝昌、李曼珏，2009：252）之差异。尽管现代英语中也存在仿词现象，但是表现力远不及汉语，这一点依然无法改变其“法治”之本质。因此，自由粒子便为仿拟语言游戏提供了词汇来源。

第四章　仿拟的语言学维度

4.0　引　　言

第三章从系统哲学角度和语言哲学角度讨论了仿拟的产生及其内在的游戏特质，较好地阐释了其“生”。在其“生”得到诠释之后，接下来要讨论仿拟的“质”即内在本质。研究语言的质，当然得从语言学维度入手。

语言学维度中的仿拟兼具修辞与构词两种功效，而词的研究在当今语言学领域具有举足轻重的地位(Evelyn Hatch & Cheryl Brown，2001：F25)，从语言学角度研究理所应当，故本章将从该维度对仿拟进行语言学分析。在第一章文献综述提到，目前，仿拟研究多限于语言学角度，而且成果颇丰。所以本章针对的语言学维度的仿拟研究，如果没有新的视角，那么其研究难免陷入重复之嫌，从而意义不大了。经过思考，笔者选取数个角度，结合已有研究，分别从认知语言学、语用学、命名学、翻译学和应用语言学切入，同时还以“中心词＋外化亲属称谓语”以及带通名“园”仿拟类楼名为例，对仿拟进行个案分析，以此带动仿拟“质”的研究。

4.1　仿拟的认知语言学视角——以广告为例

在广告语中，“Every word in the copy must count.”(吴晓岚、简庆闽，2007：10)，可见广告文字可谓字字千金。如何借助精彩的语言形式表达产品内容、性能与其他要素，让消费者能永久记住广告中的商品，这成为广告商追求的目标。因此，不得不时常借助修辞手法，而这以仿拟为甚，成为广告中使用最为频繁的语言手段，对其研究能够有代表性地揭示仿拟的内在本质。

4.1.1　仿拟与广告的融合

如何让广告在短时间内为人们所记住并接受，最好的办法是通过对人们熟知的原有语言的改造，借助该语言外壳，巧妙地将产品及其功能等信息融入其中，借助联想，便于记忆。而仿拟以其固有属性能达此目的，故常受广告商的青睐，例如：

(a)无胃不治(某胃药广告)

(b)口蜜腹健(某营养液广告)

(c)中意空调,终身无汗。(中意空调广告)

(a)和(b)采用的是谐音仿(这以成语仿用居多),其特点就是以人们耳熟能详的词句为本体,利用同音与谐音,巧妙更换其中个别词素,仿拟出新的语言形式,新的语言形式与原有语言形式在读音上相同或相似。由于被仿语言形式在广告受众内心已根深蒂固,因此这种借鸡生蛋的做法能轻而易举进入消费者的记忆,广告效果凸显。如当人们看(听)到(a)和(b)时,会马上联想起其本体——“无微不至”与“口蜜腹剑”。这两则广告分别传递了这样的信息:无胃不治,没有什么胃病治不好;口蜜腹健,喝起来甜蜜,胃(腹部)健康,两则广告一下子就吸引了消费者的注意。第三则广告更绝,一语三关:中意空调,终身让您不出汗,终身让您没遗憾,机器终身不会出汗(渗水),效果绝佳。

除谐音仿外,广告中还有语义仿,即将现有词句中的词素更换为意义相近或相反的词素,形成一种近义联想或反义对比,收到较好的记忆效果。如日本三菱汽车公司广告语“Not all cars are created equal.”仿自名言“All men are created equal.”,格式未进行大的变更,然广告效果颇佳。

此类广告因其特殊表达效果备受热捧。在此,受好奇心驱使,我们不禁要探索这些仿拟广告产生的心理机制,以便更好利用这一表达手段,服务语言生活。在此,福柯尼耶(1997)和福柯尼耶与特纳(1998)提出的概念合成理论(Conceptual Blending Theory)为此提供解释。

4.1.2 概念合成理论概要及其应用

认知语言学是语言的一个方法,基于人们对世界的经验以及我们察觉并且将之概念化的方式(Cognitive linguistics is an approach to language that is based on our experience of the world and the way we perceive and conceptualize it.)(Friedrich. Ungerer, & Hans. Jörg. Schmid, 2001: F36),因 Gilles Fauconnier 和 Mark Turner 关于心理空间与概念合成的研究成果而进一步发展(Cognitive linguistic theory has developed further with work by Gilles Fauconnier and Mark Turner)(Marjolijn H. Verspoor, 2012: 80)。

从语义学角度来说,概念合成 (conceptual blending) 指语言使用者通过描述一种表面上看来不正常甚至荒谬的事情或情感以引起读者的意外或震惊,使读者及时调整他的概念范畴(梁艳春,2003:54)。从人类认知角度而言,概念合成的实质是在两个输入心理空间(input mental space)中的部分元素之间建立匹配,并有选择地将相关语素投射到合成心理空间(blended mental space),在合成空间里面形成层创结构（emergent structure）（Gilles Fauconnier，2001）。1996 年，Fauconnier 与合作者 Turner 共同发表了 *Blending as a Central Process of Grammar*，完整而清晰地建立了概念合成理论（CBT）模型，并在 1997 年详细论证了各空间之间的相互关系与作用，如图 4.1 所示。

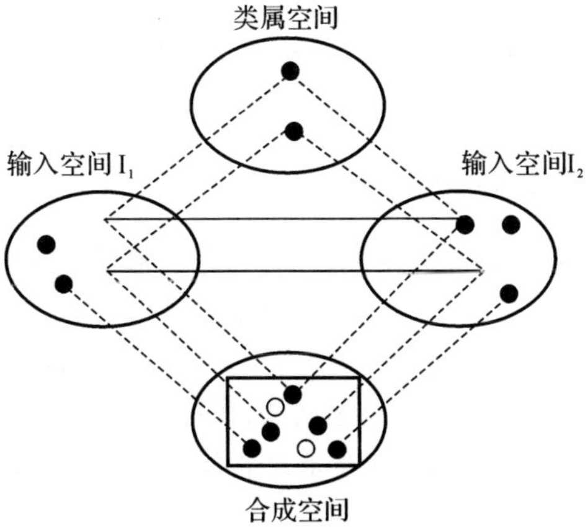

图 4.1 概念合成理论模型

该模型里面包含四个心理空间：输入空间 I_1 和 I_2，类属空间（generic space）以及合成空间（blend / blended space），空间连接依靠跨空间映射（cross-space mappings）完成。类属空间包含两个输入空间投射的共有结构，合成空间除此之外还包含一个层创结构（emergent structure）。概念合成在合成空间内完成，不同认知框架结构在此结合并形成一个新的层创结构，这种层创结构可以得到修改并反馈回心理空间，能进行灵活而动态的意义构建。

我们重点关注一下层创结构。它是新概念的发源地与创始人，经由三个步骤得以完成：①组合（composition）。这是层创结构形成的关键一步，只有将输入空间 I_1 和 I_2 投射而来的元素有机组合起来，层创结构的形成方有可能。②完善（completion）。组合起来的元素是粗略的，必须经过加工，加工过程需要借助认知者个人的背景框架知识、认知和文化模式方能进行。③扩展或称精细化（elaboration），亦称“对合成空间进行运演”（running the blend）。这是在合成空间内进行的认知运作，其依据就是自身的层创逻辑（emergic logic）。层创结构不属于也不同于 I_1 和 I_2，它是概念整合的创造性的具体体现。I_1 和 I_2 与合成空间相互影响（李福印、丁研，2006：175）。

概念合成中有四个关键要素：跨空间映射、空间投射、类属空间与层创结构。

它是人们创造性认知活动的心理体现，为诸多语言现象提供了解释方案，传统修辞手段经由概念合成理论找到了全新的解释。如隐喻（汪少华，2001，2002），转喻（覃胜勇，2002），委婉（梁艳春，2003），双关（姚俊，2004），移就（汪立荣，2005），轭式搭配（赵琴，2007）。其他如幽默（刘敦萍，2006，蒋冰清，2007），古诗词意象（余渭深、董平荣，2003）等。此外，该理论还被尝试用于阐释现实生活中诸如少男少女追星现象的解读（刘宇红，2006：181－189）。这说明它的解释力十分强大，既如此，我们不妨也以此解释仿拟产生的心理本质。

4.1.3 广告仿拟的认知研究

概念合成可用来解释意义构建，对语言现象的阐释力是巨大的。以仿拟为例，放置在此理论之下，"仿"意味着存在两个输入空间，一个是已有的旧的知识空间（被仿者），另一个是需要仿造的空间（需仿者），两空间各自将相关要素投射入合成空间，经由组合、完善与扩展，形成层创结构，仿拟方始完成。接着我们以广告仿拟为例，用概念合成理论揭示仿拟产生的心理机制，而这分双域整合与多域整合两种情况。

4.1.3.1 双域整合网络

Fauconnier（2003：5）提出，概念整合呈现出梯度，分简单型、镜像型、单域型和双域型。简单型、镜像型和单域型整合不在分析之列，其原因从李福印（2006：176－177）的研究可得到解释：简单型整合中一个输入空间包含特定框架，另一个输入空间包含无框架组织的元素，跨空间映射将角色与元素进行匹配。如在"Paul is the father of Sally"中，一个输入空间是 father 的抽象结构，另一个包含 Paul 和 Sally 两个成分，整合形成 father of Sally。在镜像型整合中，两个输入空间具有相同的组织结构（Mark Turner，2010：xi），如 Fauconnier and Turner（2002：59－60）中所提到的"与康德辩论"一例。单域型整合网络虽有不同组织框架，然而被投射到合成空间中的组织框架只有一个，例如 CEO 拳击（Fauconnier and Turner，2002：126－127），无法构成仿拟。而双域整合网络拥有的两个输入空间中的组织框架，均可以被投射到合成空间中，故适合用来分析仿拟构成机制，下面通过仿拟"'闲'妻良母"来分析其产生过程。

如图 4.2 所示，存在两个输入空间。I_1是词语"贤妻良母"的认知域，空间包含诸多要素，聚焦其三个关键要素："妻子""贤惠"及语音"xián"；I_2是洗衣机的认知域，内含意义框架：承担洗衣活动，妻子解放出来，享受悠闲时光，重点突出"闲"，构成要素有"妻子""悠闲"及语音"xián"。I_1和I_2将共同要素投入类属空间，产生三个概念要素：行为者（妻子）、行为者特征（行为者所拥有的诸如贤惠、悠闲等特质）

以及共同语音形式(xián)。值得注意的是，行为者特征在类属空间并不重合，需要投射到合成空间进一步整合，当然这也是概念合成理论的意义所在，如果两个输入空间投射的要素一模一样，那就说明这二者本是同一概念，根本不需要投射了，正是因为有差异，才需要投射，而其中不一致的东西才需要映射到合成空间，新的概念方能产生。

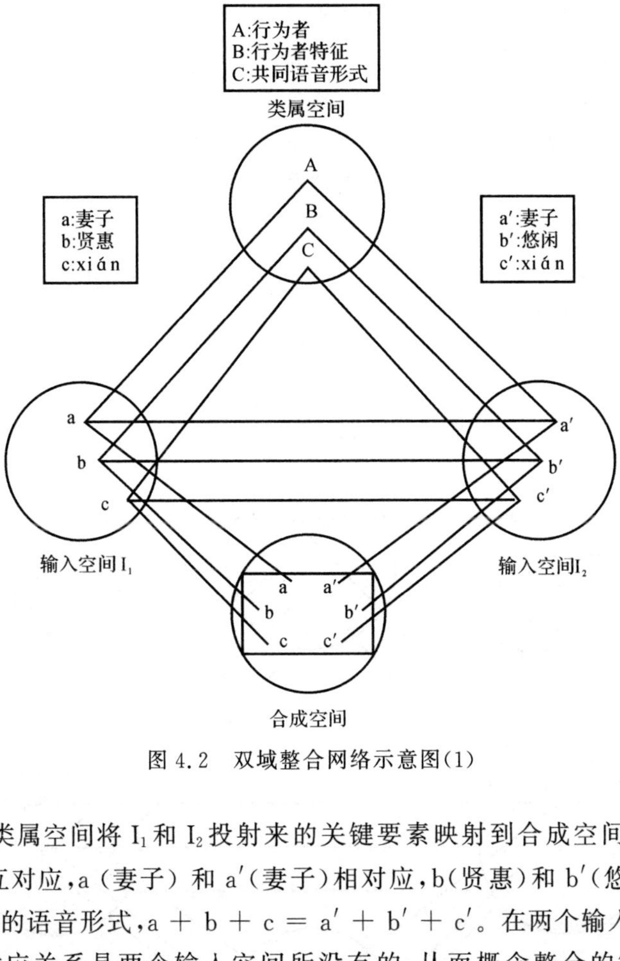

图 4.2　双域整合网络示意图(1)

接下来，类属空间将 I_1 和 I_2 投射来的关键要素映射到合成空间，在合成空间里，I_1 和 I_2 相互对应，a (妻子) 和 a′(妻子)相对应，b(贤惠)和 b′(悠闲)相对应，c (xián)为共同的语音形式，a + b + c = a′ + b′ + c′。在两个输入空间相对应，这种新型的对应关系是两个输入空间所没有的，从而概念整合的第一步——组合——得以完成，接下来是第二步——完善。我们发现，a/a′与 c/c′两组元素间完全对应，不需完善，只有 b 与 b′存在不一致。“贤惠”和“悠闲”激发我们的相关背景知识与认知图示，二者具有相同成分：第一，都属形容词；第二，描写女性(特别是妻子)。这些相同成分让 b 与 b′产生关联，为下一步整合扫清道路。可以说，完善这一环节是层创结构产生的关键所在，如果两要素没有任何相关性，不能整合在一起，那么就丧失了下一步扩展的基础，强行拉郎配的后果只能是失误仿拟的产生，而这也是仿拟负偏离产生的根本原因所在(关于仿拟负偏离这一话题，下面有较为详细的讨论)。经过完善后，合成空间进入最后一步：扩展。按照自己的层创逻辑运作，产生出新的意义和概念形式。

图 4.2 显示，合成空间中的部分元素重合，个别元素独立，便于加工产生新概念。从图 4.2 来看，被投射过来的元素在合成空间里除了 b 和 b′各自独立外，a 和 a′，c 和 c′分别合而为一，输入空间 I_1 中各元素的相互关系决定了合成空间里相对应的各元素之间的关系，因此，“妻子”与“贤惠”之间的关系同样在它们相对应的元素“妻子”和“悠闲”之间起作用，换言之，“贤妻”与“闲妻”是一一映射。通过上述心理认知行为，新的概念由此诞生，仿“贤妻良母”拟造出“闲妻良母”一词。

谐音仿拟如此，语义仿拟亦然。以该理论分析“To smoke or not, that is a question.”可得出相同结论。如图 4.3 所示。

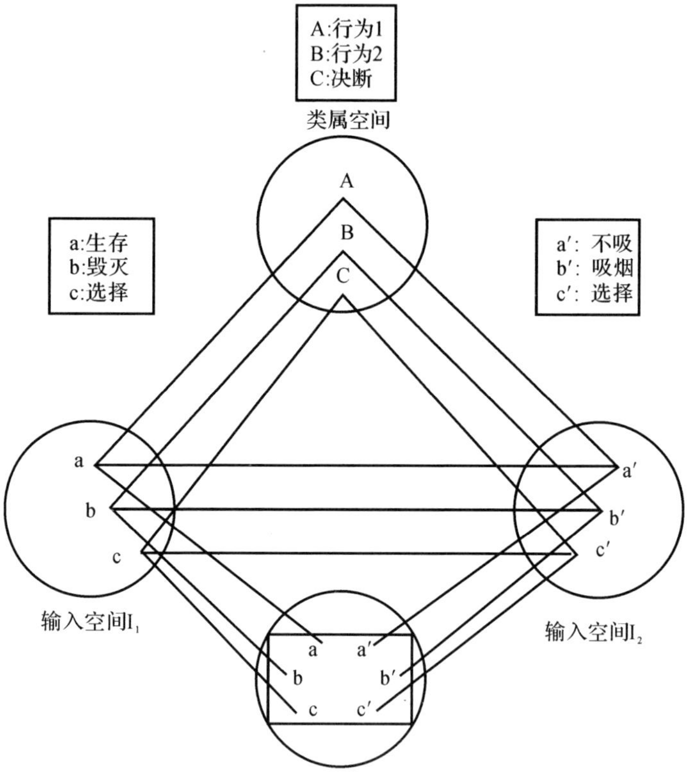

图 4.3　双域整合网络示意图(2)

如图 4.3 所示，I_1 与 I_2 相互映射，将共同元素投射到类属空间，归结为三个："行为 1""行为 2"和"决断"，再映射到合成空间，合成空间将这些要素组合、完善与扩展，建立"生存"与"不吸"、"毁灭"与"吸烟"之间的对应关系，保留共有要素：决断，将 I_1 的逻辑关系迁移到 I_2，如此产生语义仿拟。以此类推，任何关系到抉择的问题都可以由此推断并将 I_1 的逻辑关系照应过去，从而产生一系列仿拟。例如：To go or not to go, that is a question; To drink or not to drink, that is a question; To do or not to do, that is a question. 等等。

类似于"房奴"的语义仿拟大多通过这种手段进行。实际上，概念整合凭借类推进行（Conceptual blending in fact draws on analogy）（John Taylor, 2007: 195）。在类推中，两个认知域"奴隶"与"买房负债"作为两个输入空间有区别但是也有相似之处，"房奴"产生的原因在于将"奴隶"框架中的空间意义压缩至"房奴"壳体，通过"原因—结果"压缩整合（王正元，2009:57），成功压缩的依据在于奴隶要素（压力、缺自由、努力干活）与贷（借）款买房后心理要素（压力、努力干活还债）二者之间的相似性，完成了这些认知运作后，在人的思维中便呈现"房奴"一词（罗胜杰，2008c:55－58）。

通过分析可见，双域整合"将分散的、不可操控的意义压缩成有效的、可理解的、深刻的、使人类可以立刻识别的基本场景"（Mark Turner, 2010: ⅷ），使得原本两个不相干的概念在网络中相遇，通过整合，产生一人类能够认知的新的概念，可以说，双域整合网络是仿拟产生的内在心理机制。

4.1.3.2 多域整合网络

以上分析了双域整合网络对仿拟的揭示作用，可现实中有不少仿拟不是一次整合就能完成的，需要经过多次整合方能完成，这样就需要用多域整合网络（multiple blend network）加以解释了。

多域整合网络是指，两个输入空间经投射获首次整合后形成的合成空间，转化为新的输入空间，再与另一输入空间一起投射形成新的合成空间（钟蕾，2011:35），依此类推，新的合成空间又可作为输入空间，与第四个外来输入空间一起整合，形成另外一个合成空间。经过不断的输入整合—合成—输入整合—合成，许多新的语言形式得以产生，如言语幽默就是以这种方式，经过多个空间反复整合而产生的，仿拟中也存在类似现象，《红楼梦》中有仿"芳官"而成的"圆官"一词，便是通过多域整合而成，现对该仿拟词进行如下分析：

该词经过两次整合而成。首先，"芳"与"方"因语音相同而形成第一次整合，由"芳官"推理出层创结构"方官"，此乃语音整合。然后，该层创结构作为新的输入空间，利用"方"与"圆"的对义关系，与另一个输入空间再次整合，从而得出新的层创结构“圆官”,形成语义整合,体现了说话人对五儿的辩解之辞,同时也表现了对“芳官”这一人物的否定态度,说话人的人物性格跃然纸上。具体分析如图 4.4 所示。

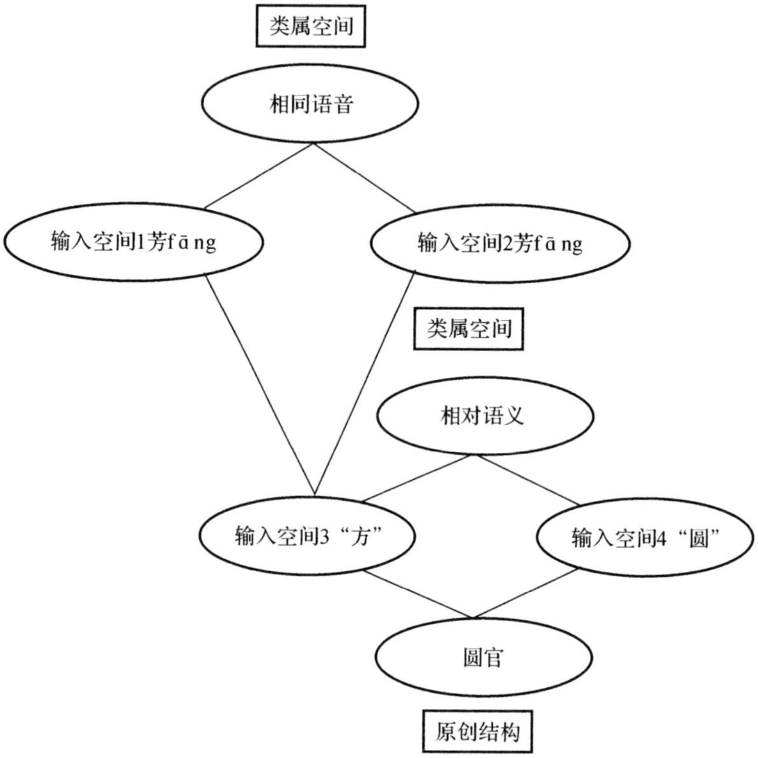

图 4.4　多域整合网络示意图

又如仿“莎士比亚”拟创“泥士比亚”,就是利用“莎”与“沙”的同音形成第一次整合,然后将整合结果——“沙”作为新的输入空间与“泥”相对,进行第二次整合,从而最终得出“泥士比亚”一词。可见,经过多域整合而成的仿拟能收到一定的语言表达效果,是幽默产生的途径之一。

4.1.4　类属空间对广告仿拟负偏离的规避作用

上面从双域与多域整合网络两个角度解读了概念合成理论对仿拟构成的心理机制的阐释作用,从语言学角度揭示了仿拟产生的心理之谜。但是与以往单纯借用该理论对语言现象所做出的解释不同的是,在利用该理论对仿拟进行阐释的同时有了新的发现,我们研究后认为,四空间之一的类属空间有着特殊的作用,它能对仿拟负偏离的产生和规避提供解释，了解这一现象，能较好地规避仿拟负偏离。

“偏离”研究始于比利时列日学派，该学派将辞格分为两部分：“基础”（元生态的语言形式，或曰零度）和“辞格度”（或曰“偏离”）。偏离为“打破语言结构中与语音、词汇、句法、语义相关的正常规则”（欧阳旭，2006：82）。具体到仿拟中，本体为零度，仿体为偏离。偏离有正偏离和负偏离两种，符合语法规范、逻辑格式乃至民族情感的仿拟属正偏离，反之为负偏离。以上所举例子均为正偏离，副偏离的例子如下：

(a)盒情盒理（某月饼广告）

(b)痘人喜爱（某治疗青春痘广告）

(c)湿出有名（某毛巾广告）

(d)壶说八道（某节能壶广告）

(e)千肤所指（某化妆品广告）

(f)英姿换发（某洗发水广告）

研究发现，上述6例或没有将广告产品名称在文字上体现出来，收不到应有表达效果（如(a)(f)），或与产品功效相佐(b)，或仅将关注重点放在语音相仿而忽略其他关键要素(c)，或误用表达贬义词汇((d)(e))。对此现象，徐国珍(2004)和罗胜杰(2008b)分析了具体原因并提出了相应对策。然而，此类问题的根本解决，取决于人们的认知机制，认知决定行为，找到了错误认知产生的原因，就能从根本上解决这一问题。笔者发现，类属空间成了此现象解密的关键。

类属空间是各输入空间成分的交集，独立于其他空间存在，反映输入空间共有的角色、框架和图示（束定芳，2008：20）。有学者（刘正光，2002）认为，类属空间在概念合成理论(CBT)虽有提及，但一直是模糊的，似乎可有可无，更多的是个摆设。笔者认为这种观点有失偏颇，既然 Fauconnier 提出了类属空间这一概念，必有它存在的道理，不能因为个人没有发现其价值等原因从而否认它的存在意义，在此笔者认为，它至少对仿拟负偏离的产生原因与如何规避起着重要的解释作用。

CBT 模型（见图 4.1）显示，类属空间实际上是一个关联空间，联系 I_1 和 I_2，决定 I_1 和 I_2 向合成空间投射的要素，包含 I_1 和 I_2 共享的骨干结构（skeletal structure），整合 I_1 和 I_2 的共同属性，是两个输入空间共同要素的抽取，它“提取了源输入空间的抽象结构，保留了关系之间的节点，即结构中的概念空位（slot），然后在概念结构中填入进入空位的概念（filler），这样一来便形成了新的概念（blended concept）”（田臻，2007：83）。如图 4.2 所示，类属空间将 I_1 和 I_2 联系在一起，提取了 I_1 的抽象结构“妻”“贤”及语音形式“xián”，三者的关系得以保留，产生空位；从 I_2 中抽取对等因素，与 I_1 对应，后映射至合成空间，产生层创结构，仿拟在层创结构中得以产生。

由此看来,仿拟要取得成功,必须具备两个条件:第一,I_1和I_2的对应因子在两个或两个以上;第二,filler 必须与 slot 吻合。反之,仿拟负偏离产生。

以"痘人喜爱"为例分析如下:

I_1:因素——动词"逗";行为对象——人;行为特征——喜爱。

I_2:因素——名词"痘";行为对象——人;行为特征——不喜欢。

概念空位(slot):

(a)动词性成分("逗");(b)语音形式(dòu);(c)行为对象:人;(d)行为特征:喜欢。

待填概念(filler):

(a′) 名词性成分("痘");(b′)语音形式(dòu);(c′)行为对象:人;(d′)行为特征:不喜欢。

不难看出,能进入概念空位的待填概念只有(b′)和(c′),换句话说,只有语音形式"dòu"和行为对象"人"这两个概念可以进入类属空间,(a′)和(d′)则不能。若强行进入的话,会产生错误映射,而这种错误映射被投射到合成空间后必将产生变异的层创结构,即仿拟负偏离。"盒情盒理""湿出有名"也是如此,进入概念空位中的词性成分不一致,所以产生负偏离。而"壶说八道"不仅违背了词性一致的原则,还犯了贬义误用的错误。

综上所述,笔者认为,类属空间在仿拟创造中起着十分重要的作用,负责输入空间的待填概念与概念空位在结构、形式上相吻合,建立起一一对应关系,它决定着向合成空间的输入要素,是层创结构产生的"把关人",把好了这一"关",输入到合成空间的元素才完善且合理,层创结构产生的仿拟才不会出现负偏离。

概念合成理论很好地解释了仿拟产生的心理机制,剖析了人们生成仿拟的心理活动与过程,并且四空间之一的类属空间担负着正确仿拟生成的把关作用,从而可以有效规避仿拟负偏离的产生。由此可见,该理论是"一种重要的、有序的、强大的、系统的以及普遍的认知操作"(Fauconnier. Gilles & Mark. Turner,1998),可用来指导多种语言现象的研究。

4.2 个案研究——以"中心词+外化亲属称谓语"一类仿拟为例

称谓系统是语言的普遍特色,因其在社会组织中异常重要(Kinship systems are a universal feature of languages, because kinship is so important in social organization.)(Ronald Wardhaugh, 2004:223)。除亲属称谓语外,英汉语中具有社交称谓语,如"署长、局长、处长、队长、老师、教授、先生、小姐"等。对称谓语的研究从来就不缺乏,尤其近年来相关论文的数量更是呈爆炸式增长(刘永厚,2010:3)。其中学界对亲属称谓语研究充分,相比而言,"对社交称谓语研究显得比较薄弱"(郑献芹,2006:183),但有后来居上之势。2013 年 7 月 17 日,笔者以"社交称谓语"为关键词,进行关键词检索,查询结果为,维普资讯—中文科技期刊数据库收录相关文章 35 篇,中国知网 74 篇,万方数据 97 篇(均含学位论文)。如果进行全文检索,数据都在千余篇以上。学术界热衷于社交称谓语研究,一来追随时代潮流,其数量不断增加,通过其研究有助于追踪时代热点,反映时代脉动;二来有些社交称谓语在历史变迁当中有消逝或变异现象,如"小姐"一词的语义就发生转移,所以有必要进行跟踪揭示。综合而言,称谓语研究具有社会意义和文化意义。

其中,有一类社交称谓语日渐兴盛,从早期的"倒爷""打工妹",到近期的如"陪酒女""麻将哥""洗脚妹"等新型社交称谓语,它们以"××哥" "××姐"和"××妹""××弟"为模槽,前面加上表达主要意思的中心词构成,我们称此类结构为"中心词+亲属称谓语"。虽含亲属称谓语,然而此类亲属称谓语却用来指不具亲缘关系之人,我们称之为"亲属称谓语的外化",将此类称谓语叫作"外化亲属称谓语",此类称谓语词族通过仿拟形成。

外化亲属称谓语具有一些常规亲属称谓语所不具备的特色。首先,它不具严格的指向性,多用于非正式社交场合,比如,小孩称呼跟自己父亲或母亲同辈分的人为"叔叔""阿姨",只是向对方表示一种尊敬,称呼指向的并不是自己严格意义上的叔叔与阿姨;其次,此类称谓语并没有严格的辈分限制,比如长辈面对比自己年龄小得多的晚辈,有时候抬其辈分,称其为"老弟";第三,此类称谓语多具泛化意义,没有严格的指称对象,云南等地少数民族喜欢称呼年轻男女为"阿哥""阿妹",这是一种泛称;第四,此类称谓语已经成为一种职业称谓,是社会发展的产物,比如空姐、军嫂、空嫂、的哥、的姐等。

随着类似于"××哥"的社交称谓语在称谓系统中"随风潜入夜",对其研究开始受到重视。比如王宜广(2010),他对"范跑跑"式新称呼语构成的认知机制研究颇具新意,然所涉面窄,并且后续研究不足。笔者认为,其系统研究至少涉及认知语言学、语用学乃至修辞学、社会学等领域,它是具有跨学科性质的交叉研究,值得探索。由于篇幅限制,下面将重点放在三个方面:分析其结构,用认知语言学对中心词进行分析,并对此类整个称谓语展开语用学讨论。

4.2.1 “中心词＋外化亲属称谓语”的结构维度分析

该类称谓语在结构上呈“中心词＋哥/妹/弟/爷……”特色，音节多为2＋1音步。例如(下例词汇中的着重号为笔者所加)：

(a)丝袜男短裙哥频现 男穿女装是因恋物癖吗？(新浪网)

(b)爆头哥周克华被击毙 南京市民高呼大快人心(搜狐新闻)

(c)轮奸陪酒妹无罪引争议 李天一案底线在哪？(网易)

首先，从中心词分析。词数上，多为双音节词，偶见单音节词(的哥、空姐等)。从中心词内涵入手，其常为：①运输工具，如板儿爷、的哥、的姐、三轮哥、火车哥等；②居住场所，如宅女、宅男；③空间动作，如奔跑哥；④人物特性，如犀利哥、爆头哥；⑤动作特征，如咆哮哥、瞌睡爷；⑥服饰穿戴，如眼镜妹、短裙哥等；⑦职业特征，如洗脚妹等。中心词词性分析，名词居多，动词和形容词居其次。

其次，外化亲属称谓语类型分析。多见“哥”“妹”“弟”“姐”“爷”等亲属称谓语，其余如“儿”“孙”“侄”等乏见。

4.2.2 中心词的认知语言学分析

认知语言学的核心思想是体验性(George Lakooff，2007：ⅩⅩⅳ)，在体验性基础上，我们对事物加以识解(construal)。识解是人们对于相同的语义内容所进行的不同的认识和描绘，可以分成三大类：特征的层次、凸显度和视角(Construal is our ability to conceive and portray the same situation in different ways. I've just given three broad classes of construal here. I call them level of specificity, prominence, and perspective.)(Ronald Langacker，2007:17)。不同识解基于人们对事物的不同认识，采用三种方法予以表征：经验观、凸显观和注意观(Friedrich. Ungerer，& Hans. Jörg. Schmid，2001)。

经验观认为，人们从日常生活中积累了大量经验信息，它们源于生活，又剥离于生活而被储存起来，供人们描述事物时参考之用。例如“贵宾卡”是权利和优先的代表，“小车”使人联想到的不仅是其形状，还和社会地位、车祸乃至初恋联系起来；“别墅”不仅是住房宽敞的表现，更是社会地位与财富的象征。

凸显观基于心理学研究的一个发现，即人们依据各部分凸显程度的不同来组织大脑所接受的听觉或视觉信息，凸显即是注意的焦点不同，因而可以凸显不同的侧面(赵艳芳，2001:139)。凸显观根据需要，从整体事件或物体中抽取其主要部分，形成迥异的表达式。“车撞树”：The car crashed into the tree. 凸显“车”，因其是事故最凸显的方面，而“The tree was hit by the car.”凸显“树”。句子主语的选择取决于句子所描述的情景中各要素的凸显度。可见，同一事件由于观察事物的方式差异，决定了句式的选择，这为不同句型选择提供解释。

注意观假设语言只描述吸引我们注意的部分，其他不引起我们的注意。注意观的形成基于选择(selection)，选择是指注意与目标有关的那部分经历而忽视其他方面的能力(The focal adjustment of selection is our ability to attend to parts of our experience that are relevant to the purpose at hand and ignore aspects of our experience that are irrelevant.)(William Croft & David Alan Cruse，2006：47)。句子"The car crashed into the tree."只描写车祸中引起我们注意的部分，其余信息如车的品牌、树的大小、撞树之前的经过被忽略。"一把大火将工厂烧成灰烬"描写火灾造成的人员财产损失，至于工厂的外观等信息被舍弃。

"中心词＋外化亲属称谓语"里面的中心词便是凭借这几种表征得以形成，现以"短裙哥"为例分析。

该词源自一事件：在上海地铁2号线惊现一身着超短裙之男子，引起围观。他身着黑色背心和超短裙，脚穿一双拖鞋，边走边玩手机。如何来称呼该名男子呢？三种表征方法加以综合运用。依据经验，短裙为女性衣着之用，然为该男子所穿，甚是怪异，因此，经验观吸引我们的注意。该名男子有多方注意点：玩手机、穿背心、着拖鞋，还有面部表情、身高等方面，然而最吸引我们注意的不是别的，而是他下身所穿短裙，由此凸显最为与众不同之信息——短裙，这样中心词由此产生，再加上一表示贬己尊人的男性称呼——"哥"字，对未名之男子的称呼"短裙哥"油然而生。这个研究结果与罗胜杰(2011：24－26)所述不谋而合，他以"犀利哥"为例分析了此类称谓语的产生过程，对乞丐的经验——落魄、邋遢；对其面容的注意与信息的凸显——帅气、忧郁；加上联想，信息反映出的结果——犀利，认知过程如下：

乞丐→落魄，然而自由(经验观)→外部特征(注意观)→脸面、气质(凸显观)→犀利哥(联想观)

通过上述例子的分析，印证了认知语言学的三种认知观——经验观、凸显观和注意观乃人类认知事物的主要方式，同时也是新词新语构成的依据。但是，我们认为，联想在其中起了非常大的作用，人类失去了联想，世界将变得怎样？从"犀利哥"一词中得知，联想与人们的经验观共同起作用，联想是中心词产生的动力源，故而，联想观是必不可少的表征，同时也是前三个表征的自然结果与最后程序。

因此，笔者大胆对认知语言学的三种表征方法加以调整和修正，提出认知语言学的表征可概括为四种，且其顺序为：经验观—注意观—凸显观—联想观。解释为：人们利用经验观分析、提取并建立逻辑规则，然后注意其某一方面，凸显该部分，经由联想，对其产生新的认知。

当然，在此类称谓语的产生过程中，我们要注意一点，即在四种表征联合起作用的同时，凸显得出的信息最好要具有唯一性，即不让人产生多种理解。如"空姐"——航班中年轻未婚女性乘务员，"短裙哥"——身着短裙之男子，"洗脚妹"——替人足浴之女子，等等。然事与愿违，某些称谓语不具唯一性，可作数种解释。如"火车哥"一词，可理解为"开火车的男子""跳火车的男子""拦火车的男子"等，不经详细了解，很难揣摩作者意图表达的是最后一种解释。再如"芙蓉姐姐"，原指喜欢经常在网上贴自己照片的女子，从其照片看不属于特别美的类型，称其为"芙蓉"有些牵强，乍一听，还以为是卖芙蓉花或者非常喜欢芙蓉花的女子呢。还有"保安哥"指什么呢？原来是指一名从事保安工作，后来考上了理想大学的青年男子，人送外号"保安哥"。如果不加解释，该词的意思很难依据字面理解，最好改为"励志保安哥"。

缘何出现此类现象？其背后的原因在于此类称谓语的中心词选择不当，主要是凸显不够，信息组合差强人意。当然，我们可以这样理解，"芙蓉姐姐"一词运用了比喻手段，略含讥讽味道。但是仍不恰当，这是因为，一来以"芙蓉花"喻示爱出风头之女子，本体和喻体的内涵不构成对应；二来，没有遵循凸显观，这样做的结果是信息凸显不明，效果当然不佳，我们应结合该女子的实际情况，综合利用四种表征方法，凸显主要信息，注意唯一性，新构一表达语汇。

类似的例子还有不少，所以我们在中心词的选择这一问题上要加以注意，争取做到三点：信息要凸显，联想要准确，表述要到位。

4.2.3 外化亲属称谓语的语用学分析

亲属称谓语多见"××哥""××姐""××弟""××妹""××爷"等。如：芙蓉姐姐、瞌睡弟、板儿爷。该类称谓语特色有二：第一，借此呼彼。虽是亲属称谓语，然称呼的却不是具有亲属关系的人，将此现象称为"亲属称谓语的外化"（马宏基、常庆丰，1998：45），或"亲属称谓泛化"（张从益，2010：41）。第二，增加情感。此类称谓语除了一般称谓功能外，其使用增加了一定的诸如"尊敬、喜爱、赞美、嘲讽"等感情色彩。缘何使用"哥""姐""爷"等称谓语，而"儿""侄""孙"等乏见呢？语用学提供了较好阐释。

4.2.3.1 礼貌原则驱使

礼貌由对听众以及听众权利的认可两部分组成（Politeness consists of this recognition of the listener and his or her rights in the situation.）（Bernard Spolsky，2000：19）。Leech（1983：132）的礼貌观涉及一系列准则，主要有以下几种：

得体准则：他人的付出最小化，他人的利益最大化。

慷慨准则：自己的利益最小化，自己的付出最大化。

赞誉准则：他人的贬损最小化，他人的赞誉最大化。

谦逊准则：自己的赞誉最小化，自己的贬损最大化。

以上四准则归纳了礼貌语言遵循的如下几点：得体、慷慨、赞誉、谦逊、一致、同情，具有使用价值与学术意义，应予以充分考虑（徐盛桓，1992：3）。

值得一提的是，Leech的谦逊准则在中国文化中有对应的一面，那就是“贬己尊人”。中国式礼貌的最大特点是“夫礼者，自卑而尊人”，自称要贬，他称要尊，即贬己而尊人，而如今这已转移到保持人际间的和谐与合作上来，它“可以说是最富有中国文化特色的礼貌现象”（顾曰国，1992）。而且，汉语称谓本身具有谦称和敬称两类。谦称是对自己以及和自己有关者的一种谦卑的称呼，敬称是对对方和对方有关者的一种表示尊敬的称呼。因此，称呼对方，我们一般使用敬称。

亲属称谓中的“哥”一般指较自己年长的同辈男性，外化为社交称谓语后，遵循贬己尊人原则，称呼那些无血缘关系、年龄比自己大或稍小的男子为“哥”，而且即使称呼那些明显小自己一辈的男子，亦不会降低辈分，转而称其“小哥”。例如：

(a)秦老留着他母子两个吃了早饭，牵出一条水牛交与王冕，指着门外道：“……小哥，你只在这一带顽耍，不必远去。”（《儒林外史》第一回）

(b)只见有个牧童，身穿白衣，手拿器械，从路旁走来。唐敖上前拱手道：“请问小哥，此处是何地名？”（《镜花缘》第二十回）

可见，社交称谓中的“哥”是贬己尊人的典范，故出现了上述关于“哥”的例子，不管是在年龄上小于或大于被称者，通称其为“××哥”。岂止叫“××哥”，甚至还有将对方抬高，比自己高一辈分，叫“××爷”的。如“板儿爷”“膀儿爷”“范爷”“太子爷”等。

此类称呼语中也有叫“××弟”的，同样也是贬己尊人。如济南机场有个四岁左右小男孩，临上飞机前，坐在行李推车上边哭边睡，逗趣的表情让他在网络瞬间暴红，人送外号“瞌睡弟”。为什么不称其为“××小哥”？一来因为孩子年龄实在太小，不到懂事之年龄，故不宜称“小哥”；二来由于此类称呼甚多，久而久之形成2+1音步的词语模，羊群效应使得人们抛弃“小哥”一词，寻找与“××哥”音步一致的称呼，自然“××弟”首选。该男孩与称呼者年龄相差甚远，但是将其抬高辈分，称为“弟”，贬己而尊人，这是礼貌原则的充分体现。

同样，亲属称谓语中也有“儿”“女”“侄”“孙”等称呼，为何不也外化为社交称谓语？因此类称呼在社交中非但不礼貌，而且还有骂人之嫌，故在外化亲属称谓语中，大部分上辈对晚辈的亲属称谓语根本不存在。

可见,外化亲属称谓语在社交场合的大量使用,贬低了自己而抬高了对方,是对对方的一种礼貌彰显,它们是社交场合的润滑剂,较之于单纯的"先生""小姐"等称谓,其语用效果非一个简单的一般称谓了得!

4.2.3.2 面子需要

上面我们讨论了亲属称谓语的使用基于礼貌原则,遵循礼貌原则的目的是确保每一个人在社会互动中得到肯定,所以它与面子理论的联系是显而易见的(The goal of politeness is to ensure everyone feels affirmed in a social interaction, so its link to a theory of face is transparent.)(William A. Foley, 2001: 270-271)。面子是指一个人在公众当中的自我形象(Your face, in pragmatics, is your public self-image.)(George Yule, 2000a:60; 2000b:134),也是"一种经协商后,由交际事件中的交际双方相互给予的公共形象"(Ron Scollon & Suzanne Wong Scollon, 2000:35)。关于面子讨论得最多的是 Brown 和 Levinson(1978/1987)。面子由两种具体类型的欲望构成:行为畅通的欲望(负面面子)和得到赞同的欲望(积极面子)(the desire to be unimpeded in one's actions (negative face), and the desire to be approved of (positive face))(Claire Kramsch, 2000:101; Ralph Fasold, 2000:161)。人在社会交往中不希望丢面子,自己不希望损害他人的面子,他人也就会照顾自己的面子,此谓保全面子的工作(face-work)。我们需要通过保全对方的面子从而给自己留面子(We need to save our own face by saving the face of everyone we talk to.)(R. A. Hudson, 2000:115)。中国人面子的维护包括对己与待人两个方面。对己恪守礼仪,言行与身份地位相称;对人尊重友善,充分顾全到对方的面子(李军、宋燕妮,2004:29-32)。外化亲属称谓语具有"亲切"意味,一个"哥"字拉近了彼此陌生的距离,给足了对方面子,亲切之感跃然纸上。面子理论遵循对方"受损最小化、受益最大化"原则,充分考虑对方的感受,给予对方最大的尊重。称呼同辈甚至是下辈为"哥""爷""姐"等,充分考虑到对方情感上的接受度,符合言语交际中扬升抑降中的"被动升"(束定芳、王虹,1993:528),即说话者被动扬升对方及其所属,使得听话者满意。这样,降低自己、拔高对方所获得的社会效益,岂是一个"哥"字了得?这也印证了萨皮尔关于语言的论述:"语言是人类特有的、非本能的,凭借自觉地制造出来的符号系统来传达思想、感情和欲望的方法"(Language is a purely human and non、| instinctive method of communicating ideas, emotions, and desires by means of a system of voluntarily produced symbols.)(Edward Sapir, 2002: 7),同时也是"某种类型的活动或行为的集合或系统"(... language as a collection (or system) of actions or behaviors of some sort)(Noam Chomsky, 2002: 20)。

以上掘取了称谓语浩瀚海洋中的一小朵浪花，做了两方面的分析，探究了中心词的产生过程以及外化亲属称谓语的选择问题。虽说“中心词＋外化亲属称谓语”的创造随机性大，有的转瞬即逝，或久而久之被人淡忘，但是有些类似于“打工妹”的称谓语却没有退出历史舞台，依旧使用至今，并且被收入汉语词典，为汉语词汇的扩大做出了积极贡献。笔者相信，这一构词方式仍将方兴未艾，在生活中会源源不断出现，值得继续研究。

4.2.4 外化亲属称谓语的心理学分析

称谓语是语言符号中表明角色关系的最佳选择，它承载着称谓者和被称谓者之间的某种关系。亲属称谓语的外化将本属于亲属间的称谓用于社交称谓语中的泛称，必定将亲属称谓语中固有的、表达称谓使用者与接受者关系的内涵要素投射过来，其中必有一些与一般社交称谓语不同的内在心理诉求，透过这些亲属称谓语的外化使用，挖掘其心理内涵，进一步洞察称谓者的心理动机，成为研究必要。

动机是为满足某种需要而产生并维持行动，以达到目的的内部驱动力。与需要相对应，可以把动机分为生理性动机和社会性动机，起源于有机体生理需要的动机称为生理性动机，起源于社会性需要的动机称为社会性动机。由于社会性动机是后天习得的，因此在人与人之间有着很大的个体差异。

动机的种类较多，根据动机的影响范围和持续作用的时间，可把动机分为长远动机和短暂动机。长远动机一般来自对活动意义的深刻认识，它持续作用时间长，作用范围广，不受外界偶然情境变化影响，具有比较稳定的性质。短暂动机常常由对活动本身的直接兴趣所引起，它只能对个别具体活动一时起作用，容易受情绪的支配和影响，而且不够稳定。根据动机在活动中所起作用的大小，可以把动机分为主导动机和辅助动机。活动的动机及方向是由主导动机控制的。根据引起动机的原因，可把动机分为外部动机和内部动机。外部动机是指行动的推动力是外力诱发出来的。内部动机是指人的行动出自本身的自我激发。动机有三个主要功能：始动功能、指引功能和激励功能。

以上是动机的心理学分类，其中一些如内部动机和外部动机等可用于揭示称谓者的心理。分析认为，外化亲属称谓语的使用，揭示了称谓语使用者的三种动机。

第一，交流动机。该动机是称谓语使用的最直接目的所在。我们称呼一个或一类不具亲属关系的人，必定要使用一个语言符号，这样才能达到交际目的。而该语言符号的选择必须具有区别性特征，要为社会群体所认同和接受。这一目的的达成，便是使用能表述其身份、职业的中心词来实现。以“的哥”为例，我们如何称呼有别于客车司机、卡车司机等职业的出租车(的士)司机呢?称呼其为出租车(的士)司机当然是可以的,具有区别性特征。与其一样,称呼其为“的哥”同样也具辨识功能,这里面还另含一情感要素,较之于“的士司机”而言具亲切性。总之,不管怎样,外化亲属称谓语的选择与使用,第一个目的就是出于交流动机。

第二,礼貌动机。如前所述,出于礼貌原则,我们在亲属称谓语的选择问题上有所取舍,这充分体现了中华民族以礼相待的传统美德,类似于“××哥”“××姐”的称谓,将被称谓者置于受尊重地位,能融洽彼此间的关系,拉近彼此间的距离,使陌生感得以消逝,亲切感得以产生。其所带来的语用效应,非一般社交称谓语能匹敌。

第三,情感动机。出于表达爱憎、敬佩等情感需要之目的,是此类称谓语使用的另一动机。人有七情六欲,语言的使用难免会带上一些感情色彩,亲属称谓语是表达感情色彩的最佳选择。比如“励志哥”“托举哥”等,不但拉近了言说者与指称对象间的距离,而且对指称对象的钦佩之情溢于言表。当然有时候表达的并非全都是赞美、敬佩等情感色彩,有时候也表达一种嘲讽意蕴。如“倒爷”“款爷”“班爷”“息爷”等。

4.3 仿拟的语用学视角

特定情境中的话语有着特殊意义,其理解须结合语境进行,为此,“专门研究语言的理解和使用的学问”(何自然,1997:1-2)的语用学应运而生。上节分析表明,语用学中的礼貌原则对“中心词+外化亲属称谓语”有解释作用,而语用学其他原理亦给仿拟的产生与使用提供理论指导。为此,本节专门从语用学视角分析仿拟,首先从关联理论出发,揭示仿拟中的关联问题,然后以“语用三律”审视之,接着探讨仿拟使用所带来的语言省力效果,最后以模因论对仿拟加以阐释。

4.3.1 关联理论视角

总体而言,关联理论主要用于仿拟的内在要素(本体和仿体)分析,二者存在语音和语义上的相互关联。它们在语音上或相同,或相近;在语义上或相似,或相反,二者相互关联,仿拟基于此形成。

4.3.1.1 关联理论介绍

人脑这个信息处理系统能以最少付出而获取最大信息,新信息的得出,可从旧信息推导而来,不管旧信息多么微小,或者多么不完整,在人脑中经过加工处理,也能够推导出新信息。比如,看到新信息“微乎其危”四字,在瞬间思考后,即可根据头脑中已有的词汇知识与框架,马上推导出其与“微乎其微”相关,并理解新信息的意思。可见,人们对新事物的认识遵循的规律是,在已有的认知语境基础上,根据新旧信息的关联性,理解新信息,理解后的新信息又可以作为已有信息,为下一次的认知活动提供准备。缘何能从旧信息推导新信息?其中涉及二者的关联,为此,关联理论应运而生。

关联理论创始人斯珀伯和威尔逊(1986)将相关分为静态与动态两类。静态相关是新旧信息相关。动态相关是处理新信息时对其与旧信息的关联的寻找。关联理论将语言交际视为明示——推理认知活动,为达交际目的由已有信息推导新信息,说话人以话语明示听话人,后者通过推理理解前者意图。例如,一女子说道:“天气真热啊!”听言后男子便起身打开冷空调,女子眉头舒展了。交际中女子给了男子明示:“天气热,是不是该降降温了。”男子听后,经过简单而迅速的联想推理:天热——她的意图是想凉快一下——冷气降温——开冷空调,于是便起身完成打开空调这一动作。这里,由于天热和冷空调降温存在相关性,诱发男子此举。此交际成功之处在于交际双方遵循关联准则,关联理论是成功交际遵循的原则之一。

此外,关联理论还提出了最佳相关的概念。受话者总是寻求以最小投入获最大产出效果,即以最小付出理解说话者意图。为此,“要选择最佳相关的语境,以期对信息进行最优化的处理”(赵艳芳,2001:176)。

4.3.1.2 关联理论在仿拟构成中的应用

每年涌现的大量新词新语,不少由仿拟构成,2012年新词“房姐”“房叔”“被催族”等均由仿拟而来。本体与仿体间的关联,是促成新词理解与接受的关键。下面细说二者关联之处。

1.语音关联

汉语为“声调语言”(tone language),每个字或音节除了声母、韵母两个部分之外,还有一个绝对固定的声调,它与声母、韵母一样,可区别词义,甚至有的词,其音位、音节完全相同,只因它们的声调各异,就成了不同的字,或者说词义就完全不同了(魏志成,2003:68)。因此,模仿语音仿拟成为可能,换一种声调,成了另一个字。音仿有同音仿和近音仿。同音仿中本体与仿体在发音与音调上完全一致,如“随心所浴”中的“浴”与其本体“欲”同音;近音仿或音调相似,如“出口成脏”中的“脏”与“章”、“无胃不治”中的“胃”与本体“微”,或发音相似,如“实事求似”。此外,音仿也存在于英语中。如“We know eggsactly how to sell eggs.”(一则售蛋广告),“eggsactly”同音仿自“exactly”;“Thirst come, thirst served.”“thirst”近音仿自“first”。

音仿源自语音关联,由一个语音可以联想到其他同音或近音词。如妈(mā)可联想的词有“吗、嘛、马、骂、码、麻、玛、抹”等,见到“咳不容缓”很快联想起成语“刻不容缓”,因“咳”与“刻”语音相仿。所以,语音关联给了仿拟、特别是其中的音仿以很好的生成理据。

虽如此,音仿宜建立在最佳相关基础上,此处的最佳,不是指语音完全一致,而是指词汇内部结构最好保持一致,不做轻易改动。如今很多广告语对仿拟的使用已经到了滥用的地步,言必谈仿拟,好似仿拟成了广告语唯一的救命稻草。如“痔在必得”“一戴领秀”“酒久难忘”,以及前面所提到的“盒情盒理”“壶说八道”等,做到了音仿,然失却了结构,也就丧失了语言根基,无疑属于仿拟的负偏离。故保持最佳相关性,除了语音相关外,保持词汇内部结构相关也是音仿所应遵循的的基本原则之一。音仿能收到一定的修辞作用。例如:

突出重点:要以身作则,不要以“声”作则。

表达爱憎:让“性”趣盎然的广告离孩子们远点。

趣味生动:年轻人沉迷于网络,已陷入一“网”情深之境地。

但是,音仿容易造成一种假象,让人们以为这就是成语的本来面目,给初学者以误导,这已引起众多媒体的强烈反响,如“快治人口”等类词已经成为小学生纠正错别字的标靶。这种现象的克服可以通过对模仿而来的词加引号解决。如我国中央电视台新推一档名为《就业有“位”来》栏目。“位”同音仿自“未”,加引号后好处有二:一是区别于本体“未来”,二是让“位”(此处指职业)醒目,起强调、突出作用,强化表达效果,而且读者(观众)只需最小力量付出便可领会作者之意。相反,湖南潇湘电影频道的公益广告语“爱在心甜”效果就差些,“甜”仿自“田”,要揣摩其意,受众心理力量的付出稍大,建议改为“爱在心‘甜’”,或为“爱在,心甜”。如此看来,借用语音关联仿拟新词时,给仿体加上引号,是我们应提倡的。

2.语义关联

除了可以通过语音上相同或相近来寻求最佳关联并创造音仿外,我们还可以利用语义关联来构成仿拟,语义关联主要通过类比实现。类比(analogy)是指套用已有形式产生新的形式(Analogy refers to the attraction of extrant forms to already existing constructions.)(Paul. J. Hopper & Elizabeth Closs Traugott, 2001:56)。类比是语义变化的原因之一(李国南,2001:269),借助语义关联,以明示语为基础,通过类比,类推出相关词汇,此为义仿,义仿中人们付出的认知努力也较小。义仿而成的仿拟,其间语义关联常见有如下六种:

(1)近似关联。同一类或属同一范畴的词汇二者关联度大,其间的相关性可用来仿造新词。如:奖学金——奖教金(教学相长)、歌星——舞星(歌舞不离)、国手——国足(情同手足)、国庆——家庆(有国有家)、富二代——官二代(权钱相连)。

(2)反义关联。意义相同的词易引发联想,意义相反的词也因其形成一种对比而容易引发联想。如"男女"是一对反义词,可由一方联想起另一方,由"宅女""家庭妇女"可类推出"宅男""家庭妇男",创作者与受众付出的努力很小,几乎是信手拈来。由反义关联创作仿拟十分常见,如:以"大"与"小"反义相仿的"大我"与"小我"、"大家"与"小家"、"大众"与"小众"、"大气候"与"小气候";以"冷"与"热"反义相仿的"冷战"与"热战"、"冷销"与"热销"、"冷板凳"与"热板凳"等;以"优"与"劣"反义相仿的"优生"与"劣生"等。此外,像"上"与"下","公"与"私","正"与"负"、"快"与"慢"、"强"与"弱"等反义语素的变更,都是仿拟构词的重要手段。

(3)人名、地名关联。语言中容易以某人或某地所具有的某种特征作为类比点,引发联想,仿造出与之相似、相对或相关的名称,这种仿拟与原有词在结构上相似,语义上相关,但意义不同。如浙江卫视著名主持人乐嘉主持了一档名为《夜问》的栏目,让人联想起我国著名武术家叶问,又如:Jim Crow→Jane Crow;Watergate→Billygate,Irangate,Sovietgate,Clintongate。

(4)地点、空间关联。表地点、空间的词相关度比较大,容易引发联想,仿造新词。这种类比不少与外层空间技术有关,英语中常见。如:sunrise→earthrise;airport → moonport; landscape → moonscape, marscape; terrain → marrain;earthquake→starquake。

(5)颜色关联。为数不多的颜色词相关性特别大,由"红"易联想起"黑"与"白",易于通过颜色词的更换类比出新词新语。如:white-collar→blue-collar,gray-collar,pink-collar;black list→white list,gray list;红颜知己→蓝颜知己。

(6)数字关联。数字之间存在关联,可用来类比仿造新词。由"一把手"可类推出"二把手""三把手"等。数字仿词有两种情况,只变数字,中心词不变,或是相反。如:第一产业→第二产业、第三产业;一线→二线、三线;first lady→first mother,first family; first-strike capacity → second-strike capacity; the first world → the second world,the third world,the fourth world。

以上这些都是运用数字的相关性来进行仿拟的典型例子。

3.语篇关联

一种语篇格式挪用在另一种语篇格式上,当我们读到(听到)这篇文章时,容易联想起其本来的语篇格式,称之为语篇关联。前面提到的"阿凡提的故事"便是一例,阿凡提模仿巴依话语体式,巧妙回答巴依的提问,其效果显然比简单回答一句"哪一天都不是"要好得多。所以,语篇关联的表达效果十分不错,讽刺幽默之效尤佳。作为教师,我们常常要求学生仿写一篇文章,这是语篇模仿,甚至有的学生为了通过全国大学英语四、六级考试狂背作文模板，相同的语篇体式，甚至相同的语言词汇，让学习者付出较小的努力，即可收到较好的表达效果。笔者曾仿照朱自清先生的《荷塘月色》写过一篇《寻》的小文放置于自身QQ空间中孤芳自赏。文章的开头与结尾如下：

这几天心里颇不宁静，今晚在院子里散步，忽然想起日日走过的湖湘公园，在这本该属于夏日的炎热，却因台风影响而略显清凉的夜里，应该另有一番滋味吧。

……

路上行人不多，回到家时已是万家灯火了，想必家家户户都在享受着空调的清凉吧。家中的灯，依旧顽强地亮着，想必是儿怕黑，故而不想关掉。果然，儿已睡熟很久了。

此外，有网友仿《石壕吏》造《足球吏》一文：

暮投世界杯，足球捉弄人。头场落荒逃，老米脸蒙尘。对手老进球，国足一何苦！解说前致辞："球技太差劲。一球冷入门，二球新战死。米卢且偷生，还有第二场！巴西如入无，尽演桑巴舞。国足心有余，来回无进球。老米心虽衰，请从末场胜。急画三个零，犹得早早归。"夜久语声绝。如闻泣幽咽。天明登前途，终与世杯别。

文章与《石壕吏》语篇体式一样，原文是一首五言古诗，描述了石壕吏乘夜捉人的故事，揭露了统治者的残暴，以悲壮沉郁的诗风反映了唐代"安史之乱"给人民群众带来的深重灾难。《足球吏》叙述了中国国足参加"世界杯"比赛的糟糕表现，于诙谐调侃中流露出深深的失望和不满，表现了广大球迷"哀其不幸，怒其不争"的复杂情感。《足球吏》"旧瓶装新酒"，于仿拟之中注入新意，给读者以似曾相识又耳目一新之感。

又如，2013年7月16日，中原网刊发了一首名为《水科路难》的打油诗，起因是郑州有一条"修不完"的水科路，尽管市民多年反映，媒体多年报道，然何时正式完工仍是遥遥无期。有人说它一下雨就积水，不愧名叫水科路，有人说那是条"摔跤"路，故而有人专门仿《蜀道难》为它写了名为《水科路难》的"打油诗"。诗文如下：

《水科路难》

噫吁嚱，危乎苦哉！行水科路难，难于上青天！
渠东望汽配，泪眼起茫然。
尔来三四五六年，不与闹市通人烟。
西当泥路有土堆，可以横绝嵩山巅。
地崩山摧汽车颠，然后渠东汽配相勾连。

上有六龙回日之土堆，下有冲波逆折之泥潭。

单车摩托尚不得过，居民欲度愁数年。

青泥何团团，百步九折萦泥潭。

万名师生仰胁息，以手抚膺坐长叹。

问君出行何时还，水科破路不可返。

但见数犬吠路边，雄奔雌随平行线。

又闻小童啼夜月，愁黑暗，水科之难，难于上青天！使人听此凋朱颜。

花园坦途不盈里，垃圾累年堆路边。

灰尘臭气争喧豗，汽车颠过万壑雷。

其苦也如此，嗟尔远道之人胡为乎来哉！

甲子华水居中间，黄河测绘院苦东边。

思念食品冒冷汗，蔬菜市场叫苦连天。

郑州建委实有权，一夫当关，万夫莫开。

白纸黑字要竣工，公示牌上懒得变，爱拖几年就几年，草民你敢怎么办？

朝避苍蝇，夕避陷阱，晴躲黄尘，雨躲烂泥，防不胜防，伤人如麻。商都虽云乐，不如早还家。

水科之难，难于上青天！侧身北望长咨嗟。

对比原文，二者在语篇上一致，表达的都是对道路难行的无可奈何之情。

值得注意的是，从接受者角度而言，类推所付出的努力取决于本体与仿体的相关性程度大小。“语境效果需要心理上的付出，付出的努力越大，说明相关性越小”(Deirdre Wilson, 1999:45)。所以，借用关联理论从本体类推出仿体时，我们一定要注意本体与仿体的最佳相关，要使接受者所付出的努力最小，做到二者最为相关。而这一点的实现，取决于人们对本体的熟悉度，词语、句子层面的仿拟问题不大，但是篇章层面的仿拟就得注意了。上例本体《蜀道难》在受众心中不是人人都具有熟悉的印象，因此在处理二者相关性问题上所付出的努力较大，人们不一定全都能有此联想，表达效果可能会因此打折。一句话，仿体和本体讲求最佳相关。

从以上分析看出，语言的相关性是仿拟创作之本，仿拟就是通过语音、语义和语篇上的相关性类推而成。仿拟的产生不是因为人的“惰性”，而是因为世间万物，数量无限，而人类的表达形式有限。所以，充分利用事物间的联系，采用类比手段，是人们命名事物的一条捷径和必由之路，因此，仿拟就有了其存在基础和语用理据。

4.3.2 语用三律视角

以往仿拟的语用学研究，以徐国珍(2002:94-101)和罗胜杰(2010:121-125)为代表，然二位学者的切入点不同。徐国珍对仿拟的语用学研究重点在于仿拟和语境的相互作用，基于这一思想，她着重研究了仿拟语用推理的过程，分析了语用推理的制约因素，解读了语用推理中的信息差，并提出了最小语用推理信息差的相关策略；罗胜杰则从模因论角度切入，分析并构建了仿拟构成的类推机制：同音/近音异形横向类推与同构异义横向类推。

以上两位学者都侧重于从仿拟的生成角度出发，研究其产生机制，但缺乏对仿拟接受者的考虑，没有对言语交际全过程加以关照，此乃不足之处。鉴于此，笔者拟借用向明友(2008:1-5)提出的“语用三律”来分析仿拟的生成与理解全过程中所体现的语用规律，以此来验证此规律的有效性，并择机进一步完善该理论。

4.3.2.1 语用三律回顾

传统语用学对语言交际的分析为向明友(2008:1-5)所发现，他补充提出了支配人们言语交际的三条规律：恒力规律、自主性规律和经济规律。恒力规律是指在以言行事过程中，行事所需力量(Q)由言语力量(L)、社会力量(S)和经验力量(E)汇合而成，公式表示为 $Q=L+S+E$，在执行统一任务时，所需力量 Q 永远恒定。自主性规律的基础源于弗洛伊德的人格结构学说，是指人们在言语生成和理解中，既要遵循同一语言社团内所共享的同一套语法体系，遵守相同的基本语音、构词、语义和语用规则，同时又因个人特殊成长经历所铸就的独特个性，对共通性的个性化表达以及偏离共通性而保持的个人独特偏好，共通性与个人偏好，都是人的自主性使然。经济规律包含两条次规律：言语效用最大化规律和言语边际效用递减规律。效用最大化规律指言语交际中，人们总是在追求以最少的言语投入，来获取最大的交际满足，即追求言语效用的最大化。边际效用递减规律指言语的投入量与可能产生的效用并不成正比，有可能减少。

语用三律的作用明显，不但为已有的语用原则提供了进一步的理论支撑，而且还为言语生成与理解提供了统一的理论框架。然而，他并没有通过以日常言语中的使用来对这些规律加以验证，正如他自己所说：“对这些规律的验证、运用和进一步的完善，必将任重而道远”(向明友，2008:5)。在此，笔者尝试以仿拟为例，将此规律加以验证与运用，并在可能的前提下努力将之完善。

4.3.2.2 语用三律在仿拟生成与理解中的运用

在言语交际中，人们有意或无意使用仿拟造词手段，以达成交流目的，这就涉及言者对仿拟的生成和听者对仿拟的理解两个方面。在生成与理解过程中，必定遵循一定的规律，让言者能顺利生成话语，同时也让听者能正确理解，为达此目的，须遵循一定的语用规律。

1.恒力规律与仿拟

在仿拟生成过程中，所需总的力量 Q 由三方面力量组合而成：言语力 L、社会力 S 和经验力 E。言语力 L 为创造者根据自己意图表达的信息，结合被表征事件的特征，从而仿原语拟创的新的语言形式所需的在语言选择、运用与拟创过程中的付出。社会力 S 指生活在社会中的言语创造者——人，在社会中的权差。权差包括“表现为行政权力、宗教权力及家族权力等的权力，因才学、财富、成就或品德等出众超群而引起别人的仰慕或能给别人某些需要的帮助而形成的权威，等等”（向明友，2001：85）。经验力 E 为交际双方的常识与共同经历经验。三种力量的结合体，促使仿拟得以生成。以仿语“拔楼助长”为例，《杭州日报》2012 年 3 月 1 日 A4 版以《“拔楼助长”?》为题报道了一则消息，大意是，武汉绿地中心将被“拔高”成为中国第一高楼。

仿成语“拔苗助长”而拟创的新语“拔楼助长”，其言语的创作结合了上述三种力量。首先是言语力。标题创作者结合了他意欲表达的信息：将楼盘拔高，助其成为中国第一高楼，在内部词语库中努力搜索一表达该意思的词汇并最终达到这一目的，付出了言语搜寻、搜寻未果转而创作等力量。其次是社会力。该新闻标题作者结合自己的才学，凭借记者在社会中“无冕之王”的权力，对该新闻加以评述，此乃社会力。第三是经验力。这里有两个方面：①常识经验。标题创作者认为，读者一定掌握了连小学生都熟悉的成语“拔苗助长”并知晓其意义。②推理能力。联想与类推是人类认知事物的基本能力，见到“拔楼助长”，人们一定能够联想起成语“拔苗助长”，从而在读完报道内容后能够借助已知成语的意思和其所蕴含的讥讽与批评，将其推及到新语“拔楼助长”上来。综上所述，仿语“拔楼助长”创作中所需力量（用 Q_1 表示），等于三者之和，公式表示为 $Q_1=L_1+S_1+E_1$。

读者结识此语后，其理解也付出了类似上述的三种力量，为示区别，分别以 L_2，S_2 和 E_2 表示。第一，言语力 L_2。这里主要指读者根据自己的语言知识水平，对现有词语的理解所付出的努力。比较而言，一般情况下，理解一个词语远比创作一个词语所需的力量要小一些，故 $L_2\leqslant L_1$。第二，社会力 S_2。与创作者不同，读者在理解中所付出的社会力很少，故而 $S_2<S_1$。第三，经验力 E_2。正确的理解离不开读者与创作者相同的常识和经验，故而 $E_2=E_1$。比较仿拟创作与接受的两股力量，得出以下结论：

因为 $L_2\leqslant L_1$； $S_2<S_1$； $E_2=E_1$

故 $L_2+S_2+E_2<L_1+S_1+E_1$ 或 $L_1+S_1+E_1>L_2+S_2+E_2$

因此，仿拟的两股力量：创作力比接受力要大，其关系表述为 $Q_1>Q_2$，这意味着创作者所付出的力量要大于接受者。类似的例子如：

生在"伏"中不知"伏"（科龙空调广告语）

聪明不必绝顶（美加净颐发灵广告语）

上述两则仿拟的创作者与接受者都有力量付出，然创作者为这两则广告的创作可谓是绞尽脑汁，而接受者却能轻松地加以接受。

虽然 $Q_1>Q_2$，但在仿拟创作与理解中，所付出的力量 Q_1 与 Q_2 分别恒定，该恒力会"因某些语境因素的变化而在这三股力量中进行重组"（向明友，2008：2），这意味着只要是仿拟创作，都离不开这三股力量，Q_1 与 Q_2 的内部之和永远恒定，这便是语言创作与理解中的恒力规律。

2. 自主性规律与仿拟

弗洛伊德的人格结构学说认为，人格结构由本我、自我和超我三部分组成。

本我即原我，是人类原始本能，任何人类的基本需求如吃喝拉撒睡都是本我的体现，这是一种最原始的需求，满足这种需求，方能谈及其他。自我指"自己"，是人类在执行一系列行为如上下车、读书就业、娶妻生子等行为中追求的一种自我满足，其遵循的是一种"现实原则"，服务于本我。超我是人类行为结构中的理想部分，是人类成长过程中追求的超乎自我的一种道德水准，通过一系列道德规范，追求服务自我以外的其他众生的理想境界，对自己的行为做到"吾日三省吾身"，不断监督、批判和管束自身行为，遵循着"无为"与"上善若水"之"不争"的这样一种道德原则，以求达成完美境界。

笔者认为，仿拟（以仿词为甚）是自主性规律的外在表征。言语表达中，一种本我的满足和受超我控制而追求马斯洛自我实现需要的动力构成了人们追求自主性的原动力，这就导致了人们一方面遵循同一语言社团内共享的语言共通性，避免出现社团语言的"巴别塔"，另一方面又力求在言语中实现自我个性的彰显，于是乎，便出现了类似于"无'发'无天"（理发店广告）、"客临顿"（饭店广告）、"衣拉克"（服装店广告）等仿拟现象。此外，如果说这种常见造词方式通过对名人名言等的胡乱篡改，只是在一定程度上以言语的方式实现了某些自我认同，那么，一些流行语如"酷毙了""帅呆了""哇塞""酱紫""闪客"乃至火星文等语言现象绝对就成为了人们自我认同的表征与彰显的有力证明。所以说，为实现标新立异，彰显与众不同，在此世俗化社会中，将大众的眼球"从'经典式阅读方式'移开，探向光怪陆离而又撩人的视像"（范玉刚，2008：103）的过程中，仿拟虽然不过是人们视像转移的最起码的工具而已，但是其背后却隐藏者一个不安分的因子——人们自我实现的需要和对超我的追求，正是由于这种“不安分”的存在，源源不断的新词新语方始产生，社会的进步才得以实现，世界也就因此而精彩！

3.经济规律与仿拟

人类自古以来一直在追求一种经济原则，否则就不会有如今的纸质货币乃至无纸化货币的出现，只能扛着种种物品进行物物交换。人类活动以实现经济性为目的，“经济人”的出现，便是最好的诠释。言语生成中时时受到经济规律（尤其是其中的两条次规律）所左右，仿拟也未能逃脱其窠臼。

第一，仿拟中的效用最大化规律。

在言语交际中，人们普遍遵循经济原则，追求以最少的语言投入，获取最大的语用效果。

以“房奴”为例，区区二字，却将购房者因购房所承受的重负表现得淋漓尽致：房债如山，给购者以重压，人们不得不紧衣缩食，节约每一分钱以还债，与奴隶无二致，将之比喻成房子的奴隶所带来的语言表达经济效果，岂是其他语言形式所能匹敌？如果说这一个例子不足以说明问题，那么随之而来的大量类似的仿拟语汇，构成了一个个类似于“×奴”“×族”“×客”“××门”等词族，社会万象俱浓缩于小小词汇之中，这应该可以说明，通过仿拟的使用，人们付出的语言成本是何等之小，然收获的语用效果是何其之大！仿拟的使用，给人们带来省力效果的同时，以最小的语言投入，实现了语用效果的最大化，关于这一点，我们将在下一节中进行探讨。在商品经济发达的今天，人们因其神奇功效而对仿拟的追求达到了盲目的地步，甚至将其作为一种拜物教来顶礼膜拜。

第二，仿拟中的边际效用递减规律。

边际效用理论认为，商品的价值取决于商品的边际效用。“效用”是指物品满足需要的程度，“边际”是增量的边界，“边际效用”就是每增加一单位消费所能增加的满足。有的情况下，边际效用递增，比如贪官对金钱无止境的追求是随着贪污受贿的金钱数量的增加而增加的，收藏家对所喜爱的收藏品的追求也随着藏品数量的增加会递增。但是，边际效用并不总是增加的，在其他因素不变的情况下，一定时间内消费者对某种商品消费量的增加却带来了边际效用的递减，这便是商品消费的边际效用递减规律。比如说，一个人一次最多只能够吃下 6 个包子，当吃到第 7 个的时候就吃不下了，那么这第 7 个包子就是他饭量的边际，即临界点。

此规律同样适用于言语交际，当“发话人投入的言语量与受话人对言语的心理需要量达成平衡，所投入的言语总效用达到了最大化”（向明友，2004:37）的时候，如果再增加言语的投放量，边际效用非但不会增加，反而呈递减趋势，此谓言语交际的边际效用递减规律。言多必失，就是语言中的边际效用递减规律的显现（向明友、贺方臻，2008：76）。比如鲁迅先生笔下的祥林嫂在儿子被狼叼走后因精神失常而反复念叨的那些话，开始时引起人们的同情，但后来由于不断重复，超过了一定的量，听者渐渐麻木，甚至产生了厌恶之情，这便是边际效用递减。可见，言语中的边际效用递减这一现象，是我们要注意和尽量避免的。

仿拟以其独特的语用效果给人以新奇之感，带来的意想不到的效果一开始时其边际效用递增。如某商家仿"百闻不如一见"拟创"百闻不如一尝"广告语，在收到了一定的边际效用的情况下，其耳目一新的表达语效同时也带来了语言中的"羊群效应"，在从众心理的驱使下，人们纷纷效仿，以至于"百闻不如一试""百闻不如一用""百闻不如一听""百闻不如一摸"等仿拟广告语大量出现。在如此狂轰乱炸之下，此类仿拟言语的边际效用锐减，人们不再觉得此类话语有什么过人之处，对其背后产品的兴趣也就大减。

边际效用递减理论存在于仿拟中的同时，其中也有一些未知因素需加以确定，那就是边际到底在何位置？"言多必失"中的言语到底多到什么程度就"失"呢？人们接触到第几个仿拟之后便产生边际效用递减现象？此外，受人们的个人喜好等因素影响，也许有极少数人对此类重复的仿拟话语都能接受，对于他个人而言，边际效用虽可能存在递减，但递减不大，这也是值得考虑的，"如何量化这些心理活动的极值是确定递减的关键环节"（刘重霄，2011：108），更何况，当前对边际效用递减规律也存在质疑，比如人们对上瘾品、集成类商品、非完整品和锦上添花类商品的边际效用就不呈递减，而是递增趋势（吴丹涛，2008：76－77）。所以，向明友提出的言语边际效用递减规律只能是言语交际的一般性规律，而且这其中的边际也比较难以确定。虽如此，毕竟这条规律能从整体上指导人们的言语交际，给人类语言活动带来一定的指导作用，同样，仿拟中的边际处在何位置也因人而异，此问题难以解决。

综上所述，仿拟的生成与接受，受到恒力规律、自主性规律和经济规律的共同影响，仿拟的创作与理解，需要人们付出包含言语力、社会力和经验力在内的力量付出，体现了人们不拘泥于现状、不断探索未知的自我实现的需要，不觉中满足了人们追求言语效用最大化规律，然而其使用也要尽量避免其边际效用递减，做到当一种仿拟形式接近于（虽然很难确定具体值）效用的边际时，要及时转向，寻求另一新的言语表达形式，这样语言方能不断更新，人类社会也就不断前进！

4.3.3 省力原则视角

4.3.3.1 省力原则概要

20 世纪 40 年代由 Zipf（1949）建立的省力原则无疑是语言经济性的最重要的

里程碑(吕公礼,2007:258)。在提出 Zipf 定律之后,1949 年,他提出了一条指导人类行为的基本原则——省力原则。具体论证从用词经济开始,从说话人和听话人两个角度讨论,解决了说话人所追求的"单一化力量"和听话人所希望的"多样化力量"之间互相冲突、互相矛盾的现状,认为这两股力量只有达成妥协,达成一种平衡,才能实现真正的省力(George Kingsley Zipf, 1949:21 - 22)。关于如何实现二者之间的平衡,Zipf 根据 M. L. Hanley 中有关 James Joycce Ulysses 的用词数据,制作出一个双对数表(doubly logarithmic chart),分别以词的序号和出现次数为纵轴和横轴,结果得出一条几乎 45°的直线。对此,Zipf 解释说这条直线意味着说话人与听话人的利益均得到兼顾,形成了"单一化力量"和"多样化力量"之间的平衡与妥协(姜望琪,2005:90)。可以认为,45°角是双方最为省力的理想状态,是我们言语表达与接受效果得以保障的终极目标。

省力原则与 Martinet 所提出的"经济原则"相似,一者强调省力,二者强调表达效果。语言的经济性"是结构主义与自然科学学科的联合继承,也是乔姆斯基数十年来全部语言学作品的特色所在"(... is a joint inheritance from structuralism and the hard sciences, and has been characteristic of all Chomsky's work in linguistics over the decades.)(Neil Smith, 2001: 51 - 52)。在保证效果的同时,语言表达普遍追求一种理想的经济状态,即以最小的付出收到最大的语言表达功效,仿拟便是这一目标的实现者之一。

4.3.3.2 省力原则下的仿拟

国内对省力原则的研究不少,多集中在其引介。如姜望琪(2005)、张勇、宋旭(2010)等,但对说话者与受话者之间如何实现 45°角的最佳省力鲜有触及。对此,我们认为,通过仿拟的使用,能够实现省力这一目标,实现效果优化之目的,具体而言,仿拟是省力原则中 45°角的实现者。下面具体分析仿拟是如何在保障语言表达效果的同时实现语言省力的。

1. 语言省力的实现者

语言提供了一种手段,通过这种手段,一些观点得以通过最有效的方式得到表达(Language provides the means whereby such propositions can be conveyed in the most effective manner for particular communicative purposes.)(Henry Widdowson, 2009: 208)。面对一些难以简单表达清楚的概念,如果连篇累牍,言者费心,听者费力,且不说谈不上省力,表达效果还不一定好。而仿拟借用已有表达形式,稍作变更,便能将信息轻易传递,听者也能会意,是语言省力的实现者。以"房奴"为例分析如下:

从说话人角度而言,说话人由于购买了一套房子,所以从银行贷了一大笔款项。当他向听话人表达这一概念的时候，一般这样表述："我买了套商品房，从银行贷了一大笔钱，现在每月都要还房贷，日子过得紧巴巴的。"这样一来，说话人一点也不省力，他的言语付出最大，假设这种付出是100，每个词代表一个意思，没有歧义，我们称之为"多样化力量"。反过来，从听话人角度来说，由于说话人将意思表达得明明白白，每个词出现的次数都是1，而且不需要通过语境去猜测说话人的意思，所以，他几乎不需要付出较多努力就能听懂说话人的意思，他在理解过程中所付出的力量最小，假设是1，这是一种"单一化力量"。这种情况下，听话人最为省力，然而说话人最为费力，我们将这两股力量放置在坐标当中，刚好形成一个90°直角。

但是，人都有一种惰性的心理因素，任何人在工作中，都希望以最小的代价获取最大的收益，追求省力的动机存在于人类任何理性的活动中，这一点已被Zipf所证明(刘淼可，2008:319)。所以，说话人为了追求省力，就寻求一种途径来达此目的。他心理上认为，因买房而欠下银行债务，就如同奴隶一样被债务捆绑住了，不得不为银行打工偿还债务，虽然这笔债务是主观上因自己买房而欠下的，但至少他表面看来与奴隶无二：银行成了奴隶主，而他成了奴隶。所以，二者的相似性促使说话人创造出一个词语"房奴"。该词的创造，虽需费一些心思，但是比起原先所说的这样一番长篇累牍的话来，还是比较省力的；而听话人乍一听"房奴"二字，也需要付出一定的努力才能明白其中之意，对他而言，没有以前那么省力了。"房奴"一词对于说话和听话双方来说，都需要费一定的努力，但是这两种力量平均了，二者达到一种折中，达成一种平衡，放在坐标上，恰好是45°角。所以说，仿拟，特别是其中的仿词，是省力原则的实现者，也是45°角的促成者。

如果一个例子不能说明，那么，在该词创造之后的后续"×奴"词族，应该可以说明问题了。常见如"车奴、卡奴、证奴、衣奴、鞋奴"以及"××族""××门""××控"等新词语的大量出现，对于听说双方而言，其带来的说话和理解上的省力毋庸置疑，此类概念的任何解释都不及它们。

英语中的情形也是如此。由 missile gap 类推出 production gap(生产上的差距)，development gap(经济发展方面的差距)，credibility gap(信用差距)，generation gap(两代人之间的差距)等；由 environmental pollution 仿拟出 visual or eye pollution (视觉污染)，noise or sound pollution(噪声污染)，cultural pollution(指颓废文化的文化污染)等，实现了语言表达与接受中的省力。

作为一种表达方式，仿拟让人们在不觉中操起了这把奥卡姆剃刀，将不必要的表达语砍掉，因而省力原则表现无遗。

2.表达效果的保障者

在语言表达追求经济性的同时，并不意味着但凡言语务求精简，容不得半点冗余。恋爱中的情侣对此也会持反对意见，即便是已婚女性，对于爱人之亲密言语也十分渴望，因为情话是百听不厌的。为了追求效果，一定的冗余是必要的，因为“冗余是语言交际的必要部分”(André Martinet, 1962:140)。有时候由于效果表达的需要，适当冗余虽然造成说话者的一定程度上的不省力，但却因收到奇效而得以保留。故而爱情专家建议男朋友(老公)对女朋友(老婆)的絮叨保持一定的耐性，适当容忍她们的长篇话语，这是生活的润滑剂，不然片面追求话语的经济性，家庭气氛也会陷入冰冷状态，可见，话语中的冗余是家庭生活中的一种必需品。

笔者认为，省力是相对的，效果是绝对的。如何实现既保证效果、又达到省力的目的呢？答案仍是仿拟，因其兼具语言省力与效果保障的两大功能。仍以第一章中提到的“阿凡提的故事”为例分析如下：

巴依在表达染布的颜色时，本可以说“什么颜色也不是”，但是他没有这样，没有遵循语言省力原则，而是说了一大通话语，这种颜色也不是，那种颜色也不是；对听者阿凡提来说，他也没有省力，因为他要付出努力来记住上述颜色的种类都不是。交际中的两人都没有省力，这似乎有违省力原则。然而这样是为效果服务的，巴依之所以宁愿选择牺牲省力原则，旨在刁难阿凡提，达到他所希望的表达效果。反观阿凡提，采用了仿拟的手法，以其人之道还治其人之身。你不是要为难我吗？我也为难你一下，说拿布料的时间，一周七天，哪一天都不是。本来，阿凡提可以简单地说“哪一天都不是”，但是这样太便宜巴依了，所以他采用了宁愿违背省力原则，也要让巴依懂得他的厉害的方法。这样一来，言语交锋中语言上的费力，却保障了表达效果，达成效果上的省力，这也没有违反奥卡姆剃刀原理：“若无必要，勿增实体”，因为，这里有一个前提，那就是“必要”——表达效果上的必要。所以，在争辩中，伴随着的总是修辞(Rhetoric is often mixed right in with argument.)(Brooke Noel Moore & Richard Parker, 2004:125)，仿拟以其较好的表达效果被广泛使用，得到效果保障。

此类为达到表达效果而宁愿选择语言上的不省力的例子在幽默小品中常见。如赵本山小品《功夫》中有一句台词：

[范伟]哎，哎，孩子们，忽海无涯，回头是岸，学好就好啊！过年了，给你们包红包儿去，啊！包红包儿去。(小品《功夫》)

“忽海无涯，回头是岸”仿自成语“苦海无涯，回头是岸”。说话人没有选择较为省力的表达法——“别忽悠了”，而是采用上述表达法；听者也要费力去联想，也没有省力。然而，这种既熟悉又陌生的表达手法，亲切自然，生动形象，富于创意，具有极强风趣幽默的艺术效果，在表达效果上达成了45°角。再看一则例子：

[牛群]人一上火就容易缺心眼，过去我一直缺，自从我吃了下蛋公鸡的肉，嘿，我变机灵了。吃一块肉才两万块钱，真值！（小品《策划》）

此语仿自人们耳熟能详的广告语，说者没有省力，然而其讽刺幽默的表达效果显然是换成较为省力的话语如“吃下蛋公鸡的肉是值得的”所不能及的。

所以，在上述例子当中，虽然仿拟没有在语言表达上实现省力，但是却在表达效果上有很大收获，依然没有违背省力原则，仿拟的使用造成了语言上的费力，却换来了表达上的省力，收到表达效果才多费了俩字，真值！

综上所述，我们不能单纯离开效果谈省力，那样做的结果是皮相的，真正的省力，是在保证表达效果的前提下的省力，这一点是不容忽视的。

4.3.3.3 仿拟省力的负相关性

虽然仿拟的运用能实现语言省力并能保障语用效果，但是，交谈中交际双方由于利益上的相悖，往往会造成“省力动机的负相关性”（向明友，2004:35），即一方的省力导致另一方的费力，而这种负相关性可以由说话方和听话者方造成。

1.说话方引起的负相关性

有时候，说话者由于片面追求言语省力，而没有考虑听话者是否存在理解上的偏差，这样说者省力了，但听者却往往费解，从而形成理解上的误区，造成省力上的负相关，导致交际失误。“丝袜男”容易理解，是脚穿丝袜的男子，但“火车哥”作何解释？造火车者？开火车者？跳火车者？抑或拦火车者？只有解释后方显本意：某铁道修理工在两辆火车前后来袭时，以敏捷的身手神奇般地躲开而得以生还，网友见此视频后送一外号“火车哥”。

本来仿词“火车哥”追求的是语言省力，但是反而让听话方百思以求解，何来省力？另外还有“布波族”“奔奔族”等，都让听话方在理解上得不到省力。可见，造成这种负相关的原因就在于说话方片面追求说话的省力。

2.听话方引起的负相关性

有时候，听话方在理解上有意或无意曲解说话方的意思，从而造成交际上的误解，这也带来了负相关效应，此负相关性由听话方造成。如《红楼梦》第六十一回中林之孝家的在搜查丫环五儿房中时有一段文字：

五儿急的便说：“原是宝二爷屋里的芳官给我的。”林之孝家的说：“不管你‘方官’‘圆官’！现有了赃证！我只呈报了，凭你主子前辩去！”（徐国珍，2003:298）

显然，“圆官”仿“芳官”而来，是听话方对“芳官”的曲解而成。本来，林之孝家的只用说：“不管谁，现在有了赃证！……”但是她没有，而是利用仿造，有意曲解，但是却带来了她作为听话方要努力编造“圆官”一词而带来的费力，这也是负相关。

通过上述研究我们发现，仿拟不但可以使 Zipf 的省力原则得以实现，而且还可以其得体的运用，实现交际双方“单一化力量”和“多样化力量”的有机平衡，但前提是避免由任何一方带来的负相关性。而要做到这一点，说者在语言编码中须考虑听者的认知能力，听者在解码中要能洞察说者意图，必须遵循言语配置的五条准则：一般均衡准则、前提共识准则、择近准则、从众准则以及言语生效准则（向明友，2002:309－316）。总而言之，仿拟带来言语省力是不争的事实。

4.3.4　模因论视角

4.3.4.1　模因论概述

从 1866 年奥地利遗传学家孟德尔神父发现生物的遗传基因规律，到 1868 年瑞士生物学家弗里德里希发现 DNA，再到 1996 年第一只克隆羊的诞生和 1999 年美国科学家破解了人类第 22 组基因排序列图，浩大的基因工程不断改写着人类的生活方式。广义上说，基因工程就是按照人类需要，把不同生命的基因（DNA）分子提取出来，在生物体外进行切割、搭配和重新连接，然后经过一定的途径转入生物体内，并使其中合成的生物信息在生物体内得到明确的表达和复制，从而改变生物的某些特性，或创造出具有新的特性的生物类型，或产生出新的生物产品。

除了在农牧业、食品工业、环境保护和生物医药方面的贡献外，基因工程的影响波及人文科学。1976 年，英国牛津大学的动物学家 Richard Dawkins 在《自私的基因》（*The Selfish Gene*）一书中提出了文化传播的基本单位，即模因（meme）。模因是基因（gene）的仿造词，它（meme，又译幂姆、觅母、密母、密米等）在词源上来自表示“模仿”的希腊语词 mimeme，模因论或模因学认为，模因是一种与基因相似的现象，它是一个文化信息单位，通过模仿而得到传递。判断模因的基本依据是“模仿”，任何一个信息，只要它能够通过广义上成为“模仿”的过程而被“复制”，它就可以称为模因（Blackmore，1999:66）。因此，它可以是曲调旋律、想法思潮、时髦用语、时尚服饰、搭屋建房、器具制造等的模式，也可以是科学理论、宗教信仰、决策程序、惩罚模式、客套常规等。简而言之，任何想法、说法和做法都有可能成为模因（何自然，2005）。

在语言学领域，用模因论的观点来解释语言可以加深或改变我们对语言起源、语言习得和语言使用等问题的认识。语言本身就是一种模因，模因也寓于语言之中，字、词、短语、句子、段落乃至篇章通过模仿得到复制和传播而成为模因（谢朝群、何自然，2007:30－39），故有“语言模因”（linguistic memes）之说。如果语言不再为人所使用和模仿，那么这种语言必然走向消亡，曾经风靡全欧洲几个世纪的拉丁语流传到现在只残留些零零碎碎的词汇就是一个例子。模因论为语言引入了信息复制的观点，在模因的作用下，词语得到复制，创造词语的创意也同样得到复制，从而形成人和语言的互动模式，从中可以窥探语言的变化和发展。模因与模因之间会相互支持，集结在一起形成一种关系密切的模因集合，这就是模因复合体。模因的表现可以是单个的模因，也可以是模因复合体，大脑里的信息内容直接得到复制和传播是模因的基因型，而信息的形式被赋予不同内容而得到横向扩散和传播的，则是无数的模因表现型。

4.3.4.2 语言模因的复制与传播

模因是一个抽象的概念，它通过复制和传播来体现自身的存在。语言模因在交际过程中不断复制和传播的方式可以是内容相同、形式各异，或者是形式相同、内容各异。从另外的角度说，不管语言模因的形式和内容如何，其复制和传播方式基本上是重复与类推两种。

1. 重复

重复是模因复制与传播的手段之一，有两种类型——直接套用和同义异词。

话语中使用各种引文、口号，转述别人的话语，交谈中引用名言、警句等，都是直接套用。遇到与原语相似的语境，模因就往往以这种方式来自我复制和传播。同义异词即信息相同但以异形传递。这种传播方式的典型例子莫过于日常交际中不同时期、不同地方对同一事物的不同说法了。如对餐厅食肆女服务员的称呼，从解放前的小姐，到解放后的同志、工友、师傅、服务员、大姐，再回归到小姐，又转为妹子、靓女、翠花、姐姐等，万变不离其宗，都指称女服务员。Internet 称为互联网，是一开始就被社会普遍接受的说法。后来 IT 行业的权威们认为要称为因特网，一时间这个称呼似乎多起来。可是随着时间的推移，互联网、因特网尽管并存，但前者通俗，成了强模因而被广泛复制和传播，至于因特网的说法，它只在较专业的场合下能听到和见到了(何自然，2008)。

2. 类推

所谓类推，就是根据两个(两类)对象之间在某些方面的相同或相似而推出它们在其他方面也可能相似的一种思维方法。一般将类推分为两种——同音类推和同构类推。

同音类推就是模仿词语发音而形成的新模因变体，大都是从一般到特殊的类推。如模仿“草木皆兵”而创作的短语“草木皆冰”，用以形容一个地方非常寒冷。同音类推常见的例子就是仿拟中的谐音仿拟。

与同音类推不同的是，同构类推指模仿现有的语言结构而复制出一种具有新内容的模因变体。在类推过程当中，变化的是语言内容，不变的是语言结构，我们按照同一种结构类推出相似语句，通过这种手段使得模因得以复制和传播。同构类推表现为仿拟中的语义仿拟。

4.3.4.3　模因论对仿拟的阐释

模因学自从被介绍到国内以后，与之相关的研究不断涌现。例如何自然、何雪林介绍了模因学的由来及模因研究的不同观点，分析了语言中的模因现象和语言模因的仿制，并提出了汉语语言仿制的四种类型；张莹认为翻译的过程就是将异域模因复制到本国文化的过程，译者作为宿主（host），解码以源语言为载体的模因，并将此模因编码为目标语载体；王斌提出翻译研究是文化模因研究的一个部分，同时还探讨了翻译模因在教学中的作用（刘宇红，2008）。2008 年第 1 期的《外语学刊》以“模因论及其应用”为核心开辟专栏，介绍了我国学者在这方面的研究成果。实践证明，模因与模因论为我们的语言、教学和翻译等领域的研究提供了新的视角。

模因论与仿拟这一修辞现象有着密不可分的关系，我们可以用这一理论在如下两个方面对仿拟进行阐释。

1. 对仿拟构成要素的阐释

仿拟由两部分构成，一是被仿的部分，表现为某种既成的语言形式，称为本体，另一部分是仿本体而拟创造出来的新的语言形式，称为仿体。根据模因学理论，本体是模仿的对象，亦即为模因，仿体是模仿的结果和产物，也是模因复制和传播的结果。对仿拟的研究发现，仿拟中的模因具体表现在语法和语体两个层面，语法层面有词、短语和句子的仿拟，语体层面有公文体、政论体、文艺体和广告体四种形式。这与模因的本质是一致的，因为语言构成要素——字、词、短语、句子、段落、篇章，只要能通过模仿得到复制和传播，就可以成为模因，也就可以充当本体被模仿，而仿体就是模因复制和传播的结果。将个中关系用图 4.5 和图 4.6 表示。

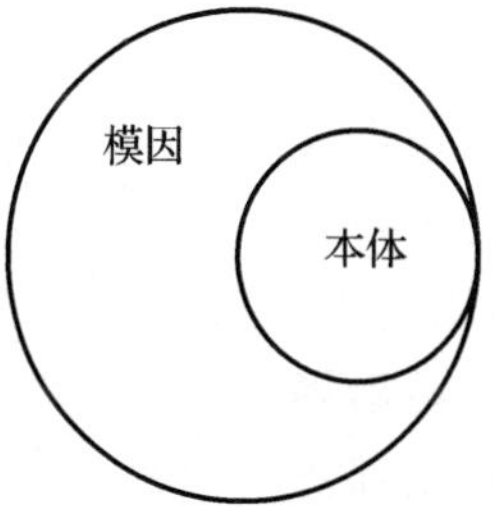

图 4.5　本体与模因

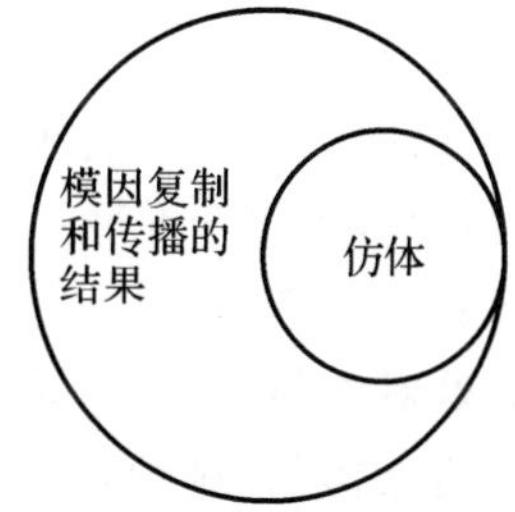

图 4.6　仿体与模因

图 4.5 显示，模因不等于本体，但包括本体，因为可以充当模因的还包括科学理论、宗教信仰、决策程序、惩罚模式、客套常规等，这些都可以充当模因，但是不能

成为仿拟之本体。图 4.6 显示，模因复制和传播的结果并不完全等同于仿体，因为复制模因有两种方式——基因型和表现型，基因型传播的结果不包括仿体。

概而述之，模因有两个部分：模因与模因复制和传播的结果，而仿拟也有两个部分：本体和仿体。模因与仿拟是包含与被包含的关系，此其一；其二，模因与模因传播、复制的结果之间的关系是，模因具有先成性、独立性和定型性，传播的结果具有临时性、依赖性和拓展性，这与仿拟中本体和仿体的关系是一致的。所以，模因论对仿拟的构成要素具有相当的解释力。

2.对仿拟构成机理的阐释

如上所述，模因的复制和传播主要有重复和类推两种，重复是基因型模因的主要传递方式，可以体现为相同信息的直接传递和相同信息的异形传递。然而不管采用哪种方式，它所传递的始终是同一个信息，只是传递的方式不同而已——同形或异形，传递前的模因和传递后的结果为同一事物，二者在本质上是一致的，并没有形成新的特质，更没有形成仿拟中本体和仿体所具有的相互关系：本体的先成性、单一性和定型性与仿体的临时性、多元性和拓展性（罗胜杰，2008a）。故模因复制与传播中的手段之一——重复——并不构成仿拟生成的理论支撑。所以笔者认为，基因型模因的传播方式不能用来解释仿拟的生成机理。

然而，表现型模因的传播方式——类推——则是仿拟生成的有力支撑。类推也叫类比，类比基于人类的客观现实基础。关于类比，在第三章中有论述，这里就不再赘述了。

表现型基因的这种传播方式给仿拟构成提供了基础和依据，仿拟就是依照类推而产生的，具体表现如下：

（1）同音/近音异形横向类推。语言模因在保留原来结构的情况下，以同音/近音异形的方式横向类推。体现为仿拟中的“谐音仿”。

（2）同构异义横向类推。语言模因的结构和形式保持不变，提取其结构框架，将另一内容装入这一框架，即所谓的“旧瓶装新酒”，模因以此方式得以传播。体现在仿拟中就是对本体的语义、语调、语体、语篇等进行模仿，称为“语义仿”。这种形式的仿拟在全部仿拟作品中占绝大多数。

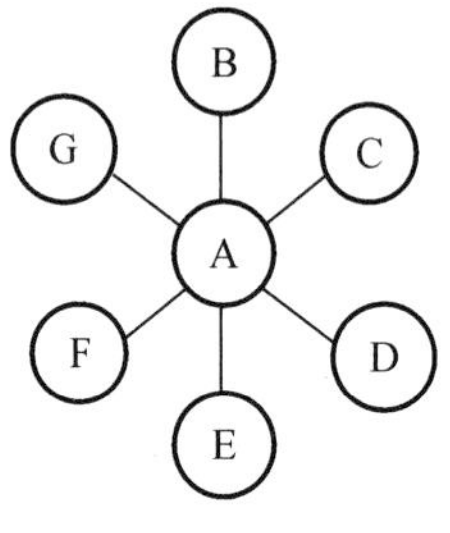

图 4.7　辐射型类推示意图

以上是按照模因在音、义上的不同而对仿拟类推进行区分，还可以按照模因传递的多元性，将类推进一步分成两种：辐射型和连锁型。

辐射型类推即以本体模因为中心，同时向周围“辐射”出多个仿体，每个生成体均各成一体，相互之间并没有很多直接联系。如图 4.7 所示。

前面所提到的《陋室铭》的众多仿拟版本就是典型的辐射型类推方式。A 为《陋室铭》，以此（本体）为模因（中心），向四周辐射，生成众多仿体 B，C，D，E，F……

与之不同的是连锁型类推方式，这是指以某一模因为中心，类推出另一同构异义文本，然后又以这一新产生的文本为模因继续类推，类推出另一文本，依此类推，环环相扣，形成一种类似链条的连锁反应。我们可以表示如下：

A ———→ B ———→ C ———→……

如常见的“军嫂”“警嫂”“股嫂”等，它们是由“空嫂”仿拟而来，而“空嫂”又是由“空姐”同构类推而来。具体过程如下：

空姐———→空嫂———→军嫂、警嫂、股嫂等

又如人们由“国旗”“国歌”类推出“国手”“国花”，在此基础上类推出“国骂”，继而以“国骂”为模因，类推出诸如“省骂”“市骂”“乡骂”等，通过连锁式类推，将模因步步相传。可见，通过辐射型和连锁型两种方式，大量的语言词汇得以产生，词汇系统得以扩充。

通过上述分析，笔者认为模因论对仿拟有着极强的阐释力，换句话说，模因论不但在仿拟构成要素的选择上起重要作用，而且在仿拟形成机理上也有重要的指导意义。通过模因的复制与传播，对现有的词语不断进行模仿，扩大了语言的内涵，丰富了语言的表达方式，人们可供表达的手段越来越丰富。不仅如此，它还是人类社会得以发展的动力源泉，正是由于有了复制和模仿，人类的物质文明和精神文明才得以传播，人类社会的繁衍才得以顺利进行，它对人类社会起到了极大的推动和促进作用。

4.4 仿拟的命名学视角

然宇宙之始，天地无名。世界万物，其产生“以语言命名为前提”（王寅，2007：201）。命名研究，古已有之，西方早在古希腊时期的柏拉图、亚里士多德就有关于名称的论说，中华先民十分重视语言中作为“名”的词汇，《指物论》云：“天下无指，物无可以谓物。”“名者，所以名实也”（《中论·考伪》）说的就是人们根据约定来谓述、命名“实”，除具表征对象的指称功能和用以交流思想的交际功能（曾祥云，2002：135）外，“名”还有治世功能，“有名则治，无名则乱，治者以其名”（《管子·枢言》）。源于西方语言哲学的两大流派——摹状词理论（description theory）和历史因果指称理论（梅德明、高文成，2007：25），开创了命名理论系统研究之先河。

4.4.1 仿拟命名的类型分析

除了造词和修辞功能外，仿拟还有命名功能。文学作品、街头巷尾、主流媒体、网络用语等，到处充斥着仿拟命名的身影。仿拟命名的主要类型，徐国珍（2003：247－250）概括出四种：书名、篇名、影视作品名、产品名。除此之外，研究发现还有另外三种类型：

（1）店名。理发店名：首艺、顶头上丝等；饭店名：粥公粥婆、蒸有味、常湘汇、嬉湘记、客临顿等；服装店名：衣拉客、衣频道、衣衣不舍等；网吧名：我行我速、流连网返、勇网直前等。

（2）楼名。麓山枫情、E家人、景绣江山、枫华府邸等。

（3）类别名。月光族、啃老族、打工族、单身族、嘻哈族……前面讨论的“中心词＋外化亲属称谓语”也属此类。

关于命名与造词和修辞间的关系，笔者认为它与造词和修辞都有交叉，它与二者的关系可以概括为，命名需要造词，但是又不等同于造词；命名中有修辞，但是一种特殊形式的修辞。首先，命名属造词，不过是一种区别于普通形式、专用来指称物件或人物等这样一种特殊形式的仿拟造词方法罢了。其次，命名也属修辞，一种特殊修辞。如“玉米”“凉粉”“盒饭”，它们不同于我们平时所见的、能吃的食物，而是对三位歌手（李宇春、张靓颖、何洁）的歌迷们的命名。这种“在表达某个所指对象时，不另造新词，而是寻觅旧型，将其改为新型用于称述的现象”（徐默凡，2011：44）可称其为“命名性修辞”。

4.4.2 仿拟命名的功用阐释

仿拟命名常见于书面语体，其主要功能有二（徐国珍，2001：33－34）：①设置悬念，吸引注意。如标题《“逼良为娼”与“逼娼为良”》中，后者是前者的仿造，引发人们的好奇心。②揭示主旨，帮助理解。如《为“笑”消得人憔悴》描述小品演员黄宏的艺术生涯，标题对文章内容进行了高度的概括。可见，仿拟在命名过程中，以其新颖别致、幽默风趣的特殊功效备受关注。仿拟书名或篇章名凭着与人们熟知的话语形式的一字之差，概括出主旨，言简意赅，吸引读者兴趣。

然而徐国珍对仿拟命名之功效所作的总结与归纳并不完整，笔者对仿拟命名功用补充以下两种。

1.借船出海，以利营销

店主之所以仿用名人名言来给自己的店铺命名，借船出海，目的在于借用名人效应促进营销，同时达到塑造自我、彰显存在之目的。比如“最高发院”仿“最高法院”而来，看后让人忍俊不禁：一个理发店居然以此命名，简直就是拉大旗当虎皮。还有“客临顿”饭店（请客人光临来吃一顿），仿用名人“克林顿”来命名，好大的牌子！“衣拉客”服饰店的衣服质量一定不错，因为该店是用衣服来吸引、拉住客人的嘛。如此等等，这些店名一出，定会吸引人们的目光，以其与名人名语在语音上相仿的独特之处，在顾客心中留下较深的印象。我们将这一现象称为语言上的“傍名牌”。然而不容忽视的是，这种做法在可能促进营销的同时，更带来了相当大的负面效应，这是对语言文字的一种糟蹋，对商品市场的扰乱，同时也是对名人的一种不尊。

2.概括属性，拟创新词

这个属性是针对类别名而言的。由于语言符号的有限性和社会新事物、新现象的多样性，急需一种具有较强概括性的词为基础，并以此再生，将具有相同属性的事物或人归为其类，这样做的结果是催生了大量新词，从而丰富词汇宝库。

上述“××族”类词的涌现便是很好的证明。然而新词的创造须以固有的语言传统作为根据，在新词的创造中，必须注意三点：①意义是否明确；②是否与汉语的构词法相合；③要照顾到与语言中已有的词在声音上和意义上有无混淆的毛病（周祖谟，2006：80）。

4.4.3 仿拟命名的哲学体验

貌似简单的仿拟命名的背后，其实隐藏着不简单的哲学道理，是语言学与哲学的体验。

4.4.3.1 归其所归的现实体现

新词新语中的“××族、××哥、××帝、××姐”等词族的涌现，充分展示了汉语词汇的概括性功能，将事件中的凸显信息提取出来，用最经济的办法，拟创新词，形成一种“框填结构”（刘娅琼，2012：11），充分显示了在满足“天下万物，各从其类，是其所是，分其所分”的前提下，实现“归其所归”的哲学道理。《周易》云：“形而上者谓之道，形而下者谓之器。”上述词族的涌现，展示的是事物命名的形式，然而这些形式的背后，隐藏的却是汉语的概括性与抽象性，以及汉语“以神统形、重意轻言、人详我略”（申小龙，2005：235）的固有特质。

4.4.3.2 命名哲学的实践证明

我国古代荀子在《正名》中首提“天官意物”“心有征知”“比方拟似”和“随而命之”的命名原则。“天官意物”指人们通过感官来感受世间万物；“心有征知”运用认知图式对感官材料加以取舍；“比方拟似”将各类事物加以比较，选取其中一事物特性以作命名依据;“随而命之”是在前面各阶段完成后,选取适合语言材料,运用适当造词法,为万事万物来命名。荀子这一制名原则,为“××哥”等词族的产生提供了理论依据,反言之,此类词族的存在,是对该思想的实践证明。

如“瞌睡哥”一词,某人在会场开会时打瞌睡,为人所观。接着对感官材料:该与会者的外貌、形象、语言、瞌睡等进行取舍,在相互比较后,选取其与会场气氛严重不符的“瞌睡”这一凸显信息作为命名依据,从而产生“瞌睡哥”一词。此类词语的命名提示我们,要“根据现实需要,以‘指实’‘喻实’‘期累实’为目的,以‘天官意物’‘心有征知’为前提,以‘比方、拟似’为方法”(周光庆,2009:376)来给事物命名。

4.4.3.3 “善名”哲理的具体要求

荀子所创的“径易不拂”制名原则是包含仿拟命名在内的造词法应当遵守的原则,“径易不拂”意指“呼其名,遂晓其意”。如果意义含糊,妨碍人们的理解,那就是坏的名称了。做到这一点,必须坚持选取所指事物某种显著特征为命名理据,而该理据须保障以能通过语言材料得以充分表现的词来命名事物。汉语“鸦”的命名取其与叫声相似的音节为语言材料,以拟声法为造词依据,方得以“鸦”之“善名”;标题《摊派订报猛于虎》选取事件主要特征,将其与“苛政”相提并论,读其名而晓其意,可谓“善名”之举。而仿词“最高发院”却让人不得其要,姑且不论其仿国家行政机关命名有哗众取宠之嫌而不为接受这一点,更主要的是呼其名却不晓其意,还以为是众所周知的“最高法院”之误写呢。

综上所述,仿拟命名以其求新求异之功效倍受青睐,优势显然,体现了命名的哲学思想,但是要坚持以现实事物为直接对象,遵循“同则同之,异则异之”的原则,不可一味追求事物的同,而丧失掉体现事物本质特征这一命名基本原则。

4.5 个案研究——以带通名“园”仿拟类楼名为例

名有专名与通名之分,通名是相对于专名而言的。为何如此划分?盖因世间事物如此之多,如果做到巨细无遗,那么人就永远被物淹没了,因此就有最为概括的命名形式,即荀子《正名篇》说的“大共名”,孙本释为“言物为万物之通名”,它在语言的运转算子中居于最为概括的地位。依次又有了“类”,即任一种事物之系列的称谓,如“马”,世间无马也,而唯有“白马”“黑马”之谓,但有一“马”之类名,既可使“马”之类的言说自由组合和转换以至于无穷,又可以在“马类”之外运转,诸如,马、牛、羊而不必“黑马、黄牛、白羊”之谓。最后还有个别名称,一物一名,就如人之姓与名一样,所以是“止于是实”。语言的语素因为有了这些不同层次的算子,一方面便可以承介起人们所生活的世界,另一方面又可以构成语言自身的内部差异系统及运转规则，从而，拥有语言也便成了人拥有世界的特殊方式了。卡西尔说的"人是符号的动物"，只有在这个层次上才会深刻地体现出来（马钦忠，2004：310－311）。

楼盘名称（简称楼名）常由专名和通名组成，专名专属某一楼盘，其辨别、区分之功效，好像一件商品的商标；通名乃通行之名，说明其大小、功用等。如"福星花园"，"福星"是专名，专属本楼盘，"花园"是通名。也有只用专名而省略通名，如楼名"大学里"就没有通名。只有通名而没有专名似乎不存在，任何产品都会给它贴上一个标签，何况价格不菲的商品房呢？

作为楼盘广而告之的文字载体，楼名意义重大，历史积淀浓重，意念涵义广博，表现形式多样，楼盘文化的脉搏——商业行为和人文精神——在此交织、凝结，凸显楼盘核心价值，发展楼盘主题，演绎概念地产。对搜集的楼名分析发现，楼名多包含并展现下列要素：福禄寿喜、亭台楼阁、湖光山色、人文关怀、风花雪夜、王者风范、异域风情、美好祝愿等，小小楼名，既是建筑艺术的体现，又是人文品味的昭示，值得关注。借助前人研究成果，结合顺应理论，对楼名、特别是常见的带通名"园"仿拟类楼名进行分析，以此验证仿拟命名所遵循的语言和语境顺应规律，同时给楼盘命名带来一定参考价值。

Verschueren（2000）提出，语言具有变异性、商讨性和顺应性，语言选择应考察四个维度：语境、语言结构、动态顺应、意识凸显程度。Verschueren 的图表（2000：76）显示，人们同时生活在不同的世界里，处于物质世界、社交世界、心理世界的环境中，相应地，他们的言语行为应该顺应在这些世界中出现的各种情况。以此分析带通名"园"仿拟类楼名，可从语境顺应和语言结构顺应入手。

4.5.1　语境关系顺应

语境是语言产生与交流的环境，分交际语境和语言语境两种（何自然，2007：81）。交际语境包括语言使用者、心理世界、社交世界和物理世界等因素，具体由外在世界、心理世界和交际方组成，楼名是买卖双方接触的第一信息，内含交际信息，具有交际价值，符合消费者心理的楼名能促进销售，所以楼名首先要考虑在语言以外的交际情景中的顺应，具体有物质世界、社交世界和心理世界等三方面的顺应。

4.5.1.1　物质世界顺应

物质世界包括时间和空间的指示关系，楼名的物质世界顺应须考虑时空要素。在时间要素方面，楼盘命名须做到与时俱进。计划经济时代楼名缺乏，以"××家属院""××福利区"冠名，20 世纪 90 年代，楼名涌现，以"××花园""××广场"居多，2000—2004 年，洋名泛滥，2004 年以来，随着概念地产的推出，楼名百花齐放，带通名“园”仿拟类楼名普遍，可以说这是时代发展的结果，楼名做到了时间顺应。

空间要素也是楼盘命名须考虑的因素之一，做到凸显优越地理位置并以此为卖点。有“花园”之意的“园”类楼名，彰显优越地理环境与生活环境，物质上顺应了消费者对优雅清新的物质与精神需求。

由此可见，带通名“园”仿拟类楼名的出现，体现了含时空要素在内的物质世界顺应。

4.5.1.2 社交世界顺应

社交世界指社交场合、社会环境、规范交际者言语行为的原则和准则。交际者不是抽象化和理想化语言的使用者，他们的言语行为受到社会和文化规范的制约。生活在社交世界中的人们，对语言的选择必须考虑社交场合的需要，此乃社交世界顺应。语言选择必须接受特定机构的制约(何自然，2007：85)，面对数量众多、口味不一的消费者，楼名的选择须谨慎，以迎合顾客心理为要义。如“××府”给人归属感，“××村”给人群体感，“××轩”给人品味感，“××阁”给人超脱感，“××第”给人华丽感，而类似于“御景园”“夕照园”“晨曦园”“荷柳园”“映月园”等带通名“园”类楼名给人以雅致清新的感觉，在感官上迎合顺应了追求自然品味的消费者群体。

4.5.1.3 心理世界顺应

购房者心理不一，大致归为“和”“雅”“富”“寿”“潮”等五种。在语言文字上迎合消费者心理诉求，顺应他们的心理世界，是楼名应关注的。分析认为，带通名“园”仿拟类楼名在心理世界上做到了如下顺应：

1. 对企盼安居乐业的心态顺应

圣经中，亚当和夏娃是人类的始祖，他们所生活的伊甸园恐怕是人类最早的家园了。无论是生活在古代还是当代，人们最盼望的莫过于一个安稳的家，成语“安居乐业”和“成家立业”表达了人们建立在家的基础上的对事业的渴望。马斯洛的需要层次由低到高，对衣食住行的生理需要是最为基本的需要。唐代诗人杜甫所作《绝句二首》之一：江碧鸟逾白，山青花欲燃。今春看又过，何日是归年？表达了诗人对回到家园的渴望之情。孔府家酒在央视广告中展现游子大年夜归与家人团聚的祥和景象，配之以“孔府家酒，叫人想家”的广告词，与人们追求“家和”“团圆”的心理需求产生共鸣，唤醒了人们沉睡在心底的那一份原始渴求。对家的渴望是一个人的生存需要，否则也就不会有“先成家，后立业”一说，不会有古代杜甫先生发出“安得广厦千万间，大庇天下寒士俱欢颜”的感叹，不会有当今圣诞节的归家迁徙，不会有春节的春运高潮，更不会有汶川地震后首要的就是重建家园之说了。

因此，具有一个能遮风挡雨的温馨的家，成了人们的基本需求。人们购买住房，就是购买一份安全，在这里，家不仅仅是一个居住之所，更是一种亲情的象征，一种团圆美满的象征。在这种心理需求的驱使下，作为“家”的代称，楼盘以“园”“家园”等命名就顺理成章了。如“天赐良园”，下面对此进行分析。

首先，该楼名体现了交际语境的顺应。

从词源上说，“园”的意义有三：第一，种植果蔬花木的地方，如园子、园丁、园艺、园圃；第二，原指别墅，现指游玩、娱乐之所，如圆明园、公园；第三，帝王之墓，如园庙、园陵。用于楼名中，词义发生泛化，多具“家园”“花园”意，与楼盘专名结合后，成为一种叙事，述说着人们对家的渴望与期盼：一是该楼盘是众多楼盘中的上乘之作，故曰“良园”；二是一楼难求，拜天所赐，能满足人们希望上天能赐予一个美好居所的心愿。因此，楼盘通名“园”便是对购者这种心理诉求的顺应。

其次，该楼名体现了语言结构选择的顺应，这一点将在下一小节提及。

Verschueren(1987)认为，相对于话语理解这一共时现象而言，我们需要关注具有明显交际价值的语言结构的选择，尤其需要对显著地发生在哪一个(些)语言层次上的语言结构做出顺应性的选择，以及关注由此产生的特别语用意义。

“天赐良园”是对成语“天赐良缘”的仿拟，属谐音仿。就语言结构而言，该名有两种语用含义：一是开发商能和住户有幸结识，住户能入住美好家园，实乃天赐良缘；二是住户之间能喜结善缘，做到和谐相处。

词语的使用总能代表使用者的心态。“园”无论是字面意义的“家园”还是其谐音“缘”所附着的语用意义上的“缘分”，总是反映着人们一种安居乐业的心态，这一心态成了带通名“园”仿拟类楼名产生的内在动力之一，因而它的使用，就是这种动力的顺应结果。

2. 对崇尚和谐圆满的心愿顺应

和谐存在于人与自然之间，也存在于人与人之间(易晓明，2008：357)，它是中国传统文化的最高境界所在。个人身心和谐了，可做到宠辱不惊，进退有据；人与人的和谐能促使社会稳定，家庭和睦；人与自然的和谐能互得其利，持续发展。儒家所言“修身、齐家、治国、平天下”，其最终目标主要是要达到和谐。

基于此，对一个和谐美好的归属的渴望，成就了购房的另一动力，顺应此动力，饱含顺应人们这种崇尚和谐圆满的心愿的楼名不断显现。如：“园”类楼名 “人和家园”“祥和家园”便是人们对和谐生活的追求和期盼心愿的适时顺应。

缘何“园”就能体现这一自然和谐思想？由以下两个因素决定：

首先，是语言中的语音因素决定。语音上，“园”与“圆”同音，“圆”者，团圆也，意味着和睦。故成语中有“事宽则圆”之说，人们做事讲求“左右逢源”，处世讲究“圆滑变通”，因而“圆”能体现和谐。同时，“圆”还具“圆满”之意，雍正皇帝对“万园之园”的“圆明园”中的“圆明”二字的解释是，“圆而入神，君子之时中也；明而普照，达人之睿智也。”其中，“圆”是指个人品德圆满无缺，超越常人；此外，“圆”是万物和谐的标志，是团结、合作与循环的象征。春夏秋冬，四季更替，形成一个自然的循环体。人生何尝不是如此？没有春天播种的辛苦，哪来秋天收获的喜悦？不经冬日的寒冷，哪来夏天的温暖？

由于语音上“园”“圆”相通，故带通名“园”的楼名自然也寄托和附属了“圆”这一语用功能，它内蕴和谐圆满，自然在众多通名中脱颖而出。

其次，是与西方不同的国人思维方式使然。西方人思维被认为属“线型”，中国人思维被说成是“圆式”。左飚(2009:176－185)区分了中国文化的环性与西方文化的线性特征，体现为宇宙观的线分环合、价值观的线单环整、时间观的线伸环旋、思维方式的线切环封和语言表达的线枝环波。这说明中国文化以求“圆”为最高境界，“圆”字成为中国文化之表征，凡事讲求“圆通”“圆滑”以求“和”，体现为一种内倾型文化。如年夜饭叫“团圆饭”，元宵节吃“汤圆”，中秋节吃圆形月饼，取其“团圆”寓意。推而广之，与“圆”同音的“园”(家园、庄园)将国人固守本土、安定守成、质朴厚重、崇尚和平之农耕文化表现得淋漓尽致，体现在楼盘名称中，“园”类楼名给人以家的感觉与回复本真之意蕴，这也是此类楼名被仿效之动力所在。

3.对注重精神生活的心绪顺应

人们不只满足于物质生活，对精神生活也越来越注重。顺应此心态，凸显文化品味的楼名涌现，如“书香庭院”“学府嘉园”“文化花园”“蝶恋园”“东篱春韵”“闲庭春韵”“兰亭山水”等，“园”类楼名充满情趣，意境深远，满足了人类的精神追求。

与此同时，对孩子的教育也成了家庭的头等大事，人们在名校附近购房置业，以便让孩子就读于离家不远的学校。顺应此，类似于“同济绿苑”“同济欣苑”“复旦书馨公寓”等的学区房应运而生，而且价格不菲。可见，文化教育是精神生活水平提高的重要因素，顺应这一需求，楼名魅力彰显。

4.对崇尚回归自然的心理顺应

对购者而言，在满足了基本的居住需要后，便是对居住环境的要求。理解并顺应人们的这种交际意图，便是楼盘命名的动力所在，“园”类楼名得以体现。如“城市绿洲花园”。该楼盘命名者深谙人们的交际意图，懂得购者的心理。具体说来，楼名“花园”的使用顺应了人们崇尚自然的心理诉求，顺应了人们对自然的向往和渴望。随着生活水平和文化素质的提高，生活在大城市的人们，逐渐厌倦了都市生活。在这里，喧嚣的闹市、拥挤的车流、污浊的空气、快捷的节奏，无不在折磨着人们的精神，吞噬着人们的心灵。人们开始渴望自身价值的回归，生活方式由追求奢华转向简约、怀旧、回归自然，开始了对陶渊明“采菊东篱下、悠然见南山”怡然自得的心境的向往，渴望自己在繁华的闹市也拥有一块属于自己的绿洲，希望做到人与自然的和谐相处。于是乎，在这一动力驱使下，一些楼盘名如“安居花园”“城市绿洲花园”等应运而生，顺应这一意图，以“园”或“花园”命名的楼盘在感官上便迎合了购者的眼球，再配上小区模仿自然的人工环境，给人们一个歇息的宁静港湾，讲述了一个繁重生活和工作压力之外的故事：浓浓的鲜花、葱葱的绿树、阔阔的草坪、潺潺的小溪、啁啁的鸟鸣……在这里，大人栖息交谈，孩子嬉戏打闹，恍然间重归大自然的怀抱。因此，源自于人们这种对自然生活的崇尚，反映着人们追求回归自然的心理的楼名，是任何以其他通名来命名的楼盘所不及的。

4.5.2 语言结构顺应

顺应论提示我们，语言的使用是语言选择过程。以上描述的是“园”仿拟类楼名对语言外部因素的选择，从语言内部来讲，此类楼名的存在，体现了语言内部结构如音节、修辞等语言结构顺应。

4.5.2.1 音节顺应

音节上，均匀对称的偶化音节，视觉整齐，读来朗朗上口，为国人所喜爱，汉语中比比皆是的成语即可证明。所以“园”类楼名顺应这一结构，以四字常见。如“学府嘉园”“文化花园”。根据吕津(2004)、谭汝为(2004)、李萍、邓军(2006)、程俊(2008)等调查分析，楼名中的“2＋2”音节现象较为常见。

4.5.2.2 修辞顺应

能收到较佳表达效果的修辞手法在楼名中时常可见，有双关，如“E家人”(即处电子时代，犹如一家人)；有比喻，如“西城明珠”(暗示楼盘品质)、“蚂蚁工房”(象征小户面积)；更少不了仿拟，如“麓山枫情”中的“枫情”音仿自“风情”，且不说大量的以“园”为通名的楼名了，都是仿拟的结果。

综上所述，“园” 仿拟类楼名既体现了人们以心理顺应为主旨的非语言语境顺应，同时又在语言语境上做到了顺应，汉语的博大精深和丰富的文化内涵，给此类楼盘命名提供了可供选择的基础，只有做到两方面的顺应，方能彰显语言表达效果。

4.6 仿拟的翻译学视角

翻译涉及两种语言现象的转换问题，仿拟等语言现象的翻译很难到位，必须在两种不相容的对象(incompatible objectives)中找到最合适的匹配，具不可通约性，源自翻译中的不确定性。然而面对众多不确定因素，我们依然能找出其翻译规律，服务于仿拟等语言现象的翻译。

4.6.1 现行翻译策略概述

广告仿拟属于实用文体，其翻译属于实用文体翻译范畴，这类作品的翻译有一定难度，如何达到翻译所追求的音美、形美和意美，学界一直在不停探索，现将一些方法稍作梳理。

4.6.1.1 ABC 翻译模式

在讨论公示语等翻译策略时，丁衡祁（2006：42－46）提出了 A—B—C 模式（the "Adapt—Borrow—Create" approach）即"模仿—借用—创新"模式。他认为，英语中如果有现成的对应的表达方法，我们就可以采取"拿来主义"的方式（Borrow）。这一方式在大多数情况下都是适用的。英语里如果有类似的表达可以参照借鉴时，我们就采取"移植嫁接"的方式，参照它加以改造（Adapt）。如果前两者都不存在，那么我们就按照英语的习惯和思路进行创译（Create），即创造性翻译（creative translation）。例如：

（a）"请勿吸烟"　No smoking.

（b）"领养绿地"　attendant volunteer subscribed green plots

（c）"司机一滴酒，亲人两行泪"　Drink and drive costs your life.

由于英语中有现成的表达法，（a）采用的是照搬策略；（b）的翻译采用了改造法，因为英文中有 attendant volunteer 这个说法，如"美国防止虐待动物协会"就有照看动物的志愿者，叫作 animal attendant volunteer；（c）在英语里找不到对等的表达方式，只好采取"创译"的办法，译文不但意思到位，而且形式上还整齐押韵。

4.6.1.2 "看易写"策略

与丁衡祁先生相似，林克难（2007：5－8）提出了实用英语翻译的"看易写"策略，并解释说："看"就是在翻译实用英语之前，大量地接触、阅读说英语国家实用英语的真实材料，对各种不同场合、环境、功能的实用英语积累感性认识，并存储在大脑中备用。"易"要求译者仿照同类英语文本的特点、格式甚至措辞去翻译，同传统意义上的"翻译"不一样，"信"不一定是唯一的标准，相反，与同类文本的贴近、重视读者反应与译文效果成了最重要的考虑因素。经过变易翻译出来的实用英语文本，最大特点是看上去非常像同样环境下的英语文本。"写"是译者根据有关翻译发起人提供的素材，根据英语同类文本的格式，直接用英语撰写实用英语文本。为了说明这一方法，林克难举例说，"拥挤时，请注意你的钱包。"可以翻译成"When crowed, pay attention to your wallet.”当然也可以仿照美国马萨诸塞州立大学的图书馆阅览室提醒读者的句子“Watch your personal belongings all the time while in library. Don't give thieves a chance.”翻译为“Watch your personal belongings (wallet) all the time while shopping (riding a bus, etc.). Don't give thieves a chance.”在两种译文之间,笔者偏向于后者。

“看易写”原则与ABC模式为实用英语翻译理论研究奠定了基础,或者说指明了方向。这两个原则在理论上创新的亮点是走出了“信、达、雅”的固有翻译模式,着眼于中国实用英语翻译的实际,提出了行之有效的对策。核心部分是通过大量的“看”,将所谓的平行文本了然于胸,为日后“易”而译之或模仿、借用奠定基础。而对于具有鲜明中国特色的东西,在说英语国家“看”不到的东西,则可以采取“创译”的方法。当然正如丁衡祁先生(2006:45)所言:“即使是创译也要立足于模仿,不可凭空去创造。”

4.6.1.3 直译加意译策略

仿拟的翻译问题被学界重视不够。在为数不多的研究中,白解红(2001:25－27)研究过仿拟中仿词的翻译,她认为其翻译主要是“直译”,必要的时候加上注解,其次才是“意译”。原因如下:第一,仿词是以现有词为类比点的,在已经知道现有词意思的基础上来翻译仿词已经没有理解障碍,直译可以很容易让读者或听者联想起现有词的意义;第二,仿词对社会现实的反映可以说是最快的,任何词典都无法将仿词及时收入进去,“直译”可以生动形象地把仿词的内涵尽快展现出来;第三,仿词是语言发展的产物,是社会文化的重要象征之一,“直译”有时不能完全表达仿词的文化内涵,适当加上“注解”也是必要的;第四,有些仿造的词语具有修辞意义,如 blue-collar worker, white-collar worker, gray-collar worker 等是转喻(metonymy),a thousand thanks, a million thanks 是夸张(hyperbole)。因此,在翻译时有必要“直译”和“意译”兼备,有时还要加上注解。

4.6.1.4 类比式翻译法

赵彦春(2005)认为,翻译中存在一种形意之间的张力,形式的翻译很难,原因在于要克服语言与文化的双重障碍。它不是语义的,所以不能进行正常的“对等”形式的切换,而求诸超越具体语言形式的关联。为追求形式的可译,赵彦春为此提出了类比式翻译法:以可拓逻辑的方法突破源语形式障碍而又传达源语形式——这就是仿拟原作的形式,为达到应有的交际效果而进行的变通,这种翻译不是语义翻译,而是语用翻译。赵举例如下:

(a)A: How do you like Kipling?

B：I don't know，I never Kipled.

(b)甲：你喜欢吉卜林吗？

乙：不知道，我从来没有吉卜过。

(c)甲：你喜欢拿破仑吗？

乙：不会拿，我从来就没拿过破轮。

翻译(c)将 Kipling 类比成拿破仑，这一类比是通过逆构(back-formation)改变 Kipling 这一形式要求的，这一逆构产生了"不合作"的幽默。如果只追求文字正字法而不舍弃局部的忠实和对等，那就不可能"再现"整体的忠实和对等。

除了上述三种方法以外，可能还有别的方法。通过综合，笔者发现，三者都强调模仿的重要性，ABC 策略中的 Adapt 是如此，"看易写"中的"易"也是如此，赵先生的类比也是一种模仿。由此可见，模仿在翻译中处在一个非常重要的位置。这并不奇怪，因为"整个人类历史就是一部模仿的历史，模仿是社会发展和存在的基本原则和进步的起源"(陈琳霞、何自然，2006：109)。而这类翻译中的模仿是以英语中现成的语言形式为模因，或直接复制，或近似复制，或间接类推而成，这与模因论中模因的复制和传播方式十分吻合，可以说，模因论构成了这些模式的理论基础。

关于仿拟翻译不外乎以上几种方法。然而遗憾的是对此研究不透，而且在理论上缺乏支持，没有形成一定模式，这方面存在一定的研究空间。为此，本书将以 Richard Dawkins(1976)年提出的模因论为基础，对广告仿拟的翻译进行研究尝试。

4.6.2 基于模因论的广告仿拟翻译

前面已经提到，模因论为语言引入了信息复制的观点。在模因的作用下，词语得到复制，创造词语的创意也同样得到复制，从而形成人和语言的互动模式，从中可以窥探语言的变化和发展。语言本身就是一种模因，模因也寓于语言之中，任何字、词、短语、句子、段落乃至篇章，只要通过模仿得到复制和传播，都有可能成为模因(谢朝群、何自然，2007：30－39)。

模因有强势模因和弱势模因之分，而其中的强势模因在广告语中得到充分利用，因为广告语之间具有激烈的竞争性，广告商不得不竭尽全力打造广告以达到 Dawkins 所认为的成功广告所应该具备的三个指标：保真度(copying-fidelity)、多产性(fecundity)和长寿性(longevity)。具备以上条件的广告模因方为强势模因，才能进入人们的记忆。为此，在广告语制作中，人们纷纷借用仿拟手段，以某一现成语言现象为模因进行改造，使新产生的语言现象与模因有极强联系，从而容易进入人们的记忆。

比如，汾酒广告语"汾酒必喝，喝酒必汾"套用了《三国演义》里的"分久必合，合久必分"，还有"大石化小，小石化了"（胆舒胶囊广告）以及"闲妻良母"（某洗衣机广告）等广告语，均借用了耳熟能详的名言、成语、俗语、古诗词等强势模因，并以其为载体通过模仿，在广告和广告模因之间找到一契合点，借助其框架，将模因稍作修改而成，这样观（听）众看（听）到这些广告语时，能将它们与头脑中固有的模因捆绑起来，从而使广告语轻而易举进入人们的大脑，形成长期记忆。

由此看出，语言模因以其两种主要复制方式——重复与类推——成了仿拟形成的基础，其中类推是仿拟形成的重要工具。非但如此，笔者认为其翻译也可以模因论为基础，借用这两种手段进行。

4.6.2.1　直接套用翻译法

与丁先生 ABC 模式中的"借用"相仿，直接套用翻译法就是以译入语现成的相同或相近的词语、句子为参照对象（模因），直接将源语翻译成目的语，在用词上基本不加改动，这种翻译可以排除我们对所译语句是否符合英语表达习惯的担心，在广告英译中常常采用，例如：

汉：绿丹兰——爱你一辈子。（化妆品广告）

英：Ludanlan cosmetics — Love me tender, love me true.

该广告没有按照字面意思直译为"Ludanlan cosmetics — Love you all my life"，而是选取美国一首情歌歌词"Love me tender, love me true."为模因直接套用翻译，这样一来，每当人们看着电视上甜蜜的画面，听着情人柔情地唱着这一句歌词时，不禁勾起了对往日美好爱情的回忆，甚至会跟着哼唱，这样，人们对该产品的印象当然十分深刻，广告效应比单纯直译要好得多。又如：

汉：随身携带，有备无患；随身携带，有惊无险。（速效救心丸广告）

英：A friend in need is a friend indeed.

该广告运用了排比和反复两种修辞格，汉语四字结构简洁有力，读来朗朗上口。如果将该句一字一句翻译成英语，恐怕在惜字如金的广告中无法做到，且不能在观（听）众中留下深刻印象。故译者完全摆脱了原文语言形式的限制，直接套用了在英语国家深入人心、妇孺皆知的英语谚语，准确地传达了原广告的语用用意：该药就像是您一位真正的朋友，无论您何时心脏病发作都能救您于危难之中。广告词溢满关怀之情，毫无说教之词，当然给目的语消费者留下美好的印象，译文达到了与原广告同样的宣传效果，实现了翻译的语用等效。

从上述例子的翻译来看，我们以译入语现成的语句为模因直接套用仿拟语句，很大程度上是受相似语境的诱发，表现为语言结构形式的直接套用，其结果满足了英语翻译的交际论、目的论等相关理论,不失为一种策略。

4.6.2.2 近似复制翻译法

翻译的根本就是"易",即"换谓言语以相解也"。当源语的形式不能转换成目的语时,则须求助于更辩证的"易",从功能或整体效果着眼,采用类比的方式,以一种语言不完全的映现替换另一种语言不完全的映现。当然,在一定情况下,"易"需要摆脱语言形式的束缚而传达意义,以传达原作的意图为旨归。从更深层次讲,翻译不应拘泥于具体层面的"对等",而是在更高的起点上对翻译本体论的思考和探索(赵彦春,2008)。反观仿拟翻译,在无法从译入语中找到现成的模因(即相同语句)直接套用的情况下,对仿拟原文的翻译如果采用解释或加注等手段进行补偿,无疑会失去原文的意味,而采用以"相似"为向度的类比法,则可以表现原文的"形""意"特色。换言之,采用ABC原则中的模仿(Adapt)策略,即以译入语中某一词、句为模因,变更某词语,这叫近似复制。

英:How to Fat-Proof Your Child

汉:如何使你的小孩防"胖"于未然(赵彦春,2005)

本例是一篇英文广告的标题,该标题中的动词Fat-Proof立意不俗,因偏离语言常规而加大了语言形意之间的张力,故具有广告引人注目、有趣、易记的特点。"proof"是一个常用于科技用语的后缀,fat-proof谅必仿自waterproof,bulletproof,fireproof等词。译文以仿拟"防'胖'于未然"(仿自"防患于未然")较好地传达了原文的意图。又如:

汉:食在广州。

英:East or west, the Guangzhou's cuisine is the best.

该句采用语义仿拟而成,其模因是"×在××",意思是说只要提到吃,广州的食品全国有名。如果直译为"The food in Guangzhou is the best."恐怕吸引不了受众的注意,不能收到广告效果。但是我们可以想到英语中一句名谚"East or west, the home is the best.",觉得如果将该句稍加改动,应该可以表达广告内容。所以,以此为模因,对原句进行近似复制,将"the home"改为"the Guangzhou's cuisine",这样改造(adapt)后的句子因其与强势模因捆绑,容易进入受众记忆,这种翻译方法不失为一种有效办法。类似的还有以下几条广告:

汉:百闻不如一尝。(某食品广告)

英:Tasting is believing.

汉:车到山前必有路,有路就有丰田车。(丰田车广告)

英:Where there is a way, there is a Toyota.

英:Good whiskey waits for no man.(whiskey广告)

汉：好酒不等人。

上述广告语采用的是语义仿拟，其模因分别是“百闻不如一见”“车到山前必有路，船到桥头自然直”“Time and tide wait for no man.”。由于采用了人们熟悉的语句并以此为强模因仿拟而成，这些广告语给受众留下的印象颇为深刻。如果直译，效果不一定好，于是我们找到这些类似表达语：“Seeing is believing.”和“Where there is a will, there is a way.”以及“好×不××”等并以此为模因采用近似复制加以改造，效果不同凡响，这叫“以仿拟之道还治仿拟之身”。

除了上面分析的语义仿拟外，汉语中还存在一种谐音仿拟，这是因为汉语被称为“声调语言”(tone language)，在汉语中，每个字或音节除了声母、韵母两个部分之外，还有一个绝对固定的声调。这个声调与声母、韵母一样，有着区别词义的重要作用，甚至有的词，其音位、音节完全相同，只因他们的声调各异，就成了不同的字，或者说词义就完全不同了(魏志成，2003：68)。因此，汉语中存在谐音仿拟，即根据仿拟的模仿对象——本体的读音进行的仿拟，如前面提到的“汾酒必喝，喝酒必汾”“大石化小，小石化了”以及“闲妻良母”等，这类广告往往借助汉语成语的独特结构，利用同音字(词)巧妙地对成语谐音换字，旨在借助人们所熟悉的成语这一强势模因达到广告目的。对于这类谐音仿拟的翻译，笔者认为也可以采用近似复制这一方法。例如：

(a) 一键钟情 fall in love with key press

(b) 衣鸣惊人 amaze the world with fashion clothes

(a)和(b)分别仿拟自“一见钟情”和“一鸣惊人”，其对应的英文是“fall in love at the first sight”和“amaze the world with a single brilliant feat”。在此基础上分别复制二者然后翻译，完整地传达了广告意思。

但是，由于思维方式、语言结构或民族文化内涵存在较大差异，有些谐音仿拟在翻译时很难将其音和意用另一相应的译入语同时表达出来，翻译中难以达到“等效”的目的，所以，对于这些谐音广告仿拟的翻译，只能舍音取意。如“一步到胃”(cure one's stomach with one dose)，“骑乐无穷”(ride it a joy)，“随心所浴”(shower as one pleases)等。

上面分析了广告仿拟的翻译可以采取直接套用翻译法或近似复制翻译法，不管采用哪种方法，我们的做法都是努力在目的语中找到相同或相似的语句，以此为模因，或直接套用，或近似复制，竭力向在人们头脑中根深蒂固的名言、谚语、格言、熟语等强势模因靠拢，以求将广告语与强势模因绑在一块，瞬间进入人们的记忆并得到长久保留。至于“信”的问题，我们不用担忧，因为语言只是一种工具，在翻译活动中，一般只传达这些语言形式所表达的意义，而不传达形式本身，所以语言文字层面的象形、发音、理据等因素是可以忽略不计的。这就好比对饭的评价，我们只评价饭好吃与否就可以了，至于饭的载体——碗，则是另外的问题。所以，在翻译中，我们应秉承“以关联为准绳，以顺应为手段，以意图为旨归，尽量使译文向原文趋同”的这样一个原则(赵彦春，2003)。

因此，我们可以得出如下结论：仿拟的产生离不开模因，它对原语言形式(模因)复制和传播的结果是仿体的产生。而且仿拟的翻译对模因论也存在依赖性，对模因的重复和改造构成仿拟翻译的有效途径。具体而言，有直接套用和近似复制两种翻译方法。不过，我们也要看到，用模因论来解释仿拟的翻译依然存在不足之处，它对某些谐音成语仿拟的翻译支持不足。然而瑕不掩瑜，模因论对仿拟的翻译还是有着极强的阐释力，换句话说，模因论不但在源语的创造上起重要作用，而且在译入语的选择上也有重要的指导意义。非但如此，它还是人类社会得以发展的动力源泉，正是有了复制和模仿，人类的物质文明和精神文明才得以传播，人类社会的繁衍才得以顺利进行，它对人类社会的发展起到了极大的推动和促进作用。

4.7 仿拟的文学视角

关于仿拟的文学研究视角，国内研究不多，成果乏见。仿拟在文学作品中出现频频，对于人物形象的描绘起着非常重要的作用。鲁迅先生堪称仿拟运用的大师，仿拟的语用使其犀利的笔锋如虎添翼。此外，作品《红楼梦》中的仿拟也不少，故而从文学角度研究仿拟有其必要性。下面尝试主要从非主流文学作品如网络文学作品、校园文学作品和新闻标题三个切入点来对其中的仿拟加以研究，发掘其运用规律，探讨其语用功能，揭示其修辞作用。

4.7.1 网络文学作品中的仿拟

网络语言是指人们在互联网交流中所使用的语言形式。广义的网络语言是指网络时代跟网络有关的语言，狭义的网络语言是指自称网民、他称网虫的语言。20世纪90年代以来，中国网名的数量日益增长，中国互联网络信息中心(CNNIC)2008年7月24日在京发布《第22次中国互联网发展状况统计报告》指出，截至2008年6月底，中国网民数量达到了2.53亿人，首次大幅度超过美国，跃居世界第一位。至今，随着手机、平板电脑的普及以及网络通信的发达，上网人数还在逐年攀升，网名年龄呈年轻化趋势，网上交流逐步成为现代人，特别是年轻人生活的重要组成部分，上网成为人们查找信息资料，从事商务活动，进行娱乐、交流的重要方式。随着计算机及网络技术在我国的日益普及，网络语言开始融入现代汉语，成为汉语普通话的有机组成部分(黎昌友,2008)。由于网络最早产生于美国,因此,最早对网络语言进行研究也源自美国。由于当时网络远未普及,最初关注并研究网络语言现象的学者,绝大多数是计算机方面的专家,他们曾对计算机的语言交际功能进行过研究。虽然他们对网络语言现象的探讨与分析还不具备语言学家的专业眼光,但他们开创性的研究为后来的网络语言研究奠定了坚实的基础。

20世纪90年代以来,由于互联网的飞速发展与普及,网络语言现象引起了社会的关注,不仅语言学界关注网络语言,其他领域的学者也纷纷结合自己的研究领域,将新的研究方法与新的语言实践结合起来,研究这种新兴的语言现象。国内在研究网络语言方面具有开拓意义的代表论文有周保网的《有趣的 Cyber speech 新词汇》、徐仲翰的《信息时代最活跃的英语前缀"cyber-"》、刘凯芳的《关于当代英语中以-friendly 构成的复合形容词》、金筑云的《从"信息高速公路"这一词语谈起》、康言午的《电脑专家为什么惊呼象形文字卷土又重来》等,这些文章紧跟时代发展,关注网络时尚,并注意从网络文化的实践中收集鲜活的语言材料,从语言学的角度透视网络文化,开国内网络语言研究之先河。此外,国内还有文章从语法学、修辞学、语境学、语体学,以及心理学、社会学、符号学等角度研究网络语言现象(刘春丹,2008)。

网络语言属虚拟世界的信息符号,人们在网上发言时,随意而无顾忌,与现实生活中的交际判然有别。同时,网络语言的创造者和使用者多为年轻人,这些年轻的网民充满了智慧和活力,喜欢机智而轻松的交流,追求诙谐幽默的语言风格。所以,网络语言给人印象最深的就是它的诙谐性、新鲜热辣、调侃盛行、别具情趣。造成网络语言这样独特的语言风格,主要得力于"大话式"语言的参与和谐音化、戏拟化等修辞手法的运用(聂庆璞,2004)。

4.7.1.1 网络语言中仿拟运用的基本类型

在网络语言中,许多修辞手段得以运用,仿拟比较常见。其在一般文学作品中的四种表现形式,在网络语言当中也得到了很好的体现。

1. 仿词

通过替换民族语言中已经存在于词汇中的个别语素构成新词,继而运用网络语言的衍生法则产生一系列的同构语词,这已经成了新词新语构成的一大途径。除此之外,网络语言的随意性促成了运用仿词法产生临时性的词语。如"淑"字以前仅用于形容女孩,现在"淑"被单独作为一个自由语素,转移修饰对象,温文尔雅的男孩也可以称作"淑男"。又如网络中长期流行的"黑客"一词,将"客"抽出作为自由语素,以"×客"的构词方式,构成了"骇客""红客""闪客""奇客""博客"等。

2. 仿语

除了词汇仿拟外，有些短语也成为网络语言中的仿拟对象，例如：

笨鱼先游（仿拟成语“笨鸟先飞”）

箭多矢广（谐音仿拟成语“见多识广”）

有围青年（谐音仿拟“有为青年”）

3. 仿句

仿拟出的新句保留了原句的音韵和句式，内容则基本与本体没有什么关联，具有很强的灵活性，甚至可以一式多仿。请看下例（吴小芬，2003）：

(a)我的未来就是个梦

(b)今天你 Hip－Hop 了吗？

(c)Fly or not, is it a question?

(d)青春迷惘小说：《青春请别为我哭泣》

(a)仿拟歌词“我的未来不是梦”，反其义而仿。(b)的句式继续流传，势必将可以与“将爱情进行到底”媲美，已从网络走向我们的社会，成为一个社会流行语的常用句式，如“今天你雅虎了吗？”“今天你冲浪了吗？”等。(c)源自莎翁笔下踌躇不已的哈姆雷特：To be or not to be, that is a question。凡是仿拟“to be or not to be”句式，一般都是表达犹豫不决、左右踌躇的心态。(d)仿拟曾经一度高居新浪文化网的榜首地位、深入网民之心的网络小说名《成都，今夜请将我遗忘》，这一句式同样可以在不少的网络文学作品中找到影子。

5. 仿篇

网络语言中的语篇仿拟侧重于仿拟原有句式的同时，重视语调的仿写，借助本体格式，抒发作者的情感诉求倾向。例如（吴小芬，2003）：

(a)曾经有一份很简单的试卷摆在我的面前，而我没有认真做题。等我去补考的时候，才后悔莫及。人世间最痛苦的事莫过此。假如上天可以给我一个重来一次的机会，我一定会仔细复习积极备考。如果一定要在备考上加上一个期限的话，我希望是……两个星期！

(b)——假如时光跳跃到 2003 年春天，不知是否又会有一批股民在继续后悔：曾经有一次手机短信放在我的面前，我却不懂得珍惜……

在网络上闲逛，你会发觉“曾经有一……没有(不)……”这个句式几乎被用得铺天盖地。年轻的大话迷们言必“大话”：“曾经有一份真诚的爱情在我面前，我却没有珍惜，直到失去之后，才追悔莫及，人世间最痛苦的事莫过于此。我想：如果上天给我一个再来一次机会的话，我会毫不犹豫地对那个女孩说出三个字——我爱你。如果一定要给这份爱加上一个期限，我希望那是一万年。”此为周星驰的搞笑片《大话西游》中的台词，悟空一番颇带夸张的感慨在笑声中感动了无数观众的心。由影视这一声视双收的第四媒体"登陆"到自由开放的网络第五媒体，语言的开放性被充分体现。这段经典对白每次听完后之所以令我们笑中带泪，无比感动，皆因至尊宝弃绝红尘、带上金箍的表白由此成了中国校园文化爱情的圣经。它繁衍出各种版本，以一点细腻、一点忧伤展示出青年个体的情感现实。值得注意的是，语篇仿拟可以说是网络语言中仿拟格出奇制胜之所在，不少网络文学采用了这一仿拟方式。

以上分析表明，作为文学形式之一的网络文学，其语言中仿拟的运用在分类上还是离不开最基本的四种形式的。不过，网络文学中的仿拟的特点有些与众不同。

4.7.1.2 网络语言中仿拟运用的功能分析

网络语言中仿拟除了具有一般文学作品中仿拟的特点外，还具有如下两个主要功能。

1.仿拟造就了网络语言大话式的语言风格

大话，在《现代汉语词典》中的解释是"虚夸的话"。与此相近的词语还有浮夸、吹牛皮、说瞎话等，是一贬义词。然而近年来，"大话"已经成为一种流行时尚，其意义也发生了一定变化，带有漫画、戏说、戏仿、嘲讽之意。这种带有戏说意味的"大话"式语言在虚拟的网络中颇为流行，形成网络特有的语言风景。

从 20 世纪 90 年代中后期开始，"大话西游"式语言成了都市中最为时尚的话语方式。《大话西游》的语言表达方式与近年来在网上甚为流行的痞子蔡很相似，夸张之中流露真情。它们代表了网络写作的"大话"文风。近年来，"大话"已经成为一种流行词汇，它指的是一种流行的写作风格，亦称"无厘头文化"。电影《大话西游》是"大话"这一原创俚语的发祥地，《大话西游》的台词就是现今网络语言的先驱。

周星驰的《大话西游》拍摄于 1995 年，这是对中国古典小说《西游记》进行戏仿，把神圣的取经故事改造成了搞笑的爱情话本，其中所有人物都遭到了游戏式的妄自改动。到了 1997 年，国内第一个 BBS"水木清华"网站开始用"帖子"的形式刊登《大话西游》的台词，接着，北大 BBS 推波助澜，经过两所高校的 BBS 以及后来加盟网站几年的努力，2000 年前后，大话终于普及全国。

其后，大话成为中国网络的一大特色，网络写手们竞相模仿《大话西游》的方式尽情演绎，一时间，网络语言中"大话"连篇。一些网站还专门开辟"大话西游"版，设有"大话论坛""新版大话西游"等栏目。"大话西游之鸡过马路篇""大话西游之爱你一万年版""大话西游之劫机版""大话西游之男老师查女生宿舍版"等数十个作品纷纷面世，它们完全承袭了《大话西游》之写作风格，模仿《大话西游》的大话式表达形式，甚至采用或部分采用现成的语句。

比如说，台湾成功大学水力学博士蔡智恒（痞子蔡）创作的网络原创小说之经典——《第一次亲密接触》，明显地镶嵌着《大话西游》台词的深深印迹：

“如果把整个太平洋的水倒出，也浇不息我对你爱情的火焰。整个太平洋的水全部倒得出吗？不行，所以，我并不爱你。如果把整个浴缸的水倒出，也浇不息我对你爱情的火焰。整个浴缸的水全部倒得出吗？可以，所以，是的，我爱你。”

另外还有：

“曾经有一瓶哇哈哈饮料摆在我面前，但是我没有珍惜，等到了失去的时候才后悔莫及。尘世间最痛苦的事莫过于此。如果上天可以给我一个机会再来一次的话，我会跟那个女孩子说‘我爱你’。如果上天非要把这份爱加上一个期限，我希望是一万年！”

有时，大话还不止由一个人完成，而由许多人共同完成一段大话。即第一个人并不是要说大话，但别人跟了帖子后，就变成了大话。例如：

我今天试驾了宝来，动力充沛，与驾驶宝马的感觉差不多（第一人）。

我今天回到老家，试驾了我们生产队的手扶拖拉机，噼噼啪啪跑得还很欢，跟驾驶宝马的感觉差不多（第二人）。

我今天下班，骑的是我那辆破旧不堪的自行车，方向盘游刃有余，与驾驶宝马感觉差不多（第三人）。

第一人本来是想赞美一下宝来车的性能，没想到，在第二人、第三人跟帖模仿后，变成了绝妙的讽刺。

所以说，在网络语言中，仿拟得到非常广泛的运用，正是由于仿拟的运用，使得网络语言极尽幽默、滑稽、挖苦、讽刺之能事。可以这样说，是仿拟造就了网络语言的大话风格，没有了仿拟，大话的创造与传播就失去了一个非常好的手段，甚至是无从谈起。

2.仿拟造就了网络语言程序化的语言范式

经过仿拟，形成了一些程式化的网络语言，例如（聂庆璞，2004）：

如果我有一千万，我就能买一栋房子。

我有一千万吗？没有。

所以我仍然没有房子。

如果我有翅膀，我就能飞。

我有翅膀吗？没有。

所以我也没有办法飞。

如果把整个太平洋的水倒出，也浇不息我对你的爱情的火焰。

整个太平洋的水全部倒得出吗？不行。

所以我并不爱你。

在这样一种模式下，有人就创造了这样一段网络文字：

如果我还有一天的寿命，那天我就要做你女友。

我还有一天的寿命吗？没有。

所以，很可惜。我今生仍然不是你的女友。

如果我有翅膀，我要从天堂飞下来看你。

我有翅膀吗？没有。

所以，很遗憾，我从此无法再看到你。

如果把整个浴缸的水倒出，也浇不息我对你爱情的火焰。

整个浴缸的水可以倒得出吗？可以。

所以，是的，我爱你。

以上这两段文字是著名网络小说《第一次亲密接触》中杀伤力最强的两段话。第一段是痞子蔡写的一个帖子，他自己根本没将其当回事，但"轻舞飞扬"觉得有意思，通过它，他们俩得以认识。第二段是"轻舞飞扬"临死前转交给痞子蔡的信。许多读者说他们被这两段话感动得一塌糊涂。许多评论员说这样的句式有股清新之气。

其实，我们可以看出，这些句子具有完全程式化的结构。这两段话尽管用了很多句号，但实际上每段包含三个句子，每个句子具有相同的结构："如果 A……则 B……。有 A 吗？有(没有)……所以 B(非 B)。"

随着《第一次亲密接触》影响的扩大，程序化句式开始在网上爆炸，成为网上又一道语言风景。例如：

如果我有一分钱，我要把它存起来，给她留笔财富。我有一分钱吗？有，所以，我给她留了笔财富。……如果我有一百块钱，我就让她花，买她喜欢的东西。我有一百块钱吗？没有，所以，她不能买自己喜欢的东西。

可以看出，以上这些文字都仿自一个作品，仿拟的运用造就了一种固定的语言范式，这种固定的语言模式好比一个程序，人们可以利用这个语言程序，随意往里面填入什么，就可以创造出许许多多的话语。

4.7.1.3　网络语言中仿拟体现的内涵揭示

计算机网络是人类文明与现代信息技术相结合而诞生的"世纪圣婴"，以计算机及其互联网为媒介载体，"父根"(网络)和"母根"(文学)相结合的产物——网络文学——由此而存在并得以传播。借助于仿拟，网络语言时时刻刻体现着其与众不同的另一面。作为特殊的语言形式，凭借着仿拟的推波助澜，网络化的语言内涵被悄然揭示。

1.传统之背离

先不说与流行于生活中的语言之流传介质之不同,网络语言在创作和传播过程中,体现了一种与传统相背离的语言风格。

中国人的传统是关注规范,无论在意见或行为上,传统的中国人都有很强之避异趋同的心理,也就是有很强的社会顺同的倾向。在现实日常生活中,中国人一向尚同而避异,体现为对循规蹈矩者大加赞誉,对标新立异者则不惜鞑伐。然而在网络中,人与人之间是平等的,没有现实社会中的等级之分,没有现实社会中的限制和约束,而且网络又是虚拟的,人们在创造、使用新的词汇、新的流行语的时候,具有更大的自由和空间,而不必太在意他人的评价。以2007年网络流行语为例,"我不是随便的人,我随便起来不是人"这一句是对"随便"的创新用法;"鸟大了什么林子都有",这是对"林子大了,什么鸟都有"的创新用法,意指人的能力和名气如果足够大,就会有好的舞台供他(她)施展自己的才华;"有钱人终成眷属"是对"有情人终成眷属"的变异用法,"情"和"钱"的一字之差,使得原句的境界全无。"一大学生最低奋斗目标:农妇、山泉、有点田"这句话源自"农夫山泉"的广告词——"农夫山泉有点甜",后被改编成"农妇、山泉、有点田",并借此理解为一个大学生的最低奋斗目标。"黑夜给了我一双黑色的眼睛,可我却用它来翻白眼",这是对本来富有哲理的一句话"黑夜给了我黑色的眼睛,但我要用它寻找光明"的改编,改编后增加了幽默、戏谑的色彩。而"思想有多远,你就给我滚多远!"所体现的个性色彩则极为强烈。

为什么网络语言中会有与传统相背离的现象发生呢?究其原因,网络在中国的迅猛发展,使背离得以产生,且速度大为加快。据统计,目前中国的网民人数已跃居世界第一。在网民构成上,"历次调查结果都显示,网民中18～24岁的年轻人最多,远远高于其他年龄段的网民而占据绝对优势。"和其他年龄层比较而言,年轻人思想活跃,喜欢新鲜事物,不喜欢受传统的约束,更喜欢追求个性,展示自我,崇尚创新,追逐时尚,往往不愿意接受现实生活中诸如一些语言规范的约束。开放自由的网络给以年轻人为主的网民群体提供了创造发挥的空间,为网络语言的产生提供了必然和可能,这是网络语言得以流行的重要社会基础。

2.经典之消解

在《大话西游》的影响之下,各种仿效"大话西游"的文章在网上大量涌现,《大话西游》《大话水浒》《大话三国》等层出不穷。这些作品以大话的形式,凭借着"无厘头"式的黑色幽默和对后现代生活感觉的敏锐把握,以一种媚俗时尚的亚文化书写方式,实现了对传统经典文学之消解。榕树下网站举办的首届网络原创文学奖,前两名获奖作品分别是尚爱兰的《性感时代的小饭馆》和老谷（赖大安）的《我爱上那个坐怀不乱的女子》——媚俗的标题、时尚的选题（男女性、婚外情）和对传统价值观念的“渎圣化”戏仿与贬斥，成了这类作品最抢眼的亮点和卖点（欧阳友权，2004）。那首广为传唱的《霸王别姬》的主题歌被改成这样：

别留恋网友中 GGMM 风情万种
不要问他是否会相逢
不要管她是否言不由衷
为何 PING 不通（别说 PING 不通）
有一天你会知道
有了 BBC 就会不同（BBC 会不同）
浏览总是太匆匆
我好害怕见到账单后心痛
戒了网就没有痛（戒了网也没有用）
将网事留在风中（将往事留在 PHONE 中）

——柳闻莺《网恋是一种病》

杨虹（2005：153－154）对此的评价可谓一针见血：在网络文学中的某些以历史真实事件和人物为蓝本的文艺作品中，历史失去了应有的本真，既不是以史为鉴，也不是借古喻今；既没有历史春秋的精彩回眸，也没有岁月风云的形象再现。作家不顾历史的客观事实，以随心所欲式的编造来迎合读者、观众，“气死历史学家”。他们在尘封的历史角落中寻觅的全是那些争权夺利、恩怨情仇、兄弟倾轧、后宫邀宠的故事。在这里，历史经过一系列恶作剧式的戏说，结果变得廉者贪、贞者淫、勇者怯；英雄总是一肚子坏水，奸臣贼子却一个个儒雅风流；江山社稷维系在一颦一笑之间，民族大义演化成了为一己私仇，使国家利益让位于争风吃醋，正义与邪恶、英雄与败类、公德与私欲、良知与无耻都被重新诠释。社会公认的历史价值观遭到颠覆，隐藏在偶然背后的必然性不见了，历史成了一堆杂乱的毫无理性的无聊噱头。在互联网上的人际交流，形成了一个不受传统媒体制约、可以无视语言规范权威的“真空区域”，从某种意义上说，它释放了人们深层心理中被语言压抑的叛逆意识，于是，在网络上大胆、随意、自由地解构语言规则和编码规范的行为随处可见。这种极富个体性和随意性的语言编码行为，让人们体验到了某种藐视、突破和颠覆既有语言权威带来的快意，也使网络语言呈现了一种新意和生机。

认识到了这些网络文学与传统文学、经典文学之格格不入后，我们不禁要反思，在这背后，是什么造就了这一格格不入？究其原因，是戏仿，是仿拟，正是由于这两种手段的交替使用，成了网络语言叛逆的“帮凶”。

我们认为，对网络语言中所出现的大量仿拟现象应该客观地对待。一方面，仿拟确实在网络文学作品创造与传播中起了一定的负面作用，但是，我们同时也应看到，它也有积极的一面。语言的多样化很大程度上要靠包括网络语言在内的新词新语这些活跃的部分来实现。经过长时间的使用，一部分新词新语会进入稳定的基本词语部分，成为词汇核心中的一员。因此，我们无须对网络语言忧心忡忡，应本着宽容理解、积极引导的态度，对其进行了解、记录、研究。对于一些代表新生事物，人们约定俗成、喜闻乐见的词语，诸如“美眉”“菜鸟”等，可以吸收到书面语中来。对于一些只是为了追求简便快捷而对传统词汇进行的随意缩写和谐音，在书面语中应该使用其所对应的传统词汇，对于一些不符合传统语法和表达习惯的句式应该尽量不用。只有这样才能既保持语言的生动性和多样性，又保持语言的纯洁性。为此，有关部门应该加大对出版物的监管力度，特别是要加强对在线新闻、数字化出版物及电脑知识、网络读物、时尚杂志的监管。

4.7.2 校园文学作品中的仿拟

校园文学作品即以校园生活、校园情感为题材的文学作品，包括校园民谣、课桌文化、顺口溜等，它们出自于校园，流行于校园，备受学子们的追捧。作为思想活跃、充满朝气、富有文学想象力和创造力的学生，其作品题材广泛、内容新颖，且广泛运用各种修辞手段，仿拟这一辞格也得到很好的利用。

但是，作为流行文化的一种，校园文学作品可能没有引起人们足够的兴趣，故其中的仿拟辞格研究没有受到重视，此方面的成果寥寥无几，仅在互联网上可以搜索到少数几篇反映大学生生活的仿拟语句，但不成系统，所以，笔者在这样的背景下展开研究。

4.7.2.1 校园文学作品中仿拟的表现形式

虽说内容上与网络文学不同，校园文学作品多以校园生活为题材，反映大学生生活现状，但从形式上说，校园文学作品中的仿拟依旧主要分为四种，这一点与网络文学相似。

1. 仿词

仿词分两类，一类是音仿。如半夜机叫（仿“半夜鸡叫”），花钱月下（仿“花前月下”），与郎共舞（仿“与狼共舞”），高财生（仿“高才生”）。另一类是义仿。如校草（仿“校花”），班爷（仿“倒爷”，指经常办班赚钱的人）。

2. 仿语

如形容某些搞家教的学生的不良行为的短语“因财施教”，仿“因材施教”而来；形容考试的“考就一个字”，仿自流行歌曲名“爱就一个字”；晒月亮，仿“晒太阳”；卧谈会，仿“座谈会”；引进外姿，仿“引进外资”，指男生找外系或外校的女生谈恋爱；每周一哥，仿“每周一歌”，讽刺女生换男友太频繁。

3. 仿句

从事学业的学生，有了一定的知识积累后，对于名言名句非常熟悉，在追求一种自我意识的彰显的前提下，特别容易模仿这些语句，仿造出新的语言形式。因此，句子，特别是名言名句，容易成为校园文学作品中的模仿对象。

(a)何以解忧，惟有象棋。

(b)横眉冷对亲父母，俯首甘为女子牛。

(a)为某象棋爱好者语，仿自“何以解忧，惟有杜康”。(b)仿自鲁迅先生名句：“横眉冷对千夫指，俯首甘为孺子牛”。鲁迅先生庄重严肃的语言风格和仿体油滑的语调构成强烈反差，是对那些不顾父母反对，醉心于恋爱的学生的尖锐讽刺。

4. 仿调

已有的经典诗词歌赋如豪迈雄壮的唐诗、婉约精致的宋词、自由活泼的元曲、明白如话的新诗，校园学子信手拈来，稍作点染，便成佳作，用来表现他们的喜怒哀乐，讽刺校园的不良习惯，显露自己的学识才华。这些仿调诗幽默诙谐，调侃戏谑，令人捧腹，借用崇高的文体来叙述微不足道的琐事，由于内容和形式差距大，自能产生滑稽悦人的修辞效果。

(a)枯藤老树混鸦，教室、宿舍、网吧，抽烟、喝酒、看花，夕阳西下，逃学人在天涯。(仿马致远的《天净沙·秋思》)

(b)考试如此多焦/引无数考生尽通宵/惜秦皇汉武/胆子太小/唐宗宋祖/不得不抄/一代天骄成吉思汗/最后只把白卷交/俱往矣/数风流人物/全部重考。(仿毛泽东《沁园春·雪》)

(c)某《教室铭》：分不在高，及格就行；学不在深，作弊则灵。斯是教室，唯吾闲情。小说传得快，杂志翻得勤；琢磨下围棋，善于抄作业，猎奇闻。无书声之乱耳，无复习之劳形。虽非跳舞场，堪比游乐厅，心里云：“混张文凭。”(仿自唐人刘禹锡《陋室铭》)

除了这首《教室铭》外，流行在校园内的还有《寝室铭》《男友铭》《女友铭》《交友铭》等，仿裴多菲的《生命诚可贵》的诗句不下5种，真是一调多仿。此外还有仿唐诗、宋词、元曲，仿成语俗语，仿名言名联，仿流行歌词广告词的，所作的新诗新词、新语新句流行于校园内这一特定的语言社区，成为学生们津津乐道的口头禅，不但使校园生活丰富多彩，还让校园文学充满生机和活力。

4.7.2.2 校园文学作品中仿拟的运用特点

1.以校园生活为主题,体现校园文化

校园是一个思想与文化的圣地,是造就人才的殿堂。由于学生生活在校园里,所经历的大都是学校的人和事,其文学作品必然以校园生活为主题,最大限度地反映校园生活。故其作品中的仿拟多围绕校园生活进行,主要反映学习、生活、爱情等与他们息息相关的主题。例如:

(a)卧谈会

(b)考就一个字

(c)昨晚饮酒过度,误入树林深处,呕吐呕吐,惊起鸳鸯无数。今朝操场跑步,见到美女无数,好酷好酷,摔个眼镜飞出。

以上这些例子反映的都是校园生活,与学生生活息息相关。(a)仿"座谈会"而来,指晚上熄灯后,学生仍不入睡,躺在床上天南海北地神侃;(b)仿自流行歌曲《爱就一个字》,体现学生对考试的态度;(c)仿自李清照的《如梦令》,华丽高雅的宋词形式里塞进滑稽的内容,新派流行词语,调侃的语调,令人忍俊不禁。当然也不乏反映社会现象的仿拟,但为数不多,盖因学子们尚未步入社会,对社会现象的认识不多。

2.本体多为名诗、名词、名曲、名言名句和流行文化

一般而言,仿体可以是多种形式,由于学生所接触的多是书本知识,所以其仿拟作品多以名诗、名词、名曲、名言名句为本体来创造。另外,学生处在青春期,充满活力,容易接受新事物,流行文化也容易成为他们的模仿对象,担任本体的角色。

3.隐含式仿拟比同现式仿拟出现频率高

一般情况下,如果本体和仿体同时出现,这样的仿拟叫同现式仿拟,如果本体不出现而只出现仿体,这样的仿拟叫隐含式仿拟。笔者发现,校园文学作品中的仿拟常隐去本体,仿体在没有本体对照的情况下直接出现,这可以说在一定程度上体现了校园文化的丰富性和开放性。

4.仿拟的目的多为感情宣泄

青少年时期是感情丰富的时期,这一段时期要经历同学间的友情和异性之间的爱情,其间感情不免有所波动,必然要得到宣泄。宣泄可以有多种形式,作为知识层次较高一族,其思想内容最容易通过文学形式来宣泄,而仿拟为此提供了合理基础。例如:

日照头颅生紫烟,久等女友不下来。(形容楼下等女友)

昔人已乘奔驰去,此地空余多情郎。(形容女友傍了大款)

第一句表达了等候女友的急迫与无奈;第二句中的女友嫌贫爱富,跟有钱人跑

了，作者也备感无奈，只好借用古诗一首，抒发一下感情罢了。再如：

假日几时有，无奈问青天。不知假期当中，作业有几篇？我欲不做，又恐校规太严，假期不胜烦。捧书坐桌前，好似在钻研。做数学，念英语，夜难眠。不应有偏，为何总是感觉难？人有七情六欲，学有高低深浅，此事两难全。但愿假日多，作业能锐减。（水调歌头·假日）

这则文字仿自苏轼的《水调歌头·明月几时有》，学生借机宣泄对学校布置众多作业，以致于学习完全占用了假期的不满之情，从一个侧面反映了目前学校教育所存在的诸多问题。

4.7.2.3 校园文学作品中仿拟的修辞作用

1. 表诙谐幽默

学生是校园文化的传承者，是校园语言的生力军。校园文学作品丰富多彩，具有创造性，他们既借助现成语句的表现力、影响力，又想表现自己的别出心裁，于是便选择那些脍炙人口、传送广远的好词佳句，按照自己的嗜好和习惯，塞进反映自身特点的东西，或换义，或变形，使人们既感熟悉、亲切，又出奇制胜，容易产生共鸣（杨芳，2000）。与一般文学作品相比，校园文学作品在幽默、调侃中透出书卷气，作者模仿诗词歌赋高雅的格调，创造表达自己心声的新词新语，它是中国传统雅文化与现代俗文化完美结合的产物，是校园学子高智商的体现。如与网络有关的仿拟："网漫漫其修远兮，吾将上下而求索""有朋自网上来，不亦乐乎？""运筹校园网络之间，决胜千里之外"……之乎者也，文气十足，高雅和嬉戏水乳交融，诙谐与幽默体现无余。

2. 表讽刺挖苦

校园文学作品中的仿拟还多含讽刺，主要表现为仿拟语结构与原作惟妙惟肖，主题与原作大异其趣，通过扩大内容与体裁之间的差距而产生。如一则戒烟作品：

本国烟，外国烟，成瘾苦海都无边。前人唱，后人和，饭后一支，神仙生活。错！错！错！烟如旧，人空瘦，咳嗽气喘罪难受。喜乐少，愁苦多，一朝上瘾，终身枷锁，莫！莫！莫！

这篇作品模仿宋朝陆游的词而成，原作诉说陆游和前妻唐婉之间的生死恋情，缠绵悱恻，哀婉动人，是脍炙人口的千古名篇。戒烟词大异其趣，把抽烟者的神态，抽烟对人健康的影响以及抽烟上瘾的害处淋漓尽致地刻画出来，高雅的形式与通俗的内容形成反差，幽默讽刺之余，给抽烟的学生以忠告和警戒，让人读后忍俊不禁，久久难忘。

校园文学作品仿拟往往带有强烈的讽刺意味，多指校园的不正之风，如学生抽烟、喝酒、打麻将、逃学、考试作弊、早恋等，都受到了无情的讽刺。这种讽刺的背后是严肃的态度，刻薄中有幽默，幽默中有警戒，学生在新颖别致的仿拟作品中享受幽默轻松的快感后，对这其中所反映的一些问题也会深深思考。

4.7.2.4　大学校园仿拟语研究的意义

大学校园仿拟语中大部分是校园流行语，对校园仿拟语的研究具有很重要的意义。

1.了解大学校园仿拟语的调节功能

大学校园仿拟语静态地反映校园生活，动态地为大学生学习之外找到放松发泄的途径，因而具有调节功能。大学学习生活是紧张的，考试给他们带来了很大的压力，再加上人际关系、交友、恋爱方面有诸多烦恼，郁积在一起需要有一个渲泄途径。大学生把自己的喜怒哀乐，把自己对外部世界的不满和无奈，用自己独创的语言，尽情地渲泄。如课桌文学《重修有感》："去年今日此位坐，人面书本相对摸。人面不知何处去，书本依旧摆课桌。"这首仿唐代诗人崔护的《题都城南庄》而写成的仿调打油诗，有失恋的伤感，有重修课程的悔恨，有无情的自嘲和痛苦的眼泪。总之生活的酸甜苦辣滋味一吐为快。这类仿拟语一是学生情绪渲泄的通道，起着调节身心健康的作用。二是和谐人际关系。大学生文化层次和文明素养决定他们交际语言新奇而文雅。他们常常避开伤害别人自尊心的语言，把想说的话用自己创造的词语委婉地表达出来。如某同学的对象不漂亮，他们会说长得比较温柔。因为流行歌词有"我很丑，可是我很温柔"，温柔成了丑的委婉语；又如他们把男追女生叫"钓鱼"，又仿造一个"钓虾"用来指女生追男生，因为"钓虾"比钓鱼容易；把大一谈恋爱说成早锻炼（早恋），那么大四才谈恋爱是下午锻炼（黄昏恋）。这种流行于大学校园的仿拟语，俏皮、幽默、委婉，自己说得高兴，又不伤害别人，是人际关系的润滑剂。三是活跃生活气氛，校园仿拟语多富有生活情趣，带有强烈的青春色彩，体现大学生活泼奔放的性格特征。他们常常故意把词语说错，如把"害羞"说成"害差"，把"东西"说成"东东"，把逃学厌学的学生说成"走书派"，把"日久生情"说成"日久生虫"，这些仿拟词语流行于大学校园，成了大学生的开心话语，起着活跃生活气氛、营造校园典型氛围的作用，难怪有人说它们是校园语言文化的哈哈镜。

2.了解社会对校园的影响

大学校园既是封闭的象牙塔，也是半开放的小社会。市场经济大潮冲击着校园，各种文化思潮影响着校园，从校园经商族、股票族、嬉皮族可以看出西方价值观念对大学校园的影响，大学校园仿拟语中反映了这方面的问题，可从"烟酒生（研究生）""钱（前）程远大""花钱（前）月下""我是嬉皮我怕谁?"等仿拟语中反映出来。"有礼走遍天下"反映校园行贿风，"枯藤老树昏鸭，教室宿舍网吧。抽烟喝酒看花，夕阳西下，逃学人在天涯"反映少数大学生玩世不恭、疏于学习、游戏人生的生活态度，这些虽非校园生活主流，但须予以关注和引导。有的仿拟语反映令人痛心的社会问题，“喇叭声一响，花落知多少”说的是老板把小车开进大学找女生——女大学生傍大款的问题。校园仿拟语反映了社会问题，社会对校园仿拟语影响很大，大众传媒影视文化为甚，影视片名、报刊栏名称、流行歌词、广告词都是大学生们仿拟的对象，《爱你没商量》是电视剧名，指无视对方是否接受而一厢情愿地给予对方的爱，没有商量的余地，如今被仿拟成校园流行语“考你没商量”，对学生“管你没商量”，考场上“看你没商量”以及大学生恋爱时就表示“不求天长地久，只求曾经拥有”（仿自雷达手表广告词：不在乎天长地久，只在乎曾经拥有）。这种及时行乐、不负责任的“高论”，在全国大学生中影响时间很长，范围很广，已成大学生的口头禅。此外，科学技术的迅速发展给校园仿拟语带来了新的生机。如计算机网络进入校园，校园附近有了“网吧”，学生上网入迷，产生了“网迷”“网虫”，他们上网聊天，交上了“网友”，上网谈情，产生了“网上情人”，出现了许多网际仿拟语，如“网上存知已，天涯若比邻”“但愿网长久，千里共婵娟”“衣带渐宽终不悔，为网消得人憔悴”，这些仿拟语是中国传统文化和现代科技相结合的产物。

3.研究仿拟手法的新发展

大学校园仿拟语丰富多彩，形式多样，其中大部分为校园流行语，仿拟成了校园流行语的重要创作手法，其流行使传统的仿拟手法获得生机。传统仿拟用在书面语言中是“在上下文中现成的词、语、句、段意义的照应下，临时仿造一个意义相反或相似、相近的词语、句、段的修辞方式”，仿体与本体同现。而大学校园仿拟语多为口语，没有上下文语言环境，因为既有格式人所共知，故常为隐匿仿，其单独使用，在文化层次高的大学校园言语社区流通，同样收到新颖、诙谐、幽默风趣的修辞效果。此外，仿拟词语有的在校园流行，有的成为时尚词，频频在新闻媒体亮相，大有进入普通话词汇的势头，如仿“酒吧”而造的“网吧”“书吧”“泡吧”“泡巴族”，再造“总吧”“分吧”等，这些词不再具有临时性。

通过以上分析，我们可以深切地感受到大学生们是大学校园语言的传承者，也是校园语言的生力军。校园文学作品丰富多彩，具有创造性。既借助现成语句的表现力、影响力，又想表现自己的别出心裁，他们选择那些脍炙人口、传颂广远的好词佳句，按照自己的嗜好和习惯塞进反映自身特点的东西。或换义，或变形，使人们既感熟悉、亲切，又出奇制胜，产生共鸣。同时，校园文学作品还具有高雅性，这与大学校园特定的文化氛围分不开，他们把通俗和高雅相结合，体现了大学生独有的语言气质。此外，校园文学作品还含有讽刺性，这主要是针对校园中的不正之风而言，如抽烟、喝酒、打麻将、考试作弊、谈恋爱等，都受到了讽刺或无情的自嘲。然而校园文学作品中的仿拟语具有一定的调节功能，给紧张的生活以调节剂，和谐人际关系，活跃生活气氛等，这些无疑是其积极作用的体现。当然，无可否认的是，这其中有一部分仿拟难免存在一些消极成分，耳熟能详的诗词被任意篡改，语无伦次的衔接、不合情理的揶揄、生拉硬扯的内容、令人啼笑皆非的噱头，也从一个侧面透露出当代大学生的冷漠与叛逆精神。对此不必害怕，它毕竟不是社会的主流文化，只要加强思想教育，提倡积极、健康向上的精神，远离颓废、低级庸俗的文化，这样的仿拟文学作品一定会受欢迎。

4.7.3 新闻标题中的仿拟

4.7.3.1 新闻标题概要

1.定义

新闻标题指通常位于新闻正文之前的对新闻内容加以提示的简短文字，字号一般大于正文。含义有三：其一，从内容方面揭示了标题是新闻内容的提示；其二，从制作方面强调了新闻标题凝炼简洁的特点；其三，从外在形式方面指明了标题的位置一般在新闻文本的前面。

标题是新闻的眼睛，是在新闻作品和读者之间架起的桥梁，读者可以通过标题窥见新闻作品的“灵魂”产生共鸣。在高度信息化的今日社会，各类媒介日趋激烈的市场竞争，正极大地改变着人们接受新闻信息的阅听方式，“看报看题”“5秒效应”的提法都印证了新闻标题日益突出的作用。

2.制作要求

任何文章都是从标题开始的，在阅读一篇文章之前，标题总是首先映入人们的眼帘。在信息高密度、生活节奏日益加快的今天，要使文章内容能吸引住读者的眼球，能抓住读者的心，让人产生一种阅读的欲望和冲动，一个好的新闻标题非常必要。因此我们认为，新闻标题是一种特殊文体，它必须具备一些与众不同的特点。一般而言，制作新闻标题有如下要求：

(1)题文一致。标题所揭示的事实要与新闻内容完全一致(标题和新闻的基本思想一致，所表现的内容要清楚，不能产生歧义)。标题的论断在新闻中要有充分的依据。标题可以对新闻中的事实进行评论，但论断一定要以新闻的内容为依据，论据不足，即使标题正确，也会令读者感到没有说服力。

(2)一语破的。突出新闻中最新鲜的事实。新闻中的事实往往不止一件，其中最新鲜的事实，才是它的精华，只有抓住它，才能做到一语破的。此外，要突出新闻中最重要的、最有特点的和最本质的事实。

(3)简洁明快。做到这一点，一要善于省略，即省略标题中那些可有可无的内容，保留事实的核心部分与发展结果，省略其他部分；二要善于概括，通过锤炼字句、适当采用简称达此目的。

(4)旗帜鲜明。要有明确的是非和鲜明的爱憎,明确表达作者的立场。如善于运用多种方式表达丰富细腻的感情,表达感情不要简单堆砌很多形容词,做到有感而发,不无病呻吟。

(5)生动活泼。标题要有表现力,做到言有尽而意无穷。注意词语的选择,要充分考虑到词语的意义、词语的感情色彩、语体色彩,适当运用成语,适当运用修辞手法使得标题更加生动活泼,更富有表现力。

4.7.3.2 仿拟在新闻标题中的运用

在新闻标题所使用的众多修辞格当中,仿拟当仁不让,成为了"明星"之一。这里所感兴趣的,不仅仅是仿拟在新闻标题中的常用类型,更重要的是要关注在这一特殊文体格式的制作当中,仿拟所起的特殊作用。

1. 新闻标题中仿拟的主要类型

纵观仿拟在新闻标题中的运用,主要有以下几种类型:

(1)仿词。例如:

(a)"奶爸"喜欢挑战

(《体坛周报》2006 年 8 月 18 日)

(b)鞍山北美承诺解决冬季"冷点问题",投资 7200 万进行大修、抢修、外网改造

(《千山晚报》2006 年 8 月 16 日)

(c)德甲欢迎"荷"心

(《体坛周报》2006 年 8 月 30 日)

(d)亚平宁"锋"会国米占先

(《北京青年报》2006 年 9 月 9 日)

(a)中的"奶爸"是模拟"奶妈"一词而做,喻指新闻中的主人公是一位能像保姆一样勤勤恳恳照顾别人的男人;(b)中"冷点"是对"热点"的仿造,幽默地道出了鞍山北美公司要解决鞍山市冬季供暖中存在的问题;(c)是通过谐音的方式模拟"核心"而临时造出来的词,形象地表达出某个荷兰籍球员将在德国甲级联赛某个俱乐部中占据重要位置;(d)中"'锋'会"是对"峰会"的翻作,报道了意大利各足球俱乐部的前锋所组成的群体中,国际米兰占有绝对优势。

(2)仿语。例如:

(a)贫困生:望"贷"兴叹 (《衡阳日报》2002/3)

(b)笑"炒"江湖 (《中国文化报》2001/4)

(c)一"信"激起千层浪——西南交通大学加强校园文化管理侧记

(《中国教育报》2001/6)

(b)笑“炒”江湖这个标题,可谓构思精巧,借“名”侃“戏”。作者借金庸名著《笑傲江湖》的书名,改“傲”为“炒”取其炒作之意,名为“炒”,实为“批”,一个“笑”足以显示出作者批这部电视剧时握笔如刀,游刃有余的踌躇满志之态。再如:

(d)有言的结局　　　　(《新民体育报》1998 年 10 月 26 日 3 版)

(e)“霍家军”广州纪事　　(《新民体育报》1998 年 11 月 16 日 2 版)

(f)邱爱华的“星”路历程　(《中国排球》1999 年第 2 期)

仿拟的特征是:仿体与本体结构相同,内容相异。体坛老记们充分利用这一点给自己的文章标题添姿增色。(d)仿自流行歌曲《无言的结局》;(e)中“霍家军”一词则明显脱胎于“马家军”这一已约定俗成的称呼;(f)巧用谐音,由“心路”仿出“星路”一词。

(3)仿句。例如:

(a)India and Pakistan: To Fight or Not to Fight? (印度和巴基斯坦:是战是和?)
(Beijing Review Jan. 10 2002 P. 9)

(b)Gone with the Waves (随波而去)　　(China Daily April 4, 2003 P. 3)

(c)Easy Com. Easy Gone(网络经济:来得容易去得快。)
(Beijing Review2002 No. 5 Language Club)

(d)Divided We Stand(分手我们才能成功。)
(Beijing Review Dec. 18, 2002, No. 5 Language Club)

(a)仿拟莎士比亚《王子复仇记》中经典名句“To be or not to be, that is a question.”,直指印巴问题要害,题旨鲜明深刻;(b)报道随着人们文明意识的提高,传统落后的丧葬观正在改变,越来越多的人选择死后海葬。标题仿拟文学名著 *Gone with the Wind*《飘》,改换一词而新意迭出,使沉重严肃的话题增添了几分自由洒脱与浪漫;(c)别出心裁地将 come 改换成 Com. 意指网络经济,造成谐音双关,又将 go 改换成 Gone,造成时间错位,喻示网络经济泡沫的消失;(d)反仿“United, we stand. Divided, we will fall”,以全新的视角,报道好莱坞明星走出失败婚姻阴影,离婚后重新走向成功的案例。

在新闻标题当中,以上三类是用得比较多的,但是仿调(仿篇)却很少使用。原因有二:一是因为标题不能过长,必须言简意赅,做到简洁明快,能用最少的文字概括文章的内容,如果过长,则不能让读者耐心读下去;二是因为题目下的文章可以进一步对消息内容加以阐释和说明,用不着在标题中显示出来。因此,新闻标题很少使用仿调,这是与其他类型文体不同的地方。

2. 新闻标题中仿拟的本体类型分析

如前所述,本体来源众多。在语法角度上,有词、短语、句子、语篇等;在语体角度上，有公文体、政论体、文艺体、广告体等；在词语选择上，可以是名言名句、诗词歌赋等已有、且为人所常见的语言文字，也可以是临时性的、上文已经有交代的语言文字。在其余语体场合中，本体都能以上述形式出现。但是，在新闻标题中，本体的选择就有很大的局限。对仿拟本体类型的研究值得注意，这可以帮助我们选择一个正确、适合的本体来进行模仿，从而对新闻工作者有一定的借鉴作用。

(1)语法角度。前面提到，仿词、仿语、仿句在新闻标题中常见，仿篇不常见，所以，从语法角度来说，本体常常体现为词、短语、句子，较少体现为语篇。

(2)来源角度。鉴于仿拟语篇的情况在新闻标题中不常见，故在此不做分析，拟从来源角度分析本体的选择要求。

1)固有成语。通过对所收集到的语料分析，得知固有成语仿拟在新闻标题中最为常见，盖因其言简意赅，易于仿造。例如：

“说三道四”不够“说五道六”拘留　　(《现代快报》1999 年 9 月 1 日)

过度安逸，因福得祸　　(《国际航空报》2000 年 7 月 30 日)

“说五道六”仿自成语“说三道四”，且本体和仿体一同出现在句子中，属共现仿；“因福得祸”仿自“因祸得福”，属变序仿——即变换本体的顺序而成的仿拟。

2)流行歌词。大众熟知的流行歌词有着广泛的群众基础，对其仿造可以贴近生活，故常受新闻标题制作者们的青睐，多出现在娱乐新闻标题或晚报中的生活版面当中。例如：

我的新年她还没有来到　　(《桂林晚报》2002 年 11 月 1 日)

杜德伟：都是跳舞惹的祸

(《南京广播电视报》2000 年 7 月 13 日声频屏娱乐版)

上述两句均仿自流行歌曲，其中第一句仿自《爱情鸟》(林依伦原唱)，第二句仿自《月亮惹的祸》(台湾歌手张宇原唱)。流行歌曲属大众文化，为人们，特别是年轻人所喜爱，在新闻标题中，来上那么两句流行歌词，与读者的距离一下缩小了。

3)名言名句。名言名句朗朗上口，深得人心，仿拟后表意简洁，易于接受。

非洲走一趟，胜读十年书　　(《大众电影》2000 年第 6 期)

“一肝两用”救活两个婴儿　　(《北京晚报》2003 年 1 月 2 日)

第一句仿“听君一席话，胜读十年书”而就；第二句仿自名言“一国两制”。

4)诗词歌赋。标题中诗词歌赋的仿造与使用能增添文学内涵，丰富表达意蕴。如标题：为“医”消得人憔悴——访双院士吴阶平(《人物》1996 年第 3 期)，借柳永之词通过谐音手段仿拟而成，属谐音仿。“伊”“医”同音，读来朗朗上口，意味深长。

5)谚语俗语。谚语俗语源自生活，大众化意味浓厚，仿造起来易为人所接收。例如：

Never Too Old to Live Your Dream. 活到老“梦”到老。

（《英语学习》，2002(2)p.20）

Life is too short to be little. 人生何其短，岂容琐事缠。

（《英语世界》1999(8)p.37）

非法传销骗你没商量　　（《桂林晚报》2003年1月12日）

成也媒体，败也媒体　　（《杭州日报》2000年10月9日）

以上仿拟的本体都是现成的、众人皆知的话语形式，新闻标题中是否也采用一些临时性话语来充当本体呢？笔者认为，新闻标题是为了通过特殊而醒目的语言文字以吸引读者的注意，故仿拟的运用就要注意对本体进行精挑细选，本体必须是家喻户晓、喜闻乐见的文字。如果采用临时性的话语来充当本体，读者难以理解其中的奥妙，效果一定不理想。所以说，临时性的话语一般不适合充当本体。

3. 新闻标题中仿拟的产生类型分析

在新闻标题中，仿拟主要采用的是义仿，即根据本体的语义进行的仿拟。而音仿（根据读音而成的仿拟）较为少见。上面所举例子，绝大多数是义仿，除了“亚平宁‘锋’会国米占先”和“为‘医’消得人憔悴——访双院士吴阶平”之外，其余都是义仿。但是通过广为收集，还找到如下音仿的例子：

(a)花季为何变花祭？　　（《中国青年报》2006年1月13日）

(b)莫让酒杯变“酒悲”　　（《桂林日报》2006年6月19日）

(c)父首富，女亦“首妇”　　（《中国妇女报》2006年8月18日）

(d)“出境”也是“出镜”　　（《中国体育报》2006年10月16日）

为何采用音仿？音仿能带来什么修辞效用吗？我们对此稍加分析便会得出结论。(a)主要报道了一个刚满17岁的少年，因为学校的一纸处分结束了自己如花的生命。作者用“花季”与“花祭”这两个发音相同而意义上有着天壤之别的词语作标题，不仅委婉地概括了新闻的主要内容，而且使语言显得犀利明快，讽刺意味极浓。(b)主要说的是因喝酒而导致病变死亡的悲剧性事件，告诫人们不要过度饮酒。“酒杯”与“酒悲”既道出了事情的本质，给人以强烈鲜明的印象，又不乏诙谐幽默，于轻松中给人一种沉重的思考，可谓意蕴无穷。(c)说的是台湾昔日首富王永庆之女王雪红在美国《富比士》杂志评选的世界富豪中排名全球第365名，跻身台湾最富有的“首妇”。标题中的“首富”与“首妇”很好地概括了内容的主旨，同时，在形式上又给人以新奇的审美效应。(d)主要说的是目前随着人们生活水平的提高，出境游已是越来越多中国人的生活内容之一。但是一些问题也出现了，在列出的中国游客几大不文明行为中“随地吐痰”和“乱扔垃圾”分列前两位，国外的一些公共场所竟然特意用中文标示“请勿随地吐痰”“请将废弃物扔进垃圾桶”“请不要大声喧哗”等提示。这些都需要我们进行深刻的反省，因为我们代表的不仅是自己，还是全体中国人。标题简明扼要、新颖别致，可谓一语中的。

通过上面的分析可以看出，这种同音仿拟在新闻标题中有着独特的表达功能，它不仅能深刻揭示事物的本质，给人以强烈鲜明的印象，还可以使语言新鲜活泼，造成诙谐、幽默、风趣的艺术效果。

另外，仿拟也分为“共现仿”和“隐匿仿”两种。“共现仿”中本体与仿体共同出现在一个句子中，而隐匿仿则相反，本体不出现，被“隐藏”起来了。在新闻标题中，“隐匿仿”出现的几率要比“共现仿”大很多。综上所述，一般情况下的仿拟类型也适用于新闻标题，不过笔者认为，在这众多类型当中，有些类型，如“义仿”和“隐匿仿”要比另外一些类型如“音仿”和“共现仿”出现的几率要大得多。

4.新闻标题中仿拟的功能作用分析

仿拟在新闻语体中如果运用得当，会收到积极的表达效果。标题是新闻的眼睛，一条消息制作得成功与否很大程度上取决于标题，所以，众多新闻工作者在新闻标题上挖空心思，仿拟也就被特别地关注起来了，恰当地使用仿拟标题往往会收到事半功倍之效。在新闻标题中，使用仿拟可以收到如下功效：

第一，开门见山，突出主题。

在知识急剧膨胀的当今社会，人们不得不有选择地接受纷至沓来的信息，很多人看报刊杂志往往都只浏览一下标题。如何让有限的空间容纳更多的信息，如何进一步吸引读者把整则消息看完，成为新闻界不得不面对的问题。新闻标题贵在简洁、突出，如何在区区十来个字的文字空间里，充分地表露出文章的大意，成为一个关键问题。而仿拟恰能很好地解决这一问题，其简洁、诙谐、新奇的修辞效果非常适合制作新闻的标题。

以“贫困生：望‘贷’兴叹”为例，一接触到该标题，我们便知道文章是关于大学贫困生在新的助学贷款制度下申请贷款十分艰难的报道，这则标题概括了文章的主旨，主题突出，简洁明了。又如：“重赏之下，必有佳作？”（《中国青年报》，2003 年 1 月 3 日）仿“重赏之下，必有勇夫”，再与问号连用，可见本则消息主要是针对高价悬赏文学作品的疑问。

第二，言简意赅，新颖独特。

新闻标题的一个要求就是简洁，力争用最少的字数传达最多的信息，在节省空间的前提下，让读者对新闻内容有所了解。仿造词语以被仿词语作依托，因而更容易表达一个完整的意义，更容易为人们所理解。作为被仿的词语本体，它们是人们所熟悉的语言成品，所凝固的含义为人们所熟悉，因而人们能轻易理解仿造出来的词语所表达的意义。例如：

(a)一女当关万夫莫开——“重量级歌手”韩红

(《今晚报》2006年8月28日)

(b)将募师支教进行到底 (《中国青年报》2006年9月9日)

(c)阜阳中院腐败案窝案震惊全国,三任院长“前腐后继”

(《北京青年报》2006年9月10日)

(a)套用“一夫当关,万夫莫开”,语言简练节省,但却富含深意,告诉读者歌手韩红在音乐界的强大实力,甚至敢与男歌手相比。(b)让我们想起了“将爱情进行到底”,一句简单的话语,显示了政府实行“募师支教”政策的决心。(c)中的“前腐后继”脱胎于“前仆后继”,形象生动地抨击了某医院三任院长连续出现腐败的现象。

新闻标题是新闻的眼睛,读者对新闻是否感兴趣,首先要看新闻标题能否吸引读者。因而,新闻创作者在制作新闻标题时也要尽量让新闻标题更具有诱惑性,方法之一就是增添标题的新奇性,从而增加对读者的吸引力。仿拟创造的词语,虽然是被模仿者的影子,但有时就是几字之差,却使标题平中见奇,将读者深深地吸引住。又如:

(d)希拉里“舞剑”意不在总统? (《北京青年报》2006年9月4日)

(e)冠军的地盘,鲁能帮做主 (《体坛周报》2006年8月30日)

(f)0∶5中国式溃败 (《体坛周报》2006年9月4日)

(d)中的“希拉里”是一位出色的女政治人物,并不会舞刀弄枪,通过对成语“项庄舞剑,意在沛公”的套用,却把她和兵器恰当地结合起来,超出了人们的想象,导引读者的思绪继续往下看;(e)是对“我的地盘我做主”的改用,冠军自己的地盘,却让一个外人说了算,这能是真的吗?(f)“中国式溃败”来自“中国式离婚”,一支球队在比赛中输赢是常有的事,而标题却说这是中国独有的,怎能不吸引读者的注意呢?顺便说一下,现在众多新闻标题中纷纷采用“中国式××”格式了。如中国式离婚、中国式迁徙、中国式相亲、中国式过马路等,折射出背后的诸多社会现象和社会问题,几乎成为不文明现象的代名词(如“中国式过马路”)。

经过上面的分析,我们认为,新闻标题中的仿拟还是有它独特的一面,理解了这些,便于我们在今后的新闻标题制作当中更好地利用仿拟来为我们服务,从而创作出更多更好的仿拟作品来。

4.8 仿拟的应用语言学视角

仿拟是一种修辞格,在语言使用过程中发挥了积极作用。关乎仿拟的功能,人们讨论得最多的就是两种：一是修辞功能，它具有使语言幽默讽刺、新颖别致、对比强调和简洁凝炼之功效；二是构词手段，通过它，人们高效而迅速地创造出了一大批新词新语，这极大地丰富了汉语词汇宝库。除了这两大功能外，研究发现，仿拟在其他领域（如教学）中的功能与应用问题没有引起人们的关注。笔者认为，仿拟在英汉语教学中也同样具有积极作用，具体而言，它在学生仿拟思维和创新思维的训练中可以得到很好的应用。下面分别就这两个问题展开论述。

4.8.1　仿拟在学生仿拟思维训练中的应用

4.8.1.1　思维与仿拟思维

思维是指向理性的各种认识活动。同样一个问题，不同的人有不同的思维，同样一件事，不同的人也有不同的思维。思维是多学科研究的对象，如哲学、逻辑学、神经生理学、脑科学、心理学等，甚至发展到当代还有独立的思维科学。这些学科都从不同侧面不同层次揭示了思维的实质。不同学科对于思维的不同界定与该学科的研究内容密切相关。以语文教学为例，其中也应有一个与之相适应的针对语文学科实际的对思维的界定。过去人们通常把语文教学中的思维简单地等同于传统心理学对于思维的有关解释，认为思维是人脑对客观事物的本质属性或规律的一种间接和概括的反映，并把间接性和概括性看做是思维最基本的特征，这样界定的思维通常指的是抽象思维。这种把语文教学中所要发展的思维简单片面地指向抽象思维的做法并不妥当，单就语文学科所具有的鲜明突出的形象性而言，绝不能武断地把形象思维排除在英汉语教学所要发展的思维之外。笔者认同当代认知心理学及我国的思维科学所主张的从信息的角度来考察和定义思维，把思维看作是人接受信息、存储信息、加工信息及输出信息的全过程，这就使得英汉语教学中所需发展的思维从思维方式上分为形象思维、抽象思维和创造性思维，当然还可以从其他不同角度对思维进行分类。

思维的过程就是人脑对信息的分析、综合、比较、抽象与概括，并做出决定的过程。听说读写是语文学科的四项基本能力，是学生语言水平的思维操练，是语文学科实现学生思维能力转换的最基本的实践形式，它们同思维有密切的关系。读与听的过程，是以理解他人思想为核心的思维过程。从对语言的感知到对文章内容的本质理解，再到对文章内容及形式做出评判，其间要经过一系列的、多层次的分析、综合等思维过程。写与说的过程，是以表达自己的思想为核心的思维过程。从对生活的感知到形成自己的认识，再到以语言形式把这种认识表达出来，其间也要经过一系列的、多层次的分析、综合等思维过程。教师在教学中要有意识地对学生进行思维训练，将思维训练与培养听说读写能力结合起来，这样才能有效地提高学生语言文字的运用能力。

在语言教学中，有两种思维能力是十分重要的，必须得到一定的训练与获取。这就是仿拟思维和创新思维能力。仿拟思维指"一个仿拟生成的过程就是言者运用已知概念或概念系统感知新信息的过程"(牛保义、席留生，2009)，它是人类认识事物的一种方式。柏拉图早就断言，人类永远不能看到真正的世界。人们要认识周围的世界，探索未知的领域，就需要借助已有的、已知的概念或概念系统，并将它们映射到未知的领域，以此来获得新的知识和经验。从人类认识的角度看，马克思主义认识论认为，客观世界可分为未知世界和已知世界。人类要认知周围世界、探索未知领域，就要借助已知概念或概念系统，并将它们投射到未知领域，以获得新知识和新理解。从事物的个性和共性来看，任何事物都是个性和共性的统一体，共性存在于个性之中，并必然通过个性表现出来。正是基于个性和共性的这种辩证关系，人们才能够从个别中引出一般，又从一般中推知个别，并由此不断地由已知进到未知。

仿拟思维是人们认识创造新生事物的一种必备能力。比如说"拔楼助长"这一仿拟构式的产生，就是借助于仿拟思维，从已有的旧概念——"拔苗助长"感知而成。这一能力的形成，可以通过训练来培养，在教学中，我们要注重培养学生的这种能力。

4.8.1.2 仿拟与仿拟思维的训练和培养

在英语教学中，传授英语知识的同时还要注重语言能力的培养，这一观点已为大多数人所认同。然而，怎样真正把这个认识落到实处，在许多教师心中仍不够明确甚至模糊不清。许多人提倡在教学中要重视对学生进行思维训练，从而达到把知识转化为能力的目的，这个指导思想是正确的。然而，到底要重视到什么程度，应该把思维训练摆在英语教学中的什么位置，又如何来做？这在大多数教师心目中仍是一个未经仔细考虑过的领域。正是因为对这个问题的忽略，使英语教学改革的实践进行得似乎没有理论上的那么顺利，也正是由于此，英语教学，尤其是词汇教学和写作教学中存在的一些问题无法从根本上找到源头并加以解决。

过去传统教学观念仅从语言所表现出的表层特征出发，把英语的性质概括为它的工具性和思想性。长期以来，我国英语教学只重视语言训练和思想教育而忽视了思维的培养和训练，其根本原因就在于我们只看到了文科工具性和思想性这一表层特征，而没有认识到它的思维性这一更深层的实质。

笔者认为，要解决这些问题，就要注重培养学生的思维能力。思维能力培养的问题不解决，学习起来还是会遇到各种困难。而要解决这一问题，首先要培养学生的仿拟思维能力。在日常教学当中，借助于仿拟，我们可以达到这一目的。

1. 词汇教学中仿拟思维的训练和培养

词汇,特别是英语词汇的学习,一直是学生最为头疼的问题之一,学生们一般都有这样的抱怨,那就是词汇记不住。调查发现,单词记忆方法存在严重问题,学生多采用死记硬背的方式进行。关于单词记忆,很多学者提出过一些好的意见和建议,总结出了一些好的、可行的单词记忆策略,这些方法与策略对于单词的记忆有较大帮助。我们认为,借助仿拟构成原理,可以培养学生的仿拟思维能力。仿拟思维能力得到提高后,单词记忆收效会更大。

众所周知,词汇的构成有章可循,仿拟类推或类比是其手段之一。例如:

handbag — airbag

hotel — airtel

sunrise — earthrise

e-mail — e-commerce

sunsuit — moonsuit

earthquake — moonquake

on-the-job — off-the-job

White paper — Black paper / Green paper

除了类比构词外,仿拟还可以通过组合式(combining form)构成。组合式是从一个单词中提取其中一部分,然后将这部分与其他的单词组合起来,这样就成了一个新的单词。如我们从 marathon(马拉松)一词中析出-athon 或-thon,然后加到其他词上,构成新词诸如:walkathon, talkathon, telethon 等。这也是一种构词方法,类似的组合式还有-meter, radio-, psycho-, iso-, hydro- -logy, hygro-, hypno-, micro-, macro-, magneto-, petro-等。

以上两种是仿拟构词的主要形式。仿拟的产生理据就是人们的仿拟思维,即人们根据已有的概念信息(即已有的词和句),来感知、创造出一个新的概念信息(即新的词和句)。不管采用什么方法,我们教会了学生仿拟思维能力,就可以凭着旧词,举一反三,类推出新的单词。即使碰到生词,也同样可以逆向思维,逆推出它的本体,通过熟悉的本体来推导出新词的意义,这样就可以克服英语单词学习和记忆的难关了,从而达到有效地记忆英语单词、扩大英语词汇量的目的。

2. 写作教学中仿拟思维的训练和培养

此外,教学中笔者还发现,学生的英语写作能力普遍不强,常见问题主要有结构不清、语言错误、空洞无物,这与学生仿拟思维能力不强也不无关系。如何解决这一问题?我们不妨借助仿拟中的仿篇这一模式,训练学生的仿拟思维能力。在教师的精心组织和指导下,通过对典型的“言语作品”(各种书面的、声像的)的剖析、玩味和模仿，在各种（课内、课外的，单项、综合的，实际、模拟的）言语行为中不断内化各种（知识的、思想的、情感的）收获，并外化为各种（书面的、口头的）言语作品，逐步形成能够独立听说读写等言语能力，以应用于广泛的社会生活（学习或生活）的言语行为之中。

运用仿拟的思维认知模式而形成的这种教学方法称之为认知仿拟教学法。经常性的仿拟训练，使学生逐渐掌握常用词、句、篇章的写作方法，轻松地运用于自己的语言表达，从而提高写作能力和口语表达能力。在长期的教学实践中，笔者得出这样一个结论：大量的仿拟运用有助于学生习得语言，运用仿拟能够寓教于乐，能达到较为理想的教学效果。在运用这种教学法的过程中，可以按照如下程序进行：

(1)对重点词语的仿写。在学习生词时，我们不但要对生词有全面的理解，这其中包括单词的语音、结构、意义，还可以注重仿拟造词法的训练，可以变换单词中的一部分，看看能想出多少用仿拟造词法造成的词语。如根据组合式构成新的单词，还可以举一反三，利用仿拟的原理——类比，来生成新的单词。在教会了学生这两种构词法后，学生的词汇量可以得到有效的扩大，以后在没有教师指导的情况下，学生也可以利用课堂上所学到的知识进行自学。

(2)对文章中的重点句子进行仿拟句型训练。教师先对重点句子进行分析，学生理解透彻后，进而仿拟创新。例如对课文中的格言或有深刻哲理意义、语言优美的语句稍加改动就可以仿拟出“准格言”。比如，谁都知道“失败乃成功之母”，但殊不知，有时“成功是失败之父”——轻易的成功会带来轻易的失败，意外的成功也会潜伏着意外的失败。还有，抱定一个“亦步亦趋”的观点是走不通的，科学的态度是“看别人的样，走自己的路”。唐朝王之涣的“欲穷千里目，更上一层楼”是尽人皆知的名句，意境已经极高。有人仿拟改作“到此已穷千里目，谁知才上一层楼”。英语的名句：“To be or not to be, that is a question.”常常被模仿，创造出许多类似的新句子：“To smoke or not, that is a question.”“To eat or not to eat, that is a question.”“To go or not to go, that is a question.”……学生也乐于这样的仿拟练习。

(3)对篇章作品进行仿调仿拟。每学完一篇文章，要让学生体会篇章的结构层次、文章的基本语调及其成功之处，在头脑中积累丰富而具有典范意义的可仿拟作品。通过列举前人的仿拟成果，激发学生的仿拟热情，开拓学生的思维角度，往往可收到抛砖引玉的教学效果。比如我们可以这样做：在学完一篇课文后，教师有意识地布置学生根据文章的篇章结构，仿写出一篇类似的文章。

实践证明，对刚学过的课文，引导学生找出可仿写的写作方法和优美语句，学生很容易写出佳作来。我们可以经常利用课堂、练习、考试等机会，训练学生的仿写能力。仿写属于模拟思维活动，是对某种现成的事物或现象进行仿效的一种思维方式，通过仿拟构思、仿拟语言甚至仿拟写作技巧的训练，既可以提高学生的写作能力，又能加深学生对课文的理解，同时还有助于学生创造性思维的发展，从而提高学习效果。

4.8.2 仿拟在学生创新思维训练中的应用

4.8.2.1 创新与创新思维

创新是一个民族进步的灵魂，是一个国家兴旺发达的不竭动力。面对滚滚而来的世界新科技革命和知识经济的发展浪潮，随着改革开放和现代化建设的不断深入，创新思维对民族的兴旺、知识经济的挑战以及新世纪的思想解放，都有着极为深刻的现实意义。

创新是当今世界，尤其是在我们国家出现频率非常高的一个词，企业家、政府官员、大学教师，还有莘莘学子，几乎都在提创新。同时，创新又是一个非常古老的词，其对应英文词 innovation 源于拉丁语，原意有三：第一，更新；第二，创造新的东西；第三，改变。创新作为一种理论，它形成于 20 世纪初，美国哈佛大学教授熊彼特在 1912 年首次将“创新”一词引入经济领域。换言之，他从经济的角度提出了创新——就是要建立一种生产函数，实现生产要素的从未有过的组合。据此，他从企业角度出发，提出了创新的五个方面的要求。

对创新我们有多方面的理解，说别人没说过的话叫创新，做别人没做过的事叫创新，想别人没想过的东西也叫创新。有的东西我们之所以叫它创新，就是因为它改善了我们的工作质量，改善了我们生活质量，有的是因为它提高了我们的工作效率，有的是因为它巩固了我们的竞争地位，有的是因为它对我们的经济、社会和技术产生了根本影响，所以叫它创新。但是创新不一定非得是全新的东西，旧的东西以新的形式包装一下叫创新，旧的东西以新的切入点也叫创新。总量不变、改变结构叫创新，结构不变、改变总量也叫创新。据此，仿拟亦是创新。

什么是创新思维？有人将其定义为，反映事物本质属性和内、外在有机的联系，具有新颖的广义模式的一种可以物化的高级思想、心理活动。还有人将创新思维定义为，创新思维是指以新颖、独特的方法解决问题的思维过程。通过这种思维不仅能揭露客观事物的本质及其内部联系，而且在此基础上产生新颖、独创、具有明显社会意义的思维成果。也有另一种说法：创新思维是指具有新颖性，能解决某一特定需要（目的）的思维过程及其功能。

无论有多少说法，其反映创新思维的本质是一样的。创新思维是人类创造力的核心和思维的最高级形式，是人类思维活动中最积极、最活跃和最富有成果的一种思维形式。人类社会的进步与发展离不开知识的增长与发展，而知识的增长与发展又是创新思维的结果。所以，创新思维较之于上述思维的其他形式，更能体现人的主观能动性。

创新思维有广义与狭义之分。一般认为，人们在提出问题和解决问题的过程中，一切对创新成果起作用的思维活动，均可视为广义的创新思维。而狭义的创新思维则是指人们在创新活动中直接形成的创新成果的思维活动，诸如灵感、直觉、顿悟等非逻辑思维形式。

关于创新思维的含义，已有许多不同表述，如中国社会科学院研究员、博士生导师、中国逻辑学会秘书长张家龙认为，创新思维是人们自觉而能动的综合运用能力和开拓思维能力，其使用最终促成成果生成的一种思维。在创新思维中，逻辑思维和非逻辑思维是交织在一起的。逻辑思维可以发现新真理，这已为无数的科学实例所证明。在创新思维过程中，人们还应用非逻辑思维，灵感就是一种非逻辑思维。创新思维人人皆能具有，只是需要开发。南京金陵思维研究所的特约研究员、所长黄浩森则认为：创造力的产生要靠思维能力、想象力和观察力，集中在一起就形成创造性思维，即人的智力。

对创新思维规律的研究，始于20世纪初。此前的发明创新活动主要靠自发的直觉和经验，认为做出发明成果的人是天才或幸运者，具有神秘色彩。这其中，由于工业化的需求和科学技术的加速发展，发明创新成果大量涌现，发明者的经验也逐渐得到沉淀与交流。1906年，美国的专利审查官普林德尔在美国电气工程师学会(AIEE)会议上提出的论文"发明的艺术"，开了研究创新思维和方法规律的先河。此后，对这方面的研究工作日益增多，到20世纪50年代，形成了风靡欧美各国的创造教育运动，其中，总结了数以百计的创造技法。在此基础上提高，自20世纪70年代始，德国、日本、苏联和美国陆续推出了不同形式的系统的发明方法。我国则从20世纪80年代起开始了对这方面的研究。创新思维固然离不开逻辑思维，也要运用概念、判断、推理的思维方式，但它并不是逻辑上循序渐进地从经验材料导出假说、概念和理论，而是通过形象化构思、想象和直觉等特有的思维形式，跳跃式地直接抓住事物本质的思维过程。它依靠经验，又一下子超出了经验，是一种顿悟、直觉性的思维。

我们说的创新思维就是不受现成的常规思路约束，寻求对问题的全新而独特的解答和方法的思维过程。创新思维是较之于传统性思维而言的，为人人所拥有。正如江泽民同志讲的最著名的一句话："创新是一个民族进步的灵魂，是国家兴旺发达的不竭动力。""迎接未来的科学技术挑战，最重要的是坚持创新，勇于创新。"2001年江泽民同志又多次提出要理论创新、制度创新、技术创新、管理创新。相对论之父爱因斯坦于1936年10月15日，在美国纪念高等教育300周年的纪念大会上说，没有个人独创性和个人志愿的统一规格的人所组成的社会将是一个没有发展可能的不幸的社会。管理大师德鲁克说，对企业来讲，要么创新，要么死亡。我们人类社会就是一部创新的历史、一部创造性思维实践和创造力发挥的历史，因此创新的重要性可见一斑。

对任何人而言，创新思维是可以训练的，区别仅在于通过训练所取得实效程度的不同。高校大学生完全可以通过坚持不懈的培养和训练增强自己的创新思维能力。训练和不训练的结果大不一样，许多著名科学家对创新思维曾有过精彩的论述。爱因斯坦指出："物理学家的最高使命是要得到那些普遍的基本定律……要通向这些定律，并没有逻辑的道路，只有通过那种对经验共鸣的理解为依据的直觉才能得到这些定律。"他还说："想象力比知识更重要，因为知识是有限的，而想象力概括着世界上的一切，推动着进步，并且是知识进化的源泉。严格地说，想象力是科学研究中的实在因素。"普朗克也有类似的见解，他说："每一种假说都是想象力发挥作用的产物，而想象力又是通过直觉发挥作用的。"美国麻省理工学院的戈登教授认为："既然发明创造不是阐明已知的事物联系，而是要发现事物间未知的联系，因此，要靠非推理因素来把似乎无关的东西联系起来。"

4.8.2.2 仿拟与创新思维的训练和培养

创造性思维是人类思维的高级表现，它寓于抽象思维和形象思维之中。创造性思维是从问题开始的，所以，培养学生发现问题、提出问题的能力是创造性思维训练所要面对的第一个问题。笔者认为，要培养学生发现问题、提出问题的能力，首先要鼓励他们敢于和善于质疑。所以，在课堂氛围的营造上，我们要特别注意创设一个宽松、和谐的课堂环境，培养课堂的民主意识，爱护他们充满好奇心的天性，鼓励他们提出问题，并在他们提出问题后一定要加以鼓励并耐心解答，增强他们的问题意识，并进而形成发现问题和提出问题的能力，以求形成一种积极思维、勇敢提问的课堂氛围。

创造性思维同时也是发散思维和复合思维的辨证统一，在创造性思维的训练中我们也应该注重抓好这两种思维方式的训练。发散思维的训练，主要是教会学生学会多角度地思考问题。比如可以利用话题作文中话题的开放性，引导学生通过联想、想象、猜想、推想以及逆向思维等方式开拓写作思路，从而培养学生多角度思考问题的能力，同时还利用话题作文最终主题的确定性，让他们能够对发散思维所得到的多种结果进行分析、比较、综合与选择，从中得出一个适合自己的主题，培养学生的复合思维。经过一定时间的训练，学生在面对话题作文时，思维开阔了，可选择的空间也开阔了，同时也能较快地根据自身特点选定最终主题，在一定程度上提高作文质量。

仿拟强调两个方面，一是模仿，二是拟创，二者是辩证统一的关系。笔者认为模仿是仿拟的前提，没有了模仿，仿拟就成了无源之水、无本之木；而拟创是仿拟的最终结果，没有拟创，模仿就失去了意义，也不会有最终的结果。所以说，仿拟意在“仿”，重在“拟”，这个“拟”就是创新，应该通过仿拟中“拟创”的训练，达到提高学生创新思维能力的目的。

在教学中，引导学生认识到仿拟是在原有词、句、篇基础上的一种创新应用，成功的仿拟就是在与本体（仿拟对象）相似基础上的合乎语境的创新。仿拟与模仿的本质区别在于仿拟是在运用本体基础上的创新，没有创新就没有仿拟。仿拟创新的思维方法有两种，一是类仿，二是反仿。类仿可以推进思维的深度，反仿可以变换思维角度，拓宽思维的广度。创新应在正确理解本体结构或内容的基础上，实现新的突破。如大家所熟悉的打油诗，其中难免存在格调不高的问题，教师要善于引导学生找出其中的不足，指出恰当的仿拟在于达到完美的语境及高超的思想境界。如“春眠不觉晓，处处蚊子咬。洒上敌敌畏，不知死多少”，显然仿拟“春眠不觉晓，处处闻啼鸟。夜来风雨声，花落知多少”一诗，前者的不足之处也很明显。教师要引导学生在正确理解本体思想内容的基础上，写出恰当的仿拟作品。

笔者认为，在教学当中，应该提倡采用启发式教学方法，通过仿拟的练习，从而收到如下效果：

(1)以学生为中心。教师的作用在于激发学生的学习动机和兴趣，指导学生从言语实践中发现语言规律，并为学生提供创造性地活用规律的场景，从而使学生掌握它。

(2)注重能力。注重发展学生的语言能力和言语创新能力，使学生能够运用有限的语言规律生成无限的语句。

(3)注重理解。在理解语言知识和规律的基础上进行训练，反对机械性的死记硬背。

(4)全面发展。语言的声音和文字在语言学习活动中相辅相成，主张听、说、读、写齐头并进，全面发展。

仿拟在教学中的运用，可以这样概括：语言的本体理解是指学生对典范语言作品的感知形成准确的意象图式；语言能力的心理培养指语言或语文规律的类推分析能力的培养；语言仿拟运用是指由一个认知域的原型，据相似性原则到另一认知域的投射，是适应新的具体语境的仿拟创新运用。仿拟的使用，可以有效地培养学生的仿拟思维和创新思维能力，提高教学效果。

4.9 小　结

本章分别从认知语言学、语用学和命名学三个视角，对仿拟的语言学维度做了分析和阐述。研究发现，认知语言学揭示了仿拟产生的心理机制，同时给仿拟负偏离的规避提供启发，它是仿拟生成内在本质的揭示者。从语用学视角而言，语用学中的关联理论对仿拟的产生功不可没，仿拟的产生源于本体与仿体间存在的关联，关联理论是仿拟要素内部关系的解释者。仿拟使用受到“语用三律”的制约，体现了人们在产生和接受仿拟时的省力，从而对仿拟的创作有一定的指导意义，该理论是仿拟创作的指导者。此外，对“中心词＋外化亲属称谓语”的个案研究给认知语言学的认知观以补充，重构认知语言学的表征方法，确立除经验观、凸显观和注意观的第四种表征——联想观，并按思维程序重新排序，同时，该类语言使用背后隐含的礼貌原则和面子观给亲属称谓语的选择提供了外在动力。命名学视角的研究给仿拟命名功能提供解释，带通名“园”仿拟类楼名体现了人们对语境关系和语言结构的顺应。从文学角度揭示了仿拟在文学作品中的运用功能与规律，其翻译涉及仿拟在两种语言当中的转换问题。以上视角涉及仿拟的生成机制、内部关系与使用以及其功能，揭示了仿拟的内在本质。

第五章　仿拟的叙事学维度

5.0 引　　言

叙事学对作品进行理论研究，其主要目的在于探讨作品的构成机制，并且研究作品各个有机组成部分之间的相互关联，从而发掘该叙事文本有别于其他作品的内在规律（谭君强，2008:2）。法国文艺理论家托多罗夫（T. Todorov）在1969年发表的《〈十日谈〉语法》中正式提出叙事学这一概念，奠定了叙事学作为一门独立学科的基础。

传统叙事学研究存在局限，它主要就文本展开研究，其最终研究结果变成了一种文学技巧赏析，在"对'亚文类'作品，以及不同时代的小说及不同作家小说叙事共性的研究"（唐伟胜，2003:17）的当下，叙事学研究范式不再局限于从前，通过许多努力，研究重心已从文学故事为主转移到多元叙事学研究上来。表现在如下两个主要方面：

（1）叙事学的跨学科研究。我国叙事学研究主要人物之一的申丹教授（2005:47）认为，后经典叙事学有别于传统叙事学的主要之处在于，它发展了20世纪90年代以来的西方叙事理论，在叙事学领域出现了跨学科研究现象，比如因叙事学与修辞学结合而出现了新兴研究领域的修辞叙事学，Mickael Kearns于1999年出版的《修辞叙事学》（Rhetorical Narratology）将修辞方法与叙事学研究方法有机结合，修辞叙事学的出现是叙事学跨学科研究的有力证明。此外，四川外语学院熊沐清教授致力于教育叙事学的研究，这是叙事学与教育学相结合的一大产物。

（2）"泛叙事观"的出现。西方叙事学研究领域内开始突破传统叙事学的研究窠臼，提出各种活动都可以被看做叙事来加以研究，这是受到叙事学跨学科研究影响的结果。

受此影响，笔者拟以后经典叙事学为标杆，通过对仿拟修辞叙事的研究，力图发现这一有别于传统叙事的叙事模式之运作规律。

5.1 仿拟叙事观

仿拟是否为叙事，明确这一点非常重要，对此笔者持肯定态度。仿拟叙事观可从以下两方面得到确认。

5.1.1 修辞叙事学奠定了仿拟叙事观的基石

叙事具有普遍性，语言的和非语言的，都离不开叙事，叙事与人类历史同在(伯特 H·阿波特，2007:1)。研究话语劝服力的修辞学与叙事学相结合，产生了“修辞叙事学”。这是 20 世纪 90 年代以来发展较快、影响较大的后经典叙事学流派。

修辞叙事学是对传统叙事学的拓展，研究作者如何采用修辞策略并达到预期叙事修辞效果，始于美国韦恩·布斯(Wayne C. Booth)1961 年出版的《小说修辞学》(*The Retoric of Fiction*)一书中对作者、叙述者、人物和读者之间修辞性关系的研究。该书为修辞性叙事学的发展做了重要铺垫，其初版是经典修辞理论的代表作，从中可以看出“修辞学”这条线与“叙事学”这条线在某种程度上的交汇；拓展于 1996 年詹姆斯·费伦(James Phelan)著作《作为修辞的叙事》(*Narrative as Rhetoric*)中论述了关于技巧、读者、伦理和意识形态，他综合吸取了经典叙事学、经典修辞学、读者反映批评和文化意识形态批评之长，与经典修辞学相比，既继承了其对修辞交流和修辞目的的关注，又通过对作者、文本、读者之循环互动的强调而避免了其短；提升于迈克尔·科恩斯(Mickael Kearns)1999 年发表的《修辞叙事学》(*Rhetorical Narratology*)将修辞方法与叙事学方法的有机结合，将研究“叙事是什么”的叙事学研究成果用于修辞性地探讨叙事如何运作，“主要涉及作者、叙述者与读者之间的交流关系，在作者、文本与读者之间保持了某种平衡，而不是侧重于读者”(申丹、王丽亚，2010:171)。

上述学者将叙事学扩展到修辞学范畴，无疑是在经典叙事学上的超越，然而在叙事文本上仍未脱离小说作品的局限。其后，这方面有所突破，王委艳(2010:70-73)将修辞叙事学的研究文本拓展到电视广告作品，分析了广告作品中的修辞叙事学特征。由此推知，叙事是修辞行为(邓志勇，2012:41)，任何形式的文本都可以用修辞叙事学方法来研究，这些文本当然包括作为修辞策略与手段的仿拟在内。与原创文本不同的是，在仿拟文本中，作者拟构的是一个在形式上不同于源本，然而在本质上确是完整的另一故事，同样也体现了作者与读者间的交流与互动。虽说仿拟在修辞叙事中充当的只不过是一种文本叙事的工具与手段而已，但不能否认仿拟文本也是叙事这一事实，只不过在文本的外在表现上较之于原创文本而言，多了一层模仿的痕迹罢了，而我们所感兴趣的，就是这种体现为修辞叙事学的仿拟文本的叙事。

5.1.2 事件的存在证实了仿拟叙事观的存在

《文学术语词典》认为，仿拟实质上是一种文体现象，它是对作家或体裁之正式特征的夸大的模仿，它以文字的、结构的或主题的差异为表征，对一些特点予以夸大，使之显现；或对全异的风格予以并置；或使用一种体裁的特征来呈现与之相联系的另一体裁的主题。玛格丽特·罗施(Margaret Rose)将这些可能性总结为这样一条规则：两套代码，一条信息。就仿拟而言，其包含两套代码(本体和仿体)，但不能完全抹掉本体的痕迹，甚至可以通过它来理解原语的"严肃"意义(Wallace Martin，2006：180)。

一直以来，仿拟被作为辞格的一种而被提及，然而，以上研究仅限于修辞层面，尚未达及叙事层面。迄今，甚至尚未有人将它归为叙事，更谈不上从叙事角度来研究，它被置于叙事学领域"被遗忘的角落"。随着叙事学研究领域的拓展，笔者认为可对其从该理论角度进行研究。

叙事从根本上来说是一种交流活动，它指的是信息发送者将信息传达给信息接受者这样一个过程。如何确定所说的话语是不是叙事，依据是所说话语中是否有"事"，即"事件"(event)，有之，则为叙事。所谓事件，就是一件或者一系列已经发生或将要发生的事。如"我前天买了一件衣服"，或者"我过几天要去出差"，这些都是叙事。叙事即是言语(口头或书面)的交流过程，是叙事者将叙事内容以信息的方式传递到接受者的过程，在信息的传递过程中，难以避免就要用到语句。

巴特认为，一个叙事是一个长句，每个陈述句差不多都是一个短小叙事的梗概。其他叙事学家也像巴特一样，认为所有句子层面上的语法范畴都可以毫无疑问地拔高到话语层面，而不会丧失语法范畴的描述或解释能力(戴维·赫尔曼，2007：18)。从该角度而言，句子层面的仿拟是叙事，

那么对于小于句子单位的短语来说，它们是否也是叙事？笔者对此持肯定态度，因为汉语中很多短语就是句子、甚至是语篇的浓缩。如成语"刻舟求剑"源于春秋战国时期一则故事，现用来讽刺那些不懂得事物已经发展变化而仍然静止看问题的做法。因此，短语中有时蕴藏着内容丰富的故事，隐含着事件，而在很多情况下，代表一个故事或者典故的成语，其叙述的是一件事，故事中有事件，故为叙事。因此笔者认为，"刻舟求剑"也是叙事。下面以"狐假虎威"为例表述，如图 5.1 所示。

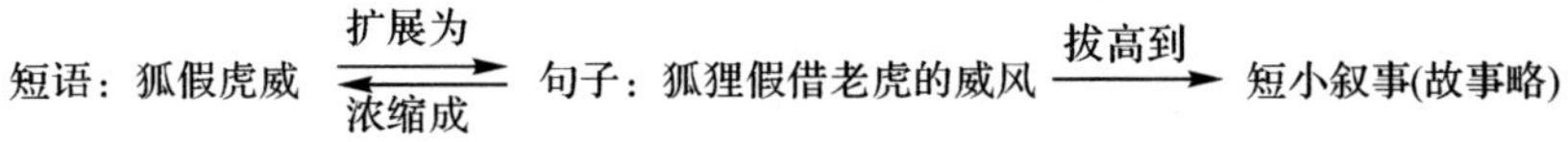

图 5.1 短语的叙事表达示意图

可见，短语“狐假虎威”中包含有“事件”，因而它是叙事。汉语中的很多成语如“刻舟求剑”“亡羊补牢”“草船借箭”“叶公好龙”等，均出自短小故事，为故事的高度浓缩，故皆为叙事。

由此看来，确认是否叙事，不能以句子长短论英雄，短语虽短，但也是一个句子的浓缩。换言之，短语可以扩充为句子，并被拔高到话语层面，因而也是叙事，仿语乃仿现有短语而造，自然逃脱不掉叙事的窠臼。

而至于篇章层面的仿拟，则更是一种叙事。如前面我们提到的作品《水科路难》以《蜀道难》的文本体式，述说了水科路难以完工的故事，即为叙事。由此可见，仿拟，无论是短语层面还是语篇层面，只要其中包含事件，就可以认为是叙事。

值得注意的是，与常规叙事不同，在传统文学和日常生活中，言说与意义之间存在差异，仿拟便是一种体现。华莱士·马丁（Wallace Martin，2006：178）认为类似于仿拟的叙事有悖于常理，并根据他们的偏离形式，将此类叙事行为分为两类，通过讽刺、仿拟等手段来挑战文学和社会常规的语言形式便是其中之一。所以，在描述仿拟这类叙事时，须将它与严肃的、常规的、“伟大的”文学作品区分开。

既然有悖于常理，同时又是一种叙事，且为众多名家所用，因此，探究仿拟叙事成为一种必要。仿拟属于讽刺，不能忽视，我们越对仿拟之类的语言形式加以歧视，它们就越为常见。一些作家如 Cervantes 和 Mark Twain 之所以成为伟大的现实主义作家，正是出于他们对仿拟的使用（Wallace Martin，2006：180）。

经济学诸多原理中蕴含着某种故事或起源。如“马太效应”指社会领域内两极分化现象，源自于《圣经·新约》第二十五章：“凡有的，还要加给他叫他多余；没有的，连他所有的也要夺过来。”又如墨菲定理（有可能出错的事情，就会出错，Anything that can go wrong will go wrong）、酒与污水定律、羊群效应、华盛顿合作规律等，每一个原理背后都蕴藏着一个故事，语言学中称之为叙事。

鉴于此，仿拟叙事观应该成立，仿拟叙事应引起研究重视。在此，笔者拟从叙事学角度，就其叙事理念、叙事语言和叙事动力作研究尝试，以期发现其运作规律。

5.2 仿拟叙事理念

确定仿拟叙事后，即可探寻仿拟叙事的具体问题，首先是其叙事理念。在这一问题上,笔者认为其叙事理念在于互文性。

互文性是后现代小说所体现出来的叙事特征之一,是对作品的复制与多重复制。严格来说,文学作品从来都不是一种纯粹的独创。巴赫金认为,任何一篇文本,都不是全新的、与其他文本没有任何关联而孤立存在的文本,该文本与其他文本存在对话,对话的始作俑者是词语,因此,所谓的新文本,不过是各种表述的集合,在文本里面将这些表述进行重新分配,从而得出一篇新文本。文本间诸如此类的交汇涉及如引用、暗示、参考、仿作、戏拟、剽窃等(谭君强,2008:249)。换言之,新旧文本之间具有互文性。

Julia Kristeva 持相似观点,她在其《符号学》一书中提出互文性理论,认为任何文本都是由多个行文组成,如果说文本是一块布料,那么这些行文如同镶嵌在布料上的颗颗珍珠。新文本是旧文本的一面镜子,能够照射出后者的影子。新文本是对其他文本的吸收和转化,二者互为关照,新文本折射出旧文本的影子,依照新旧文本的关系可以理解新文本。据此,她提出了互文性这一概念。

德里达也认为文本都是互相包容、互相"抄袭"、互相解释的开放体系,世上不存在"独立"的文本(聂庆璞,2005:77)。文章之间的互文性如此常见,以致于后现代潮流所声称的"作者死了",便是对互文性解释的一种极致。

互文性的表现形式多种多样,上面提到的引用、暗示、参考、模仿、抄袭是最直接、最典型的表现。仿拟的本质就是模仿已有的语文体式创造新的语文体式,涉及两个对象——本体和仿体,因此被称为"双声语篇(dual - voiced discourse)"(Wallace Martin, 2006:180)。而与一般情况不同的是,二者是互文性的直接体现,仿体与本体在语音、语义等结构上互文,据仿体能直接推导出本体何为,互文性在仿拟中得到最为充分的阐释和利用。例如:

(a)I came, I saw, I clicked.

(b)"Twinkle, twinkle, litter bat!
How I wonderwhere you're at!"
"Up above the world you fly.
Like a tea tray in the sky.
Twinkle, twinkle..." (Carrol:Alice's Adventures in Wonderland)

(a)为模仿自凯撒大帝名言"I came, I saw, I conquered."的某网站广告语,新文本保留了旧文本的格式,只替换了其中的动词,二者在结构上互文;(b)的本体为英国诗人 Lane Taylor 写的著名儿歌 The Star 的第一节(李鑫华:2001:246)。由此可见,仿拟互文性一般体现在两个方面:一是结构互文,即仿体保留本体的原有结构不变;二是底文中的一些词句在超文中得以保留。此二者必居其一,或兼而有之。

文本缘何互文？模因论提供了解释。Blackmore(1999:66)认为，任何一个信息，只要它能够通过广义上称为“模仿”的过程而被“复制”，它就可以成为模因。联系语言而言，模因论为语言引入了信息复制的观点。由于模因概念的介入，受其影响，不但词语可以得到模仿，词语间的组合以及选择该词语形成语篇的观念也得到模仿与复制，这样人和语言形成互动，这种互动模式被当成一种因子保留于人脑中，一旦遇到类似场合，这种模式得到激发，并应用在其他文本中，所以新旧文本互文。如《蜀道难》的遣词造句和行文格式存在后，就被当成一种模因保留下来，遇到新情况如“水科路”难走的情况，这种模因因子就被激活，应用到这一新情况中，形成新文《水科路难》。同理，以后也许还有别的类似情况，都可仿照《蜀道难》而成文，这样，新旧文本形成互文。这种互文的形成，是模因复制的结果，模因如同底文(本体)，通过模仿复制，创造出新的语篇——超文(仿体)。由于是模仿的产物，超文必定保留原来语言的基因特色，从而使得本体和仿体形成互文。因此，仿拟得以而成。

5.3 仿拟叙事语言

一件语言作品，其产生和存在的意义在于，它不是对已有作品的简单重复或仿冒，而是展现出它有新意的、与众不同的一面，尽管这种作品可能被多数公众认为是毫无意义或相反的东西。仿拟通过对原文结构的模仿，推陈出新，创造一种新的语言形式，尽管与本体形成互文，但是它展现的是一个并不存在的新的事物或概念，因而也是有意义的，而这种意义的实现就在于语言的陌生化。笔者认为，仿拟叙事理念在于其结构与本体互文，但仿拟的意义展现却是通过仿拟语言文字的陌生化手段实现的。

陌生化(defamiliarization)这一概念由维克多·什克洛夫斯基提出，他认为艺术的技巧在于使对象陌生，以增减认知难度，延长感觉时间。体现在语言上，便是打破常规，偏离正常的语言使用习惯，使用语言的超常搭配，把陈旧的语言变得离奇与新颖，克服自动化的倾向，达到去自动化的效果。

完完全全的与众不同，这是创新，不在本文探讨之列。我们感兴趣的是，如何通过对现有语言形式的改造，达到陌生化的效果。要做到这一点，仿拟便是手段之一。仿拟之所以受人关注，就因为它采用的是陌生化的叙事语言，使得所产生的语言形式既根植于源语，又打破人们所熟悉的常规，实现与源语在语音、用词、结构等方面的背离，从而产生强烈的修辞效果，达到标新立异之目的。

一般而言,仿拟叙事的陌生化通过下列手段得以实现。

5.3.1 语音陌生化

保留源语格式,通过更换同音或近音字,形成音仿,这便是语音陌生化。如前文提到的例子:We know eggsactly how to sell eggs. 听言此句,对 eggsactly 感觉陌生,语音上给人一种新奇陌生的感觉,结合结构互文,联想起本体,揣摩出它是一个陌生化的单词。这样打破常规的语音变异搭配,因其离奇和陌生而吸引了读者的注意。广告中类似的通过语音形式的变异产生陌生化,从而收到表达效果的例子比比皆是,如"闲妻良母""骑乐无穷""咳不容缓"等。

5.3.2 词汇陌生化

这是指通过改变词汇形式或临时模拟仿造一新词,使读者耳目一新,从而收到表达效果。例如:

I had no outlook, but an uplook rather. My place in society was at the bottom. (Jack London: What Life Means to Me) 我没有人生观,但我有"上爬观",我的地位在社会的最底层。

人们心目中本无 uplook 一词,接触到该词的瞬间,觉得十分陌生。但联系其上文该词的本体——outlook,便对其的理解豁然开朗了。这种陌生化的临时搭配,极精练地展现了作者当时一心想从社会底层往上爬的心理。

5.3.3 搭配陌生化

这指破坏句子惯常搭配和组合关系实现陌生化。例如:"枯藤老树昏鸦,教室、宿舍、网吧,抽烟、喝酒、看花。夕阳西下,逃学人在天涯。"在英汉语句法结构中,各个、各级成分都有一定的位置,其搭配或组合也早已为人们所熟悉。而仿自马致远《天净沙·秋思》的该诗句,对本体的固有搭配加以改动,产生陌生化,特别容易引起人们的注意。

除上述三种常见形式外,还有一些其他形式如变序(改变文字的排列顺序)陌生化、类推(通过类比推理)陌生化等,限于篇幅,在此不再例举。

通过分析可见,为收到言语表达效果,通过改变某些语言形式(语音、词汇、句序等),打破常规搭配,使之既源于本体,又异于本体,实现语言的新鲜感、奇特感和陌生化,这就是仿拟叙事的语言特色。

5.4 仿拟叙事动力

顾名思义，“叙事动力”就是叙事的发生和推动之力。小说情节的发展有它的内在逻辑（芮渝萍、范谊，2007：30），这一逻辑便是推动故事发展的内在动力。

叙事动力来源于社会和个体。社会的动态发展给语言形式以发展的源动力，小说中的故事情节随着时间的推移和时代的变迁而发展，以叙事切割之，这种动力系统得以保留。个体的叙述是经过调整和组织化了的叙述动力的重新配置，此时，叙述动力来源于人的主观力量，事件对叙述者的情感产生了作用，因此才具有可叙性（何自然，2009：293）。

作为叙事方式的一种，仿拟的产生和创作过程中也存在某种推动力量，我们的任务就是去发现这一力量，即发掘仿拟的叙事动力。研究发现，仿拟叙事动力来源于模仿与类推。

5.4.1 模仿

伽达默尔的艺术模仿论告诉我们：“模仿不是简单地指向独立地立在那儿的事物原本，而是意味着事物作为自身赋有意义地伫立那儿。”模仿就是让“存在扩充”，因而要比模仿的原型多出许多意蕴，现代绘画的无物性乃至反物性，正是追求存在扩充和充盈的有力证明（马钦忠，2004：160）。

这段论述是对模仿作为仿拟叙事动力的有力证明。仿拟是在模仿原语基础上新创的一种语言形式，它形在仿，意在拟。尽管是一种新的语言形式，但还是可以看出其模仿的痕迹，人们可以藉此类推出其本体何为。在此，就有一种力量去推动人们的语言创造，笔者认为，这股力量之一就是模仿，有“仿”，才有“拟”，否则，仿拟就成了无源之水、无本之木。因此，模仿是仿拟叙事的动力来源之一。

模仿有行为模仿和言语模仿两种。言语模仿是对已有语言形式的模仿，模仿者见到一种语言形式，对其产生认同与学习的兴趣，就容易在保留其原有格式的基础上对其进行有意识的仿造。

关于模仿的作用，Florian Coulmas（2001：85）是这样解释的：语言变化讨论中一个长期已久的假设就是，一旦这个变化由个人所发起并达到一定程度，为其他说话人所模仿，那么这种变化随后在语言社团中的传播就出现了（A long-standing hypothesis in discussions of language change has been the idea that, once a change is initiated by a single individual, its subsequent spread throughout a language community occurs when, and to the extent that, it is imitated by other speakers.)。所以新词新语出现后，极易被人模仿，仿拟也就顺理成章了。比如电影《让子弹飞》上演后，随即出现许多类似于“让钻石飞”“让口水飞”“让低价飞”等模拟而成的广告语；“鬼城”(随着城市化的推进，出现了越来越多的新规划高标准建设的城市新区，这些新城新区因空置率过高，鲜有人居住，夜晚漆黑一片，故得名)出现后，仿其制造新词——“睡城”或“卧城”(主要指大城市周边的大型社区或居民点，这些人口相对集中的区域，由于缺乏成熟的如衣食住行、商业休闲、教育娱乐等区域功能的城市配套，人口虽大量入住，但也就是局限于晚上回家睡觉，白天照样开车或者乘车往市中心赶着上班。)

由此可见，模仿是新词产生与传播的关键，是仿拟叙事的动力源之一。此外，在语言文化的传承中，模仿起着十分重要的作用。模仿心理在人们，特别是青少年中十分突出，这主要是因为青少年往往求知欲比较强，对新兴事物有着强烈的好奇心，容易模仿，而且容易在模仿过程中发挥创意。称校园第一美女为“校花”，那校园第一帅哥不就是“校草”了吗？仿拟就此产生。其实不难看出，仿拟仿拟，有仿才有拟，无仿何来拟呢？由此可见，模仿是仿拟叙事的第一动力来源。

5.4.2 类推

模仿是仿拟叙事的根本动力，有了这一动力，仿拟的产生就有了物质基础。然而只有模仿还不足，仿拟叙事还需获得另一种动力支持方可形成，这便是类推，即根据两概念间的相同或相似之处由一概念推导出另一概念的方法。如由“朋友”类推出“战友”“牢友”“笔友”等。英语中，analogy 是指“以事物共享的相似性为基础的事物间的比较”(a comparison of things based on similarities those things share)(Greg Bassham et al.，2002:323)，它“总是反映了语言经济中所发生的变化，并以一种新的组合来例证这些变化。类比与经常修正语言这一建筑的力量一起有效合作，因此，类比是语言进化的有力因素”(Analogy reflects constantly to the changes which have occurred in the linguistic economy, and exemplifies them in new combinations. It collaborates effectively with all the forces which are constantly modifying the architecture of a language. On this ground, analogy counts as a powerful factor in linguistic evolution.)(Ferdinand de Saussure, 2001：170)。

类比这种方法已为孩子所掌握，如在学习动词过去式中，他们很容易就按照规则类推出 goed 和 breaked 等词，将学习到的新模式不加排除地应用于其他情况，我们称之为“过度规则化”(over regularization)(Ervin S. M，1964：163－189；Slobin D. I，1973：175－208；Timothy B. Jay，2004:383；Tom Scovel，2004：

3)，而且这已为 David W. Carroll（2000：287－288）所证实。语言系统的内聚力是通过语言自身的"类推"（analogien）原则而形成的（姚小平，1995：108），从而使得系统本身的每一变化着的部分会在形式上接近于其他部分。所以，它使语言水流保持着前进方向的同时，会因源源不断的支流的涌入而做到川流不息，呈现出波澜壮阔的美丽画面。

从前面的介绍和分析中我们可以发现，仿拟行为的"仿"此"拟"彼，其实也就是根据本体类推出仿体的过程，由此可见，类推是仿拟行为最根本的一种思维方式，是仿拟得以产生的另一叙事动力来源。模仿和类推作为仿拟的叙事动力，二者相辅相成，缺一不可。笔者认为，模仿是仿拟叙事的原始动力，它推动人们进行第二步运作即类推。类推在模仿的基础上进行，模仿控制类推的方向，模仿和类推相互结合，形成一股合力，有了这一合力作基础，仿拟叙事就有了动力来源。

5.5　小　　结

首先确立了仿拟叙事观，然后分析了仿拟叙事理念、叙事语言和叙事动力，厘清了仿拟叙事的运作规律，这些足以说明仿拟研究可以从新的角度来进行，同时也证明了在 20 世纪 90 年代出现的"泛叙事观"的理论标杆下，叙事学理论不仅可以用来研究小说类叙事，还可用来研究非小说叙事乃至非文学叙事，并给小说以外作品的叙事研究提供参考。

第六章　仿拟的语言经济学维度

6.0　引　　言

牛顿根据苹果掉到树下这一现象，创立了重力理论，该理论不仅适用于苹果，而且也适用于宇宙中任意两个物体。其后对牛顿理论所做的检验证明了这样一点：该理论适用于多种情况（曼昆，1999：20）。同理，有些经济学理论在语言学中也同样适用，教育部副部长郝平曾坦言，语言学成果具有经济价值（李秀明，2007），鲁宾斯坦（Ariel Uubinstein）（2004：6）认为经济理论与语言问题相关联，在《经济学与语言》一书中，他提到："经济理论是人们对在人类相互作用中的常规性进行解释的一种尝试，而人类相互作用中的最基本的、非物理性的常规性就是自然语言。经济理论仔细地分析了社会体制的设计，语言——从部分意义上讲——也是一种交流的机制。经济学试图将社会制度解释为从某些函数的最优化过程中所衍生出的常规性，这一点可能对语言也是适用的。"许多经济学家开始意识到用经济学的范式对语言本身及其相关问题加以研究讨论也是可行的。

尽管语言经济学目前并没有真正形成一个相对独立的分枝学科，这一标题下所包含的内容却非常广泛（张卫国，2010）。许其潮（1999a：43－48）在《外国语》杂志1999年第四期上的一篇文章《语言经济学——一门新兴的边缘学科》概述了语言经济学这一新兴边缘交叉学科的产生背景与发展、基本理论观点、研究对象和方法，并指出该学科在我国的研究具有广阔前景，呼吁广大语言学专家和外语工作者加入"语言与经济"研究行列。

由此，语言的经济价值凸显，经济学相关原理用在语言研究上，诞生了语言经济学。语言经济学可以用来研究语言中的诸多现象，甚至有人提出将它作为一门学科来讲授。由于学识浅薄，笔者尝试用这一理论来对语言中非常小的一个语言现象——仿拟来作研究。研究以广告仿拟为突破口，因广告宣传是语言学与经济学结合范例之先锋，广告存在经济价值与社会价值，通过仿拟的运用，其经济学思想必会得以体现，这是语言学与经济学很好的接口，而且，以广告仿拟为例，从语言经济学角度研究，体现了语言学与经济学的跨学科交叉。

6.1 语言经济学概述

从语言经济学维度研究仿拟,必然首先要对语言经济学进行简单了解,因此本节简单述说语言经济学的大致情况,涉及其定义、研究范畴等内容。

6.1.1 语言经济学的定义与研究范畴

Grin (1996) 将语言经济学(Economics of Language)定义为"理论经济学的一种范式,在对表征语言变量的关系的研究中,使用经济学的概念和工具。它主要——但不是专门地——侧重于经济变量起作用的那些关系"。它是"以经济学的理论、原则和方法,把语言和言语行为当作普遍存在的社会和经济现象来加以研究的一个经济学分支学科"(张卫国,2008:41)。语言经济学的研究范畴,从宏观上来说,研究主线大体分为三条:一是人力资本理论下的语言与经济关系研究,例如语言与收入关系的研究。二是经济学语言的修辞分析,也就是说,经济研究中经济学语言的运用本身也有一个经济学问题。三是用经济学的理论、方法来分析语言的结构、现象及相关的语言问题。其中第一条主线是人力资本理论在语言与经济变量相关联问题中的应用,即把语言看作一种技能或资本加以分析研究;后两条主线可以被认为是经济学理论在学科发展过程中朝着语言领域自然延伸的结果(张卫国,2010)。从微观上来说,其研究范畴可大致分为:①语言与收入的关系;②语言产业与经济增长;③语言的"网络效应"与语言的动态发展;④语言政策和语言规划的经济学分析;⑤语言自身结构及其产生、发展与变迁等相关问题的经济学(博弈)分析;⑥语言(特别是汉语言)国际推广的成本收益研究。

6.1.2 国内外语言经济学研究现状

语言经济学的研究在国外也只有三四十年的历史,国内起步不久。经过梳理,可以对该理论的国内外研究现状有一个清晰的了解。研究发现,对语言经济学研究现状的综述比较笼统,故拟结合同行专家研究成果,对其进行梳理。

6.1.2.1 国外研究

语言经济学是一个跨语言学、经济学、教育学、信息学、人口学、统计学和规划学等门类的新兴边缘交叉学科,经历了萌芽、兴起、形成与拓展四个阶段(许其潮,1999b)。

1. 萌芽阶段

亚当·斯密于1761年发表在《哲学随笔》上的一篇题为《对语言最初形成以及

原初和复合语言的不同天赋(different gernerations)的思考》的论文成为以后经济学家研究语言的开始,他在《国富论》中对语言的重要性也有大量阐述,明确指出人的交易是需要语言的,“从来没有看到一只狗与另一只狗进行公平的、有意识的骨头交易”(转引自鲁宾斯坦,2000:35)。语言经济学萌芽于20世纪60年代,该词(Economics of Language)最早出现在1965年Marschak发表在《行为科学》杂志上的一篇短文里。语言的使用为什么随着某些变化而变化?为什么有些语言很好地保存下来,而另一些却逐渐消亡?由此开始了他对语言问题的经济学思考。其核心观点是,经济学与探求语言的优化之间有着密切关系;语言作为人类经济活动中不可缺少的工具,也具有价值、效用、成本和收益等经济特性;一种语言的某些特征随着时间的推移被保留下来或被抛弃,主要取决于该语言在最短的时间内传递最大信息量的能力。这是经济学家首次正式地从经济学的角度来分析语言问题(张卫国,2011)。由此看来,Marschak堪称语言经济学研究的鼻祖,他在语言经济学领域最主要的贡献是提出了语言经济学一直沿用的概念并界定了其研究主题,即经济学与探求语言方面的优化的密切关系及语言的四个经济学性质:价值(value)、效用(utility)、成本(cost)和收益(benefit)及其相互关系(Marschak,1965)。该研究尽管具有一定的局限性,但其观点无疑揭开了语言经济学研究的序幕(蔡辉,2009)。

2.兴起和形成阶段

20世纪70年代和80年代属于语言经济学研究的兴起和形成阶段。这一时期的研究强调语言的人力资本特性,给语言研究开辟了不同的分析视角。同时还强调与教育经济学(也发端于60年代)的联系(姚明发,2007:204)。受人力资本理论和教育经济学研究的影响,这时语言经济学在北美形成研究热潮,研究内容以语言政策与规划的经济学评价为主,代表作有Thomas Thorburn的“语言规划中的费用-效益分析”(1971)、Timonthy Reagan的“语言经济学:语言规划的含义”(1983)、Francois Vaillancourt的“语言经济学和语言规划”(1983)、Ridler和Ponsridler的“加拿大语言政策的经济学分析”(1986)。其中以加拿大蒙特利尔大学经济学教授Francois Vaillancourt的著述最丰,也最具代表性。他在《从经济学角度看人口语言趋向和加拿大的双语制》(1989)一文中较系统地概述了语言经济学的基本理论,可以说是该学科形成的一个标志(许其潮1999b:4-7)。

3.拓展阶段

经济语言学作为一个专有名词被正式提出,是20世纪90年代的事,因此,20世纪90年代至今,属于经济语言学的拓展阶段。1996年,斯坦福大学语言学教授约翰·鲍格(John Baugh)在论文《经济语言学理论之维度》(Dimensions of a

Theory of Econolinguistics)中指出，面对变化着的现实，传统社会语言学的解释能力显露疲态，因此，有必要提出一种新的社会语言学"诊断"方法，即所谓经济语言学。鲍格的这篇论文被视为经济语言学作为一门独立学术分枝的出现。延续上一阶段，这期间的研究在成果数量上得到提升，研究视角上得以拓展。如上面提到的 Francois Vaillancourt 发表了《多语现象经济学：概述与分析的理论框架》(1997)，最突出的代表是瑞士日内瓦大学的政治经济学教授弗兰索·格瑞恩(Francois Grin)。他在《欧洲的语言经济学研究：新近成果及其与加拿大的关系》(1996)一文中指出，欧洲研究不只局限于语言促进经济发展的一面，而更强调语言和经济的互惠互补作用，指出语言环境也是经济力量影响所造成的。此外他还撰文指出，语言经济学属于理论经济学的一种范式，它运用经济学的概念和工具来分析语言变量关系。这明确了语言经济学的基本研究范畴(张嘉昕、吴宇晖，2011)。

这一阶段，语言经济学的纲领性著作是鲁宾斯坦(A. Rubinstein)的 Economics and Language: Five Essays (2000)，其中文版《经济学与语言》(钱勇、周翼译，上海财经大学出版社 2004 年 5 月出版)从"语言的经济学"和"经济学的语言"两个方面论述了经济学与语言之间的相互影响。语言的经济学部分共有三篇论文，分别介绍了语言的语义特征、语义的演化和修辞的策略性演化；经济学的语言部分共有两篇论文，即决策与语言、博弈论的修辞；最后是三篇评论。

6.1.2.2 国内研究

与国外方兴未艾的势头相比，我国对于语言经济学的研究却多少带点期期艾艾的味道，且大多还处于引介阶段(江桂英，2010)。从起步至今，只有不到 20 年的研究历史。最早由语言学家引介到国内的代表学者有祝畹瑾(1992)、戴炜栋(1993)、何自然(1997)、高一虹(1998)等，开了语言经济学在我国应用研究之先河。1999 年，许其潮概述语言经济学这一新兴边缘交叉学科的产生背景与发展、基本理论观点、研究对象和方法，并指出该学科在我国的研究具有广阔前景。陈柳钦(2011)也做了引介。此后，散见于各类杂志的语言经济学文章对其做了补充介绍，如袁俏玲(2006)、张嘉昕、吴宇晖(2011)。

几乎与此同时，一些经济学家也注意到这一问题并涉足此类研究。如汪丁丁(1996，2000，2001)较为深入地探讨了经济学与语言的关系，并且认为："对语言的经济学研究兴趣虽然始自民族国家的现实政策环境，但这一研究兴趣几乎立刻汇入了对语言作为社会交往手段和知识载体的研究兴趣的主流当中(汪丁丁，2001)。"张卫国(2008)引介了语言经济学并建立了一个语言经济学研究的初步框架。

所以，在引介阶段后，随之而来的是从各个不同角度开展的语言经济学在我国的应用研究，有如下几个研究视角：

(1)跨学科视角。将经济学引入语言学领域，少有学者做过这方面的尝试，代表为向明友(2001，2002，2004，2008)，他尝试将经济学与语用学结合进行研究，创立了经济分析语用学。此外，黄知常(2002)尝试将其与修辞学结合进行研究。

(2)英语教学视角。王少杰(2011)以语言经济学为视角，独辟蹊径，找到大学生英语写作中存在问题的解决办法，以期提高英语写作的能力和水平；熊伟(2010)从语言经济学视角研究了口译教学；赵国燕(2009)借此研究了我国高校双语教学；莫再树(2008)从该角度探讨了商务英语教学。

(3)其他语言学视角。丁存越(2010)用经济学中成本、效用的原理对"裸X"的泛化做了进一步解释；徐启龙(2011)从语言经济学的视角，探讨了网络英语的典型表现形式，分析网络英语产生、发展与传播所体现的语言网络效应，均衡和省力等经济学特征；温伟华(2008)利用语言经济学分析《京华烟云》中的言语交际行为；王红娟(2009)对企业简介汉英翻译冗余做了研究；李瑞萍(2009)、李燕春(2010)分析了网络语言中的经济特征；任荣(2003)考察了流行语，认为流行语的构词特点、传播方式、惯性突破力特征恰恰体现了经济学中的经济、均衡、省力原则；张忻(2007)分析了语言经济学对语言政策及评估的影响，并介绍了语言政策研究及评估的方法和内容；其余领域如公示语研究(王同军，2008)、商务英语研究(莫再树等，2006)。可以说，目前大多数语言经济学研究者的研究都在此领域，目光集中于流行语、方言、外语学习等一些应用性语言方面，这些研究者从应用或实用的角度，主要运用经济学的成本-收益分析方法和计量方法研究这些语言的产生、发展和演变。如任荣、王伯浩、许其潮等人用成本-收益方法对流行语、外语教学、网络流行语和语言修辞学的研究，宋金芳、林勇则通过分析西方学者的实证研究案例，论述语言政策的成本和收益，并对语言政策的经济分析方法及其在中国的运用加以研究评述。

值得一提的是，成立于2004年的山东大学经济研究院语言经济研究所是全国最早而且也是国内目前唯一一个语言经济学专门研究机构，该研究所于2009年10月24日在山东大学成功举办了中国(首届)语言经济论坛，并出了系列成果，这对于语言经济学在我国的引介和推广起了一定的促进作用。

6.1.2.2 语言经济学的基本框架

张卫国(2008)提出并分析了语言经济学的三个基本命题(语言是一种人力资本，语言是一种公共产品，语言是一种制度)。其中，命题一是建立在语言经济学关于语言与收入已有研究成果之上的一个总结性提炼，命题二、三是作者从公共产品和制度的角度对语言所进行的一个新的尝试性分析，将其作为语言经济学的一个基本分析框架，丰富了语言经济学的理论。

前面提到，语言经济学的学术主线有三条：一是人力资本理论下的语言经济学（加拿大和瑞士等国的研究），即人力资本理论在语言与经济变量相关联问题中的应用；二是经济学语言的修辞分析（迈克洛斯基），也就是说，经济学研究中经济学本身的语言使用问题；三是语言本身的经济学分析（鲁宾斯坦），即用经济学的理论、方法来分析语言的结构、现象和相关的语言问题。在语言经济学的研究对象上，可以从理论和应用两方面来考虑。在理论层次上，语言经济学可以研究经济学与语言学在理论和方法上的交叉与融合，用经济学的理论和方法分析语言的产生、发展及变迁等；在应用层次上，语言经济学着重研究语言经济学理论对社会和经济活动的指导、实践及应用（张卫国，2010）。结合实际，本章拟采用第三条主线，以语言中的仿拟为代表，采用理论研究方法，用经济学的理论与方法来分析其使用中所体现的经济学原则，进而解释语言的经济功能。

在了解了语言经济学的相关情况后，笔者从该视角，以经济学中的拜物教、博弈和交替等原理对仿拟加以分析研究。

6.2 仿拟拜物教论说——以广告为例

广告对汉语成语仿拟情有独钟，主要因为成语“结构整齐、韵律平稳；历史深厚、自成因果；文化厚重、引发联想；辞藻典雅、信息凝练；寓意深远、富于教化”（杨永林，2004:56）。成语仿拟给广告商带来的广告效果使得人们对之趋之若鹜，胡乱仿造比比皆是，其负偏离给人们带来的负面效应是对成语的误用与践踏，以至于人们开始呼吁慎用成语仿拟。我们（罗胜杰，2012:54－57）将广告仿拟高频使用所带来的负面影响称之为“仿拟拜物教”，分析其产生缘由及应对策略，呼吁采取相应对策，净化语言文字。

6.2.1 仿拟拜物教的产生

仿拟拜物教是我们对仿拟盲目崇拜、过度使用的一个称呼语，其产生经历三个阶段，表述为，原始拜物教→商品拜物教→符号拜物教→仿拟拜物教，下面分而述之。

1. 从原始拜物教到商品拜物教

在原始社会中，人们将某物作为神顶礼膜拜，此乃原始拜物教的开端。囿于历史条件，在人类文明欠发达的原始社会里，人们对许多包括“火”在内的自然现象无法解释，认为它受到一种超乎自然的力量主宰，将其视为支配人们命运的力量，从而形成对这一力量的崇拜,这就是原始拜物教。

到了私有制商品经济时代,通过物物交换,实现着人们的生产关系,人们生产出的物品一旦成为了商品,就被当成是权利与地位的象征,主宰着商品拥有者的命运,人们对商品的崇拜就像对神这一偶像的崇拜一样。马克思(2004:89)指出:“因此,要找一个比喻,我们就得逃到宗教世界的幻境中去。在那里,人脑的产物表现为赋有生命的、彼此发生关系并同人发生关系的独立存在的东西。在商品世界里,人手的产物也是这样。我把这叫作拜物教。”马克思所称的拜物教就是所谓的商品拜物教。在商品拜物教下,劳动的社会性质发生转变,生产关系退化为单纯的物的自然属性,表现为物统治人、支配人的现状,反映着人们的社会观念的转变,导致了对商品的大肆掠夺与占有。随着商品货币关系的发展,人们发现,较之于商品,货币无论在灵活性上还是在储藏功能上都优于商品,于是商品拜物教转化为货币拜物教,进而演化为资本拜物教。

2.从商品拜物教到符号拜物教

符号学认为,发展到人类文明社会以后,人们对世界的把握以符号来实现,一个产品体现的不仅是使用价值,更多地被赋予了符号的象征意义。如高档香烟、酒类、皮具、名车等高端消费品,其使用价值已退居其次,符号象征成为首选,商品被转变成一种社会符号,变成了一种拥有者所拥有的更多地展现出一种身份地位与权利的象征,这些本为满足人类衣食住行需要的东西,“被厚软而充满符号中介意义的毯子所紧紧包裹着”(贺玉高,2001:22),符号拜物教由此产生。符号拜物教是符号异化的结果,是商品交换导致的商品拜物教的进一步升级。受此影响,名牌被当成一种区分于常人的符号表征,由此带来了商品社会消费主义的不良奢侈之风,不少(虽不是全部)人通过符号消费,以慰藉物质充盈表象背后所隐藏的空虚心灵。

3.从符号拜物教到仿拟拜物教

符号拜物教演变的直接结果,就是人们对商品符号的关注超越了商品本真,追求的是一种更为直接的单纯符号,任何产品一旦贴上名牌的标签,便成为一张通向上流社会的通行证,而没人关注这张通行证的真伪。然而这一地位符号的追求所付出的代价不一定是人人都能承受的,这样使得不良商贩生产的仿名牌的山寨产品有了存在的温床,形成了一股特殊的“山寨文化”。如山寨手机 Nokla(仿 Nokia),cppc(仿自 oppo);方便面康帅虎(仿康师傅)等。假冒产品是物的仿造,也是仿拟,假冒品牌名是语言的仿造,对象不同罢了,而语言的仿造是本书关注的对象。类似于“泻停封”(某泻药名)、“客临顿”(某饭店名)、“衣拉克”(某服装店名)等一时间所出现的这种仿名命名现象,拉名人大旗当虎皮,追求的是名人姓氏符号所带来的“名人效应”,在这一表象掩盖的背后,无一不在透露符号拜物教的本质,而符号拜物教产生的根基在于“从生产社会到消费社会的转变”(张天勇,2007a:16)。

符号拜物教的产生,透露出人们急功近利的思想根基,这一目的的实现,便是通过仿拟来完成,在此,我们称之为“仿拟拜物教”,其定义如下:商品制造,尤其是语言创造中,由于过分依赖仿拟手段而把这一工具发挥极致,以至于成为一种依赖,在命名中将其作为一种达到成功之目的的捷径来崇拜并使用。

仿拟拜物教更多地体现在广告当中。仿影片名《让子弹飞》,以“让××飞”为词语模的仿拟广告如“让钻石飞”“让玉石飞”等曾风靡一时,这种现象的背后,是对语言创新的违背,折射的是人们思想意识的浮躁和语言表达的捉襟见肘,又如以“一×在手”为例(罗胜杰、谭芳、郑立平,2010:138)有如下仿拟:

一灶在手,烹饪不愁(某燃气灶广告)

一卡在手,走遍神州(牡丹信用卡广告)

一杯在手,无限享受(某酒类广告)

一把在手,风雨不愁(某伞广告)

一报在手,遍览神州(某报纸广告)

一册在手,终身受益(某杂志广告)

……

笔者不否认作为造词手段之一,仿拟的存在有它的合理性。然而在这种表达形式面前,我们应该坦然面对,如果将其视为万事万物的灵丹妙药而不顾场合地滥用,其结果必定带来人类创新思想的停滞乃至退化。一个国家也如此,不推出自有知识产权的创新产品,不能变“中国制造”为“中国创造”,那么中国梦的实现将有待时日。

6.2.2 仿拟拜物教的表征

既然仿拟的滥用成为一种现象,必然以某种形式表征出来,具体分为物的表征和语言表征两种。

仿拟拜物教物的表征方面体现在前面所提及的山寨现象,很多山寨商品,披着创新的外衣,而背地里却干着剽窃、不正当获利的勾当,这是对名优产品的仿冒,也是对知识产权的亵渎。当然部分山寨现象比如“山寨春晚”,其不以赢利为目的,给了老百姓施展自己才华的舞台,而且最重要的是没有给春晚及春晚演员带来不利冲击,与央视春晚一道相得益彰,这不属于拜物教之列。

仿拟拜物教语言表征体现在语言文字方面,具体就是言必谈仿拟,过分依赖对现有成语的改造,而改造的后果显然无论是在汉语词法还是句法等方面,都存在严重漏洞,这样做非但不能给人们以新颖感,反而激起人们的厌恶情绪。更有甚者,为达到一夜出名之目的,不惜对名人名言进行胡编乱改,其结果虽然引起人们的一时注意,但不能长久,久而久之,其哗众取宠的作为,换来的往往是人们的敬而远之。

6.2.3 仿拟拜物教的动因

对仿拟,尤其是广告仿拟中的拜物教分析发现,其产生动因源于以下几个方面。

1. 产品销售的急功近利

商品名是产品的身份证,是产品的符号象征,意义重大。孔子曰:“名不正,则言不顺;言不顺,则事不成。”品名好坏的衡量尺度在于其是否能唤起人们的美好联想,是否能根植于消费者心中,是否能促进产品销售。而知名品牌的形成是一个漫长的过程,是商品质量与良好信誉的沉淀,也是消费者购买该产品的源动力之一。名牌商品被与质量上乘画上等号,对其购买和使用,不仅反映消费者的消费水平和经济地位,而且通过这一行为,可提高自身价值,满足自己的自尊心和虚荣心。这源自于后工业社会当中的消费观的改变,消费社会中,人们被塑造成了物欲的奴隶,往往把追求个人的、当下的、即时的享受当作人生的根本目标。

以文艺领域为例,其商业化进程被迅速推进,收视率、票房价值、发行数、赢利指数被当做衡量文艺作品成败的唯一标准,看不到这些大众文化、消费文化、商业文化在西方蓬勃兴起的社会根源和思想根源,它所承担的意识形态职能,以及它在人民群众中所产生的消极影响。

与之类似,产品销售把对商业利润的追求摆在第一位,任何手段都被拿来作为促进销售的手段,而不用顾及这种手段的合理性与合法性。如同法国学者吉尔·利波维茨基所说的:这种“消费的革命及其享乐主义的伦理悄悄地微型化个体,通过将个体深层意识中的社会信仰慢慢地掏空来实现心理与社会现实的嫁接,而变成大众的一种新的特有的行为方式,‘物质主义’在富足社会变得变本加厉了”(王元骧,2009:15-16)。基于此,以迎合这部分消费者的购物心态为目的的仿名牌策略,成了商家在最短时间内实现产品销售目的的手段之一,这也是山寨产品产生的根源所在,而这急于求成的仿冒,背后折射出人们心态的浮躁与急功近利。

2. 销售广告的求新求异

“新、奇、特”是商品命名与广告宣传的内在要求,谐音式仿拟是其“帮凶”。谐音式仿拟通过同音现象的中介,让接受者自发地将广告人所传递的新信息转化为自己非常熟悉的语言现象,从而得到愉悦的接受,发布者与接受者双方各有所得,达到双赢之目的(徐国珍,2003:223),从而实现求新求异。例如:

令你无“发”脱身(某养发护发精广告)

屋美价廉(某房地产广告)

一鸣"警"人(某报警器广告)

"无发脱身",头发再也不会掉了,护发精的效果真不错;"屋美价廉",言简意赅地表达出房屋较高的性价比;"一鸣警人",报警器一响,给人以警告。这三则广告无一例外地将产品核心要素"头发""房屋""报警器"揉于固有成语中,新颖别致。仿现有成语造词,商界屡见不鲜,称为"词语灌装现象"(吴艳,2004:57-58),其高频使用,成全了仿拟的拜物教性质,而这背后也折射出以高度审美化和世俗化为内涵的"舒适",一跃成为当下时代大众日常生活的主导,多元共生却又拒绝"合唱",张扬个性却又因加工复制而千篇一律,追求自我却又不同程度上相互"克隆"(范玉刚,2008:101)。

3. 名人效应的盲目追求

名人乃公众人物,具非凡影响力,易引人关注,巩俐、张艺谋、赵本山等名人所受的关注度显然比常人高得多。名人的言语、代言的产品等都易成为公众注意的焦点,是谓"名人效应",因其具有"引人注意、强化事物、扩大影响"之功能,常为广告商利用以促进产品销售。

非但如此,对名人效应的盲目追求导致了一些仿冒名人姓氏的产品名称的出现,他们利用谐音,仿名人姓氏为产品命名,严格意义上说这是对姓名权的侵犯。例如(于全有,2006:75-76):

泻停封(止泻药名,仿艺人谢霆锋名)

催永圆(猪饲料名,仿主持人崔永元名)

王小鸭(羽绒服名,仿主持人王小丫名)

犯痔易(治痔疮药名,仿球员范志毅名)

张一摩(化妆品名,仿导演张艺谋名)

心弃疾(治心脏病药名,仿历史名人辛弃疾名)

缘何傍名人现象层出不穷呢?社会心理学告诉我们,我们的内在态度影响我们的行为(Our inner attitudes affect our behavior.)(David G. Myers, 2005: 8)。这一现象取决于我们的内在心理,即借助名人或名事物在社会上已有的知名度和影响力,吸引观众眼球,以迅速扩大产品知名度,快速、便捷地把自己的品牌推向社会,谋求理想效果,受此影响,我们在语言行为上往这方面靠近。但是这必须以不侵犯包括名人在内的他人的利益为前提,如此所为,有损当事人的名誉,违反国家相关法规,应该加以禁止。

6.2.4 仿拟拜物教的应对

对仿拟拜物教顶礼膜拜的结果是言必称仿拟,仿佛这成了商家救命的唯一稻草和良药，有起死回生之功效，然其社会负面效应显然：不但是对传统词语的严重歪曲，也是对名人名言的严重亵渎，必须从以下几方面加以消解。

1.弱化媒介力量

媒介是社会强势集团强迫人们接受符号的外力手段，从某种意义上来说，媒介是符号化的共谋（张天勇，2007b:36）。凭借传统媒介及大众网络等手段，广告以一种不可抵御的力量强迫人们对其中符号加以接受，故而媒介无形中所产生的“商品拜物教效应”造成了人们文化消费的媚俗性和低级倾向，严重破坏了大众的文化品位和修养水平（葛彬超，2009:27）。虽然笔者不否认媒介在产品宣传与推广中所起的重要作用，但是不能完全依靠媒介力量，产品质量方是关键。所以，弱化媒介力量，强调产品质量，这是我们要做的。

2.转变消费认同

“认同”可以看成是自己对自己的看法与他人对自己看法之间的斗争（In fact, we might see identity as a struggle between what I think of myself and what others think of me.）（Leo van Lier, 2012:56）。消费一件产品，意味着对该产品的认同，它是构建认同的“原材料”，也是认同得以表示的符号表征。正如人类学家弗里德曼所说，“在世界系统范围内的消费总是对认同的消费”（Friedman Jonathan，1994:104）。市场经济给人们的生存方式提供了可能，人们选择消费方式的类型，多半“是由人们的认同所决定的”（王宁，2001:9），而对产品的认同取决于多种因素，有的是多种因素的共同作用。如只关注质量，不管其包装，这是一种认同；将产品外包装看成首要，不怎么关注其产品质量，这也是一种认同；还有购买那些名人代言的产品，这还是一种认同。人们对产品的认同受到外界因素影响，名人代言行为将示范性认同框架加于消费者之上，消费者因此产生对该产品的认同因而实施购买行为。山寨产品兴起之风是对产品符号的认同，仿名人姓氏产品生产厂家看中的就是消费者对名人的认同。如何消除这一现象？只有转变消费观念，建立对产品质量的坚定认同，消除对名人效应的盲目认同，这种仿拟拜物教才会失去立足之地，因而也就不攻自破了。

3.摒弃游戏语言

因其借用已有的语言形式推及其他，仿拟是一种语言游戏，遵循自有游戏规则，意义体现在使用当中。仿拟游戏规则受制于语言规则，语言中的语音、词法、句法等是仿拟所应遵循的规则。绝对的遵守似乎不大可能，然知识性、趣味性、高雅性是仿拟所应遵守和达到的，低级趣味的东西不应该成为仿拟语言游戏的特性之一。如“To smoke or not, that is a question.”仿自莎士比亚的名句“To be or not to be, that is a question.”该句将吸烟与生死紧紧联系在一起，给人警示，发人深省，人们不但可以感受语言游戏创新的乐趣，而且能从中感受到其中所蕴含的知识性，因而此类仿拟是我们应推崇的。而违反这些规则，上述诸如"泻停封"之类的仿拟，擅自对名人名言胡乱更改，这样做非但谈不上给人以知识性和趣味性，更给名人带来了名誉上的伤害，给人们带来厌恶之情，让人觉得是哗众取宠。这种语言消费的畸形变态，不是语言游戏，而是游戏语言，其背后有着一定的现实根源，它或是特殊群体的智力炫耀，或是去神圣化的现代心态的现实体验，或是一种身份认同的传播手段，它"消解着表达内容的严肃性，影响了表意的准确性"（徐默凡，2012：42），这种游戏语言的做法是我们要摒弃的。所以笔者认为，去除功利性因素，追求高雅趣味的审美文化，能够从根本上消除仿拟拜物教生存的土壤。

6.2.5　结语

综上所述，仿拟的使用固然可以带来意想不到的语言修辞效果，但对其盲目崇拜的结果只能使人陷入一种误区，认为它是一种万能良药，这是不对的。仿拟拜物教的存在，关键在于当代审美文化的功利性，以功利性为先导的当代审美文化在极大地丰富了人类审美活动的内容和形式的同时，也带来了文化艺术的泛化、大众化和商品化，然而却消解和异化了美学精神（徐蓓春，2005：61）。提倡正确的仿拟，反对仿拟拜物教，剔除语言中的山寨文化，加强文化创新，积极推进社会主义核心价值体系构建，守护人文理想，安顿现代人焦躁不安的灵魂，这应是我们所推崇的。此外，在语言的选择上，不必唯仿拟之马首是瞻，孙武曾说："兵无常势，水无常形；能因敌变化而取胜者，谓之神。"我们应审时度势，让语言随环境变化而变化，讲求商品命名与使用中的"信、达、雅"，明晓"道可道，非常道；名可名，非常名"的哲学底蕴，以无名胜有名，自然可做到无声胜有声，拜物教之阴霾自可不驱自散。

6.3　仿拟交替研究

在众多经济学原理中，交替关系原理是其中之一。在本节，笔者将厘清"交替"这一经济学概念，并发掘其与仿拟间的联系，将交替关系原理用于仿拟研究，界定仿拟中两种不同类型的交替关系，并探求如何达到仿拟交替平衡。

6.3.1　交替关系原理

交替关系原理被列为经济学十大原理之首，意思是"为了得到我们喜爱的东西，通常就不得不放弃另一件我们喜爱的东西，做出决策要求我们在一个目标与另一个目标之间有所取舍"（曼昆，1999：5）。"天下没有白吃的午餐"，即是交替原理的最好概括。国人对交替关系的研究始于孟子，其文《鱼我所欲也》首提交替关系：鱼与熊掌不可兼得，不相同的两件事不可同时做到，或不相同的两个目的不可能同时达到，此时，只能取其一而舍其他。

交替关系在社会中无处不在。例如，国民收入中的国防开支和生活消费二者之间存在“大炮与黄油”之间的交替，个人在工作和休息时间的分配上存在交替，家庭收入在使用上的分配，生产企业污染的限制与处理带来的企业所有者收入的减少，以及家庭收入中因增加了房贷而使生活质量下降，用于科学研究的时间多了，用于休闲娱乐的时间就少了，以及古人所云“忠孝不能两全”等，这些都是交替。社会面临的另一种交替关系就是效率与平等之间的交替。效率指社会能从其稀缺资源中得到最多东西，平等是指这些资源的成果公平地分配给社会成员。换言之，效率是指经济蛋糕的大小，而平等是指如何分割这块蛋糕。在设计政府政策的时候，这两个目标往往是不一致的(曼昆，1999:5)。

为了更清楚其表达，我们以图形解析。交替关系可解释为既定的两个目标点A和B，分别代表两个相矛盾的需求或目标，中间有一平衡标。在资源分配时，平衡标往A点倾斜，就远离B点，反之亦然。如图5.2所示。

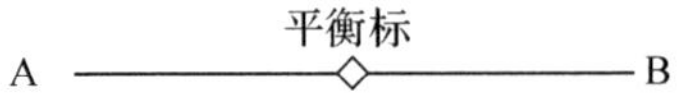

图5.2　交替关系图解

A和B为两个不同的需求方，平衡标在A，B点之间游动，显示A与B的交替。交替有三种情况：

(1)平衡标位于A点，A得到全部满足，B为零；

(2)平衡标位于B点，B得到全部满足，A为零；

(3)平衡标位于A与B之间的某个位置，A与B均得到部分满足。

现实生活中往往在寻找一种A与B之间的平衡点，当然这是一种理想状态。交替关系其实也是一种博弈，即双方展开实力上的较量，最终结果或是达到平衡，或是游离于两极而致使一方获胜。

6.3.2　仿拟中的交替

源于经济学的交替原理可用于解释仿拟，研究发现，仿拟中存在交替。然而与经济学中的交替不同的是，仿拟中不但存在类似于经济学中的显性交替(且有差异)，而且存在与经济学交替完全不同的另一种交替——隐性交替，两种类型的交替关系在仿拟中并存。

6.3.2.1 显性交替

显性交替(又曰表层交替)意指体现在仿拟表面形式上的交替。

仿拟是仿“此”拟“彼”,涉及两个要素:本体与仿体。设点 A 为本体,点 B 为仿体,若平衡标置于点 A,则无仿拟产生;若置于点 B,仿拟才得以产生。在显性层面上,仿拟中的交替与经济生活中的交替稍有不同的是,平衡标只能位于而不是接近于点 B。如仿本体“百闻不如一见”(点 A)拟创造的仿拟“百闻不如一尝”(点 B),仿拟一旦产生,就意味着在交替关系中,平衡标位于点 B,即在本体与仿体的博弈中,仿体胜出。从这一层面而言,也只有平衡标位于点 B,仿拟方能产生,这是仿拟产生的充要条件,否则仿拟无从谈起。

6.3.2.2 隐性交替

经济学意义上的交替都是表层的交替,上文提到的仿拟中的这种类型的交替也属显性交替。然而不同之处在于,仿拟中还存在另外一种隐藏的交替现象,称之为“隐性交替”。挖掘仿拟中的显性交替固然重要,但是其隐性交替更值得研究,因其既是语言创新之本,又是语言规划与语言和谐的重要保障。具体而言,仿拟隐性交替有如下两种。

1. 拟创与构式的交替

(1)现象表征。仿拟过程中,仿体一方面力图摆脱本体束缚做到脱颖而出,另一方面却始终摆脱不了本体的影子,受到本体这只“看不见的手”的压制,仿体在语音、语法、结构等层面都受制于本体。因此,从这个意义上来说,平衡标始终位于点 A,或最接近于点 A。总之,这种情况下,仿拟交替关系始终有利于 A,即本体。仿拟中的仿词、仿语、仿句、仿调皆是如此。如常来常网(某网吧招牌名)中,原成语中的“往”与现仿拟中的“网”存在交替,显性层面上,平衡标位于点 B。然而,在语音层面的交替中,仿体“网”明显受制于“往”(其仿拟后的读音依然与本体无二致,读 wǎng),因而在语音层面的交替中,平衡标位于点 A。

又如“骑”乐无穷(某自行车广告语),首先,在语音交替中,平衡标位于点 A。其次,在语法交替中,位于点 B,因其更换了原词的语法属性(原词“其”为名词,仿体“骑”为动词)。仿拟语法交替大部分情况下不更换原词语法属性,故平衡标多位于点 A,如“才不在高,有官则名;学不在深,有权则灵”,仿自唐朝诗人刘禹锡的《陋室铭》,在结构交替中无法摆脱原文的“窠臼”,故而在结构交替中平衡标位于点 A。

语音层面上,平衡标并不总是位于点 A,换言之,语音不重合,而只是接近点 A。如“实事求似”中的“似“在与本体“是”的交替中,语音上不完全重合,即音同,平衡标接近,而不是位于点 A。类似的还有 To choose it or not? This is the time to decide. 在本体与仿体的结构交替中，平衡标接近于点 A。

这种交替利于点 A 的底限与标志是，看到仿拟语句，便能立刻联想到其本体。

(2)原因阐释。究其原因，构式语法提供解释。

Goldberg(1995：4)认为："C 是一个独立的构式，当且仅当 C 是形式和意义的对应体，而且无论形式或意义的某些特征都不能完全从 C 这个构式的组成成分或先前已有的其他构式推知。"根据"语法形式无同义原则"，构式之间可能存在音律句法不合规范、语义语用不搭配的冲突现象。当构式的形态句法框架和填充其间的词条语义发生冲突时，人们对二者进行语义或结构的认知协调，这种协调通常都是转换词条语义来满足句法框架的制约，产生了压制现象或构式压制(崔雅丽，2011)。

在成语仿用中，存在两种构式压制，其一，语义压制(semantic coercion)。成语在字面上可能发生改变(双关仿用除外)，语义也会不同程度地被扭曲，所以，解读者必须首先激活完整的成语构式。而且，由于仿用后的成语在句法语义上可能不协调，所以构式必须改变仿用后部分词汇单位的句法语义特征，使之与构式的结构与意义协调，这一过程称为语义压制(刘宇红，2007)。比如，"常来常网"是对"常来常往"的仿用。从字面上讲，"常来常网"语义不合理，因为只有"来"与"往"搭配，构不成与"网"的合成。所以构式必须压制"常来常"与"网"之间的语义冲突，使之屈服于压制因子，它对任何接在其后的异常的语义单位进行语义压制。其二，谐音压制(homophonic coercion)。谐音仿拟在语音上对原有成语加以仿造，在语音上发生改变，解读者改变的不是语义特征，而是语音，使改变后的结构与原结构在语音上而不是语义上相同或相似，这是所谓的谐音压制。如"钱"途无量、"涨"声响起来等。

上述分析表明，原有构式和现有拟创的交替属于一种隐性交替。显性上，拟创成功摆脱构式压制，平衡标位于点 B；隐性上，仿拟屈从于原有构式，平衡标位于点 A。

值得补充的是，除了构式语法的解释外，徐盛桓的自主-依存框架理论和幺孝颖的图形－背景分析理论均可以给此类交替提供相关解释，以徐(2006ab)的研究为例。"自主-依存分析框架"是一个专门分析有自主-依存推衍关系的语言现象的理论框架，大意如下：在一次具体言语交际的话轮里，说话人想要表达的意向内容是自主的，称为自主成分；据这样的意向内容推衍出来的话语是依存于它的，称为依存成分。从自主成分推衍出依存成分要以交际的意向性为导向，以相邻/相似关系的认定为主要手段(谐音仿拟则只涉及音的相似关系)，自主成分主导着依存成分，并对依存成分发生"拈连"的作用；拈连发生的主要心理基础是通感和通知(谐音仿拟则只涉及听觉的通感)(徐盛桓,2006ab)。如图 5.3 所示。

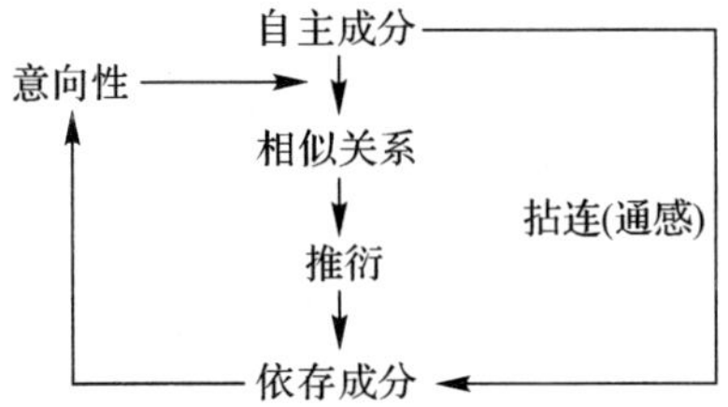

图 5.3　自主-依存分析框架

黄缅(2007:16 - 19)以"植'数'造'零'"的产生为例,借用这一框架分析说明了上述两个问题。他认为,关于第一个问题,从意向性来说,说话人想要表示的意向内容是说某地区没有种树,却虚报植树的数目,这是在这一具体的表达中的自主成分,记为 AUTO1。意向态度则带有揭露讽刺的意味。根据这一自主成分本来是可以推衍出许多显性表述作为它的依存成分的。说话人想要既辛辣又幽默,就想到是否可用仿拟的手段。要用"仿拟"就要找到一个与此相关因而可供利用的惯用语,结果找到"没有'植树造林'",这是由 AUTO1 推衍出来的依存成分,记为 DEP1。这是第一轮的自主-依存推衍。显然,DEP1 并不能很好完成表示出 AUTO1 的意向态度的任务,只是为此提供了一个基础,即可以此又作为头脑中的原材料,再推衍出一个能表达出该意向内容和意向态度的合适的显性表述。换句话说,此时是将 DEP1("没有'植树造林'")转换成为自主成分,记为 AUTO2,从而开始第二轮的自主-依存推衍,作为如何做出"仿拟"表达的思考,可思考如何将"没有'植树造林'"的内容镶嵌在惯用语"植树造林"的框架里。作为谐音仿拟,这一思路可进一步缩小在与"植树造林"发音相仿的表达上,于是推衍出"植'数'造'零'",作为 AUTO2 的依存成分,记为 DEP2。这是可供应用的显性表述。换句话说,"植'数'造'零'"是对"植树造林"的谐音仿拟,这个生成过程,就是原语文本在说话人头脑中运作的过程。在此例中,"没有'植树造林'"同意向内容高度相关。但是,作为谐音仿拟的生成,所选用的被仿拟的现成话语的内容也可以同意向内容全无关系,只要这个现成话语能镶嵌进谐音的词语,从而将所需的意向性传递出来,如"无胃不治"(无微不至)、"口蜜腹健"(口蜜腹剑)、"'剪'多识广,'报'罗万象"(一则谈剪报好处的短文标题,原语为"见多识广,包罗万象")等均是。关于第二个问题,那么被仿拟的现成话语即隐性的原语文本又是如何"趁势连用"到显性的仿语中去的呢?我们注意到,"趁势连用"之后有些仿拟的表达成了超常表达,但是这并不妨碍人们对它们的接受,这里的机理,是诉诸人们的通感。"自主-依存分析框架"理论将"通感"看作是人们能接受自主成分将自己的某些特点"趁势连用"到依存成分去的认知心理基础。通感是人们早已熟悉的,美学、修辞学做过许多研究。心理学和美学所说的通感,指的是不同感官的感觉相通,如听觉和皮肤感觉相通(如"刺耳的叫声")视觉和皮肤感觉相通(如"暖/冷色")。所谓通感,按照我们的理解，并不是真正并存两种实在的感觉，其实是感觉带来错觉，感觉与错觉相通了。这里的感觉指有实体的刺激产生的真实感觉，如真正听到看到的事物产生的感觉；错觉指这样的感觉又成为刺激产生新的感觉，但错觉的产生是没有真正受到实体的刺激的。如上例，一种是真真正正的感觉，是真正听到叫声、看到颜色后产生的；另一种是错觉，即觉得所听到的叫声尖得刺痛了耳膜、觉得所看的颜色触摸起来是暖/冷的。这样就得到了由感觉和错觉合成的通感："刺耳的叫声""暖/冷色"。应该说，说声音可以刺激皮肤、颜色可以感觉出其温度的表达"刺耳的叫声""暖/冷色"其实都是超常表达，只不过有感觉和错觉合成的通感作为心理基础，人们早已习以为常罢了。"自主-依存分析框架"理论所说的通感还包括同一感官如听觉或视觉的不同具体感觉的相通（徐盛桓，2006ab），而在谐音仿拟中则只涉及听觉对相近、相似音响感觉的相通。听觉对相近、相似音响感觉的相通是语言运用中常见的现象，最明显的例子是民间对吉利/不吉利语读音的感觉，如春节要吃发菜、生菜、鱼等，起源于它们同"发财、生财、(年年有)余"在听觉有通感；"四——死"则是不吉利语的例子。在听觉对相近/似的音响产生通感的例子"发菜——发财"来说，前者是真正的感觉，后者是错觉。之所以会产生这样的错觉，这是因为"发菜——发财"在音响上有相似关系，感觉到前者就会在一定的语境中也感受到后者，这就是错觉，或者说是在原来"发菜"音响感觉的基础上增加了由错觉带来的混合感受，这样"发菜——发财"的音响就在错觉中沟通了。这是通感发生的一般的心理机制。现在回到"植'数'造'零'"一例。"植'数'造'零'"是由其作为自主成分的原语"植树造林"推衍出来的，但从受话人实际的感觉来说是"植'数'造'零'"。虽然原语是隐性的，但它的显著程度应使得交际双方对它都是知道的，而仿语的发音同原语的发音其相近的程度至少能达至可以触发从仿语联想起原语的程度；换句话说，就是在"植'数'造'零'——植树造林"中，感觉到前者就会在一定的语境中也感受到后者，这后者就是我们这里所说的错觉。这样就得到了由感觉和错觉合成的通感，从而将"植树造林"的结构特点"拈连"到前者，造成前者可以临时认为是说得通的，至少是可以意会的了。

再以幺孝颖的图形-背景分析理论为例。幺孝颖（2007：21－25）在认知语言学理论框架内对仿拟修辞格进行过研究，根据认知语言学关于图形-背景关系的研究，提出了仿拟背景和仿拟图形、本体背景和本体图形以及仿体背景和仿体图形的概念，并对仿拟背景和仿体图形之间的关系、制约仿拟背景和仿拟图形选择的要素以及指导仿拟图形替换的认知原则进行了尝试性的认知分析和论证。她认为，图形（figure）是有完整结构的、能够引起知觉者注意的、从其他事物中凸显出来的"前景（foreground）"，而退到"后景（background）"中烘托前景的其他事物就是背景(ground)。图形和背景也是仿拟辞格研究的两个重要概念。背景即某个语言结构体的认知域,也就是说话人所预设的某一语义结构涉及的概念领域,图形即认知域中注意的焦点,是认知域中最显著的部分(朱彦,2005:165)。人的注意力集中在哪个部分,哪个部分就是图形,认知域里的其余部分就是背景。语言中处于横组合关系的"词、短语、句子、段落或篇章"都是可以表达一定语义结构的概念认知域,只是语法单位的大小不同,这些不同语法单位的"词、短语、句子、段落或篇章"为仿拟的本体背景,当这些不同语法单位的本体背景中的"某个或某些语素、词、短语"成为认知域中最突显的焦点时,它们就成了仿拟的本体图形。语言使用者根据表达的需要,以仿拟背景为依托,对仿拟的本体图形进行聚合关系的替换,创造出偶发的词、短语、句子、段落或篇章,这些"偶发的词、短语、句子、段落或篇章"就是仿体背景,替换部分就是仿体图形。如考/罚/骗你没商量(仿爱你没商量)是横组合关系,动词"考"与"你"一起组合成动宾词组,作句子的主语。"考你"与"没""商量"一起构成更大的组合关系——句子。"考、罚、骗"等与"爱"具有相同的语法词性与语法功能,可以相互替换,与"爱"一起构成了一种聚合关系。"爱你没商量"是本体背景,"爱"是本体图形;"考/罚/骗你没商量"是仿体背景,"考""罚""骗"等是仿体图形。

2.形式与效果的交替

形式与效果的交替有两层意思。

首先,形式间的交替。仿拟一旦产生,获得了新的语言形式,就会和原词存在形式上的交替,新词替换旧词。如"城熟了"(某房地产广告语)仿自"成熟了","成"被替换为"城",新词与旧词发生形式上的交替,平衡标位于点 B。

其次,形式与效果的交替。仿拟产生后,失去了原有词语的固性,表达某种意蕴,彰显某种表达效果:或幽默讽刺,或新颖别致,或对比强调,或简洁凝练。然而在追求形式交替的背后,往往牺牲的是效果。如"鸡不可失"(某烧鸡店广告),仿自成语"机不可失",在表面形式上追求一种交替,也收到了一定表达效果(人们知道这个店的烧鸡味美),然而却因此丧失了原有成语的固性,并且容易造成误解。这样胡乱改动带来的后果是语言垃圾的产生,故而交替效果并不理想,我们称之为仿拟的负偏离。以广告中的仿拟为例(罗胜杰,2008:4):

(a)书山有路笔为径(某铅笔广告)

(b)百闻不如一试(某奶粉广告)

(c)痔在必得(某药品广告)

(a)信息不足或夸大产品功效;(b)机械模仿,毫无新意,我们称之为边际效用递减;(c)生搬硬套,牵强附会。笔者认为,这种情况下的仿拟虽然在形式交替中处于优胜，然而在效果博弈中处于劣势。

6.3.3 仿拟交替平衡策略

交替平衡是指在A与B的交替中达到一种平衡态。生活中存在交替平衡，如保护环境和扩大生产之间的交替如能保持一种平衡状态，达到共赢的目的，那么这种交替无疑是意义重大的。就仿拟交替而言，如何做到既在形式交替中获取成功，同时在效果交替中也达成完美，实现交替平衡的同时，追求效益最大化，即追求一种形式与效果的和谐与平衡，这是仿拟的最高境界。这样其实很简单，只要始终游离于A点与B点之间的平衡标处于中间地带，即能达平衡，故而我们追求一种交替关系中的平衡点，这可以通过两种方法得以实现。

6.3.3.1 经济学中的机会成本策略

机会成本(Opportunity Cost)是指为了得到某种东西所要放弃的另一些东西(曼昆，1999:6)。机会成本是一种隐形的、潜在的机会。如我们选择大学毕业后继续深造，就失去了就业以及就业所带来的经济收益等，这就是机会成本。又如我们选择一项投资，就失去了其他投资机会以及带来的收益，这是实施本项投资所付出的一种代价，称为该投资的机会成本。

经济学中的机会成本有显成本和隐成本之分，这一原理给决策带来重要参考，人们不能只顾眼前利益，而要考虑到决策的长远效益。仿拟(广告仿拟为甚)中，人们往往乱改成语，如有"痔"无恐(某治疗痔疮药品广告)，为了获取一个标新立异的广告词而付出了至少两个以上的并且效益是无法估量的机会成本：①牺牲成语的固有属性，让一些读者(特别是小学生)误读；②造成误解(因为有了痔疮这个依仗而毫不害怕，或无所顾忌)。

所以，从经济学角度来说，仿拟要考量语言的机会成本，做到在追求语言形式上的标新立异的同时，尽量减小所带来的机会成本。关于如何减小机会成本，可以从语言学角度进行。

6.3.3.2 语言学中的相关理论策略

前面提到，概念合成理论对仿拟负偏离提供解释。进入类属空间的元素在词性或行为特征等方面必须保持与概念空位的一致，类属空间在仿拟的创造中起着十分重要的作用，负责输入空间的待填概念与概念空位在结构、形式上相吻合，建立起一一对应关系，它决定着向合成空间输入的因素，是层创结构产生的"把关人"，把好了这一"关"，输入到合成空间的元素才完善而合理，层创结构产生的仿拟才不会出现负偏离。此外，笔者认为达成交替平衡，须遵循以下四种策略。

1.词性不变策略

从运用的角度来看，词是语言中最基本的结构单位。根据语法特点，可以将其分为名词、动词、形容词等，他们以不同的词性特点在构句中发挥各自不同的功能。而在仿拟现象中占很大比例的仿词，大多是借助于名词、动词、形容词及数词构成的。我们在模仿过程中一定要注意保持原来本体的结构和词性不变，否则容易造成副偏离。如广告语"'痘'人喜爱"是对词语"逗人喜爱"的语音仿拟，我们认为这则广告语不十分成功，有些牵强，主要是因为实施这一行为者只顾及对语素"痘"的谐音而仿，却忽视了这一仿的同时也对本体语法结构形式造成的破坏——将原来动词性成分换成了名词性成分，由此构成的语言现象因扭曲了原来言语形式的"骨架"，难免使人看上去就觉得别扭、不对劲。再如广告语"衣见钟情"以名词仿数词，其效果自然也就难让人满意了。

语法是语言结构的法则，它反映了语言结构的内在规律，而修辞现象则时不时地会表现出一种"反语法"的倾向，但尽管如此，修辞活动首先仍然是建立在语法基础上的，如若能做到既以语法规则为基础，又能突破、超越其束缚关系，这样的广告仿拟自然是成功的。

2.尊重情感策略

语言文字的运用要讲究场合，有些语言在长期的使用过程中不但具有某种意义，更重要的是已经带有某种情感，对其摹仿要谨慎，不然会引起人们的反感。如某市一家饮食店为了推销他们的鱼头系列产品，竟然挖空心思地打出了一幅门联"砍头不要紧，只要味道正"，横批是"鱼头系列"。显然，这幅对联是仿革命烈士的诗句"砍头不要紧，只要主义真"而拟就的，但这一仿拟将供人食用的鱼与为国为民慷慨捐躯的革命烈士"相提并论"，显然是大大有悖于人们讲究气节、崇敬英雄的传统文化心理与审美心理的。这种仿拟失误在盲目追求言语技巧，而忽略了对情感色彩这一层面的考虑。

3.慎用名人策略

名人效应就是利用广告受众的贯常定势——权威定势，通过支付一定的广告费用请权威、知名人士来"现身说法"，以获取广告效应。广告语的制作也存在这一现象。如某药品取名"泻停封"，这难免让人联想到名人"谢霆锋"，二者在语音上相仿。还有一饭店取名"客临顿"，显然和美国前总统姓名"克林顿"谐音。虽然厂家与广告商一再声称纯属巧合，法律专家也称上述行为不构成侵权，广告法也没有规定商品名称不能与名人同音，但给人的感觉是商家明显在利用名人效应获利。再者，从仿拟的角度来说，这两则广告除了谐音外，没有妥善地将产品的名称、效果等有效信息合情合理地传递出去，构不成好的仿拟。

4. 最佳相关策略

世上的事物是无限的，而人类的言语形式是有限的；人的大脑容量是有限的，但人类的创造力却是无限的。以有限的言语形式来表达无限的事物，困难显而易见。但是人类创造力很重要的一种表现形式就是它能借助已有的语言形式来认知和命名新事物。仿拟中仿体的生成，就是这种创造力的表现。让仿拟收到最佳效果，就要把握已知事物和新事物之间的最佳相关性，即将自己所要表达的思想建立在最佳相关的对象身上。可事实上，这种对最佳相关的忽视，正是当今社会上仿拟运用的重大误区。在广告中，人们往往只注重将某词语相同或相近的语音作为仿体创造的相关点，却忽视了作者所要表达的思想，造成了本体和仿体之间的联系缺乏，结果导致了脱离相关言语基础的胡乱仿造，这是仿拟失败的重要原因，也是我们今后要避免的。

成也仿拟，败也仿拟。其实问题的关键并不在于仿拟这种修辞现象本身，而在于运用仿拟来创造广告语的人。作为构词的一种有效手段，仿拟是语言中的"拿来主义"，源于人们的联想和类比，借助固有的形式巧妙地"翻新"，现代社会中仿拟的运用呈上升趋势。商品社会离不开广告，而广告是语言的艺术，广告中正确、自如地运用仿拟可以收到意想不到的效果。当然，我们并不能够因此而忽视语言环境、交际对象而胡乱仿造，我们要了解仿拟辞格的个性特点，掌握仿拟辞格的运用规律，将仿拟手段运用得恰到好处，使广告真正收到事半功倍的效果。

综上所述，经济学的机会成本策略，连同语言学中的相关理论策略，给实现仿拟交替平衡提供了较好的解决办法与途径。

6.3.4 结语

运用经济学中的交替原理来研究仿拟，属于语言经济学范畴。仿拟中的交替与经济学意义上的交替既有相似之处，又有明显不同。仿拟交替有显性与隐性两种，隐性交替更值得研究。言语创新受到本体在语音、语法、结构等方面的压制，交替中本体处于优势，但是仿拟形式与实际仿拟效果中的交替则难分胜负，平衡标游离于本体与仿体之间，理想状态是让平衡标处于中间状态，既追求形式上的完美无缺，更追求效果上的最佳状态，达到交替平衡之目的，收到完美表达效果。利用经济学理论来研究语言中的交替现象，有利于语言创新与和谐语言的构建。

6.4 仿拟博弈研究

以上分析了仿拟交替现象，发现仿拟产生是语言交替的结果，而交替的产生，背后隐藏着语言的博弈。因此在本小节，拟从博弈角度分析仿拟，重点分析仿拟博弈的类型与其博弈的语用效果。

6.4.1　博弈论简述

博弈论(Game Theory)是研究人们在各种战略情况下如何行事的，亦称对策论，属运筹学分支(曼昆，1999:359)。它的原始用法是指以数学方法计算如何采取一种最优的策略使得利益冲突中的一方获胜，后被用于军事领域和系统控制领域，如今其应用领域得到广泛扩大，包括社会活动在内的人类日常活动如讨价还价、职场较量、商务谈判等，无处不充斥着博弈。

博弈论独立学科的形成始于20世纪40年代，国际学术界公认的博弈论创始人是美国数学家冯·诺伊曼(Von Neumann)和奥斯卡·摩根斯顿(Oskar Morgenstern)，他们于1944年共同出版了《博弈论和经济行为》(*Theory of Games and Economic Behavior*)，此书的出版被看做是经济博弈论历史的真正起点，标志着现代系统博弈理论的初步形成(谢识予，2002:43)。维特根斯坦提出的language game首次将博弈论引入语言研究(王雪玲，2010:14)，被理解翻译成语言游戏，game含博弈成分，然其对抗性不及博弈。中国博弈论思想古已有之，《孙子兵法》是一部军事博弈教材，“田忌赛马”是博弈论的又一例证。

确定为博弈的行为需具备四个主要条件：博弈方(players)、博弈策略(strategy)、博弈次序(order)以及博弈受益(payoffs)。以“田忌赛马”为例，博弈方为田忌与齐威王；博弈策略是田忌采纳孙膑建议，调换马匹出场顺序；博弈次序为田忌先输后赢；博弈受益者是田忌。

6.4.2　语言博弈

作为一门理论，博弈论被广泛运用于诸多领域，如政治、军事、外交、经济等，其他领域如管理、公关乃至个人日常生活中也得到了充分运用，以致于人们提倡一种“大博弈的思维观”。语言中也渗透着博弈论思想，是博弈论方法和原理在语言中的再现，为此我们称之为语言博弈。

语言博弈的提及最初见于鲁宾斯坦名著《经济学与语言》，在该书第二篇“经济学的语言”中第二节“论博弈论的修辞”中，他用博弈论来论述人类语言行为，并对语言博弈策略做了详细论述。至此，经济学的博弈论被用于语言研究，辛提卡(Hintikka)基于语言游戏，于1973年提出了“语言博弈论”，认为同一个词语相关的语言博弈就是围绕该词发生的那些具有代表性的、使语词获得意义的活动(Hintikka，1973:10)。国内语言博弈论大约始于20世纪80年代(董明，1995:

87),后续学者许宁云(2005)和任荣(2006)将语言博弈论用于语言实践分析。

6.4.3 仿拟博弈

语言是人类交流的工具,语言博弈在所难免,思想策略通过语言竞争得以体现,以辩论、吵架等方式实施,被描述为“唇枪舌战”“巧舌如簧”。由于其特殊的表达效果,仿拟在语言竞争中尤为常用,被当成一种博弈的手段广为运用,这在文学作品中屡见不鲜。下面从仿拟博弈的类型以及语用效果两方面加以分析。

6.4.3.1 仿拟博弈类型分析

从类型上说,仿拟中包含两种类型的博弈:本体与仿体的博弈和创造者与接受者的博弈,对应于语言博弈和人的博弈。

1. 本体与仿体的博弈(语言博弈)

本体与仿体的博弈是仿拟博弈的语言层面,博弈双方为已有语言形式与新创语言形式。人们在借助于语言表达某一思想时,面临着两种选择:是采用已有的表达形式还是采用新的语言形式,二者在使用问题上遇到了一定的较量,这便是博弈。以“‘闲’妻良母”为例试析之。

这是一则洗衣机广告,为表达洗衣机良好的洗衣功效,商家要使用语言手段表达,这便遇到了语言表达上的选择问题:是创造新的广告语呢,还是借用现有的语言形式?为了追求一定的表达效果,商家选择借用受众熟悉的旧的语言形式,这是博弈之一。新旧语言形式的博弈,以旧的语言形式获胜告终。接下来就是第二个问题了,在众多旧的语言形式当中,该如何抉择呢?这里就有众多旧语言形式之间的博弈,其中,成语“贤妻良母”以表达妻子贤良的东方女性美德而胜出,这是博弈之二。旧词博弈中,“贤妻良母”胜出;然而“贤妻良母”并不能完全表达洗衣机的良好功效,于是又面临第三次语言博弈:同音替换,借用同音字“闲”替代“贤”,“闲”字胜出,从而得出新的词语组合——“‘闲’妻良母”(见表6.1)。

表6.1 “闲”妻良母之语言博弈

博弈次序(order)	博弈方(players)		得益(payoffs)
第一次博弈	新词	旧词	旧词
第二次博弈	旧词	旧词	贤妻良母
第三次博弈	旧词	新词	闲妻良母

由以上得知,仿语“‘闲’妻良母”的产生,经过了三次语言博弈。从上述分析,可以得出以下结论:语言的选择便是博弈。

本体与仿体的博弈，从语言层面上说，出现在词汇、句子、语篇等三个层面，分别对应仿词、仿句和仿调(具体见罗胜杰，2010:27－47；徐国珍，2003:57－59)。

2.创造者与接受者的博弈(人的博弈)

本体与仿体博弈涉及为达语言表达之目的而实施的对语言的选择、替换，实为语言游戏，或曰文字游戏。然而在表象背后隐藏着另一种博弈，即仿拟创造者与仿拟接受者之间的博弈。博弈论中，辛提卡将人们对句子的理解过程比喻为"由'自我'与'自然'为博弈方的两人博弈"(张兢田，2011:1)。仿拟的创造者与接受者都是人，故存在人的博弈，博弈双方分别为仿拟创造者与接受者的"自我"与"自然"。

(1)仿拟创造博弈。在此，存在"自我"与"自然"博弈双方，"自然"便是成语"贤妻良母"，"自我"便是创造者内心的不安分，竭力想摆脱"自然"的羁绊，然而又要创造一种独特的、让人能一看就能联想到"自然"的新的语言形式。上述"闲妻良母"语言博弈是仿拟创造者所完成的，他的内心经历了三次博弈，通过采用同音策略，最终产生出新的语言形式。

(2)仿拟理解博弈。同样，在仿拟理解过程中，也存在博弈双方。"自然"是所见到的语言形式"闲妻良母"，"自我"是接受者内心已有的语言形式"贤妻良母"，在二者博弈中，结合特定语境，也采用同音策略，最终得出博弈结果：新的语言形式"'闲'妻良母"被人们所理解并接受(见表 6.2)。

表 6.2 仿拟中人的博弈

博弈类型	博弈方(players)		博弈策略(strategy)	得益(payoffs)
仿拟创造博弈	"自我"	"自然"	同音策略	"闲"字得以替代"贤"字
仿拟理解博弈	"自然"	"自我"	同音策略	"贤妻良母"得以理解并接受

与博弈的一般情形不同的是，人的博弈双方不是两人或多人，而是由一人完成，都是在创造者和理解者个体内心完成的，属于个体语言博弈。在仿拟博弈中，有两点非常重要：一是语境的作用，依赖特定语境，才能产生出仿拟作品；二是博弈策略的使用，通过采用同音、换字、换序、类推等策略，来完成仿拟的产生和接受。

6.4.3.2 仿拟博弈语用分析

博弈语用学认为，语言交际是一个博弈行为，博弈双方依据自己掌握的信息、偏好和预期选择交际策略并获得收益，完成一个博弈交际行为(向明友、夏登山，2011:16)。通过语言博弈与人的博弈这两种形式的博弈，以其合力促使大量仿拟语言形式得以产生，而仿拟博弈的最终结果，是其独特的语用效果得以显现。仿拟博弈的语用功能可归纳如下。

1.适应表达需求,表现人物形象

人们掌握了一种语言,只要不违背这种语言的语音、语义、词汇和语法规范,一般都能表达思想,达到相互了解的目的。然而,交际场合决定交际方式,而交际方式的选择给语言表达提出了要求,需采用不同的语言表达策略,仿拟的运用可以达到此目的,例如:

(a)五儿急着便说:"原来是宝二爷屋里芳官给我的。"林之孝家的说:"不管你'方官''圆官',现有了赃证!我只是呈报了,凭你主子前辩去!"(《红楼梦·第六十一回》)

(b)怪,我一个拉板车的,要知道那些干嘛,未必知道什么李白李黑,莎士比亚"泥"士比亚的,我的车就轻了?见鬼!(方方《大篷车上》)

(a)是先将"芳官"的"芳",谐音为"方",然后再利用"方"与"圆"的相互关联,在"方官"的基础上临时创造出个"圆官"。这里,仿词的运用,凸显了说话人不讲道理、态度强硬、仗势欺人的奴才嘴脸。(b)也是谐音仿拟。请看:"莎士比亚"→"沙士比亚"→"泥士比亚",多么奇妙的一波三折啊!它不仅显示出说话人的粗俗无知,更使整个表达诙谐轻松,充满情趣。又如:

(c)宝玉方住了手,笑问道:"你还说这些不说了?"黛玉笑道:"再不敢了。"一面理鬓笑道:"我有奇香,你有'暖香'没有?"宝玉见问,一时解不来,因问:"什么'暖香'?"黛玉点头笑叹道:"蠢才,蠢才!你有玉,人家就有金来配你;人家有'冷香',你就没有'暖香'去配他?"宝玉方听出来,因笑道:"方才告饶,如今更说狠了!"说着又要伸手。黛玉忙笑道:"好哥哥,我可不敢了。"(《红楼梦·第十九回》)

(c)中,"冷香"原是宝钗用来治病的一种药。宝钗"从胎里带一股热毒",一个和尚给她一个"海上仙方"——"冷香丸",专治此病,吃了这种药后,香气袭人。宝玉是第一个发现冷香的香气的,因为薛家有"金玉姻缘"的舆论,所以林黛玉在很长时间内把宝钗看成是实现爱情理想的最大情敌,因此利用"冷香"的反义造出个"暖香",充分表现了林黛玉的多疑心理,她旁敲侧击地试探宝玉对自己、对宝钗的态度。

文学作品中的人物众多,适当运用仿拟博弈,对于刻画人物形象、展现文学魅力有较多帮助。所以,我们使用语言时,要根据表达要求灵活运用仿拟辞格,达到既明白又生动的境界。

2.表达诙谐用意,增强幽默效果

故意违背正常逻辑思维,对已有语言单位进行改动,实施超常规搭配,收到一种诙谐幽默的语用效果,这是仿拟语用特色。例如:

(a)明天虎子从部队回到咱们海港来,和甜女成亲,再加上阿嬷带着海兰到卫

生院去检查有了喜……哼，凑在一起，也算得上是个家庆节了！（赵寰《南海长城》）

(b)那几年，我不就改造成家庭妇男了吗？不信，你们问文婷，我什么不干？什么不会？（谌容《人到中年》）

(c)昔人已乘奔驰去，此地空余多情郎。

(a)仿“国庆节”造出“家庆节”，幽默风趣地渲染了家庭的欢乐气氛，烘托出了一家人的欢乐气氛；(b)中的“家庭妇男”乃由“家庭妇女”仿造而成，幽默风趣地表现了说话人的无奈；(c)仿的是唐代诗人孟浩然的名篇《登黄鹤楼》中的佳句“昔人已乘黄鹤去，此地空余黄鹤楼”。现实生活中，男孩遭女友抛弃，女孩另攀高枝，找了大款，男孩心情沮丧，无可奈何之际，只能自嘲、自我调侃一番，故仿拟而作此句。

所以，仿拟本体与仿体博弈，能带来幽默风趣的语用效果。

3. 借用言语变异，增加讽刺功能

变异修辞是对常规措辞的变革，使其在结构与意义上发生异常，变异后的词语具有别开生面、对比强烈的审美效果，这种变异修辞完全超越了词语原有的固定意义。如“艳照门”一词，是在“水门”(watergate)一词基础上变异而成的，该词对原词的含义予以拓展，将“用于表示政治丑闻”的词义延伸至一般生活中，其“见不得光”的内在属性得以保留，以短小精悍的言语形式充分表达了讽刺意味。这种语言变异在鲁迅先生的作品当中广泛出现，例如：

(a)一个阔人说要读经，嗡的一阵一群狭人也说要读经。岂但“读”而已矣哉，据说还可以“救国”哩。（《这个与那个》卷三，138页）

(b)于是有人慨叹曰：中国人失掉自信力了……先前信“地”，信“物”，后来信“国联”，都没有信过“自己”……中国人现在是在发展着“自欺力”。（《中国人失掉自信力了吗》）

(a)中，“阔人”按常规用法应仿出“穷人”来，但鲁迅在这里却抛开“阔气”的意思，而取“宽阔”之义加以仿造成为“狭人”，这就令人想到文人侠客，实际影射那帮闲文人，语言幽默，极具讽刺性。(b)中仿“自信力”而拟的“自欺力”等，简奥深刻，语含讥刺，表现了作者对那些不了解国情，盲目套用近代资产阶级自由、民主、平等这样一些西方理论来作为自己社会理想的人及那些缺乏民族自信心的人的冷峻批评。鲁迅作品的风格一向以幽默著称，这种鲜明的特色可以和古今中外任何一位幽默语言大师相媲美。鲁迅作品幽默风格的形成有其多方面的原因，除了笔战的需要等外部原因之外，作者自身深邃、睿智的思想，敏锐、精准的观察力，深厚、精湛的艺术造诣都是重要的因素。而其中直接的原因还在于鲁迅先生对民族语言高超的驾驭能力，可以说，鲁迅有些构成幽默风格的语言技巧已达到令人叹为观止的程度。仿拟修辞的运用，是鲁迅作品中一个突出的幽默手法。在鲁迅作品中，一般意义上的仿拟如仿词、仿语比比皆是，如由“同胞”仿出“异胞”，由“无聊”仿出“有聊”，由“人格”仿出“鬼格”，由“国花”仿出“国骂”，由“正人君子”仿出“歪人奴子”等。但是，鲁迅作品中的仿拟手法更多的是突破了传统用法，具有创造性。

作品《红楼梦》中也有许多仿拟运用的例子，我们也试作分析。

袭人冷笑道：“你问我，我知道吗？你爱过那里去就过那里去。从今咱们两个人丢开手，省的鸡声鹅斗，叫别人笑话。横竖那边腻了过来，这边又有什么‘四儿’、‘五儿’服侍你。我们这起东西，可是白‘玷辱了好名好姓’的！”(《红楼梦·第二十一回》)

袭人仿照小丫头“四儿”的名字，造出个“五儿”，“四”与“五”之间是数目上递增的关系。“五儿”这个人并不存在，袭人屡次劝宝玉改掉不好的习惯，但宝玉听不进去，仍然不分白天黑夜地与姊妹们厮闹，从而赌气地说以后用不着自己侍候宝玉，叫四儿或其他人做就可以了。从更深层次上理解，在王夫人默许了袭人是宝玉未来的姨太太以后，袭人便在各方面对贾宝玉软硬兼施，想把宝玉控制于自己的手掌之中。因此，一方面，袭人不愿辜负王夫人委以的重任；另一方面，也是更重要的，情爱是有排他性的，袭人也不例外。当她亲眼看见在黛玉房里湘云给宝玉梳头，以及宝玉吃胭脂的情景，也不免妒火如焚，这种妒情是很自然的。因为随着时间的推移，袭人又发现原来姨太太的宝座不是仅对她虚席以待的，晴雯、芳官、四儿等无形中成为她的竞争对手，对她造成了极大的威胁。所有原因加起来，自然她说出这样的话语。通过对“四儿”的仿拟，她对宝玉的抱怨跃然纸上。

以上是文学作品文本分析，其实，在我们身边，也有许多借用仿拟来表达讽刺的例子。如有一首“考研吉祥三宝”* 是这样说的：

爸爸
哎！
本科毕业就非得考研吗？
对啦！
不考研难道就没有出路吗？
哪有啊！
许多硕士生也相当郁闷啊！
接着读博嘛！
学士硕士博士就是吉祥的一家
妈妈

* 源自徐小平新浪博客，http://blog.sina.com.cn/s/blog_46cf3d4501000377.html

哎！

病中的儿子何时能够回家？

等考研成了！

考不上难道你就不爱我吗？

去火葬场吧！

李嘉诚也就是小学毕业啊！

少跟我废话！

硕士博士烈士就是吉祥的一家！

宝贝

啊？

爸爸像太阳照着妈妈！

那妈妈呢？

妈妈像绿叶托着红花！

那我呢？

你是考研无意识的苦瓜！

噢！明白啦！

考研盲从抑郁症就是吉祥如意的一家！

这首仿自歌曲《吉祥三宝》而作的作品讽刺了这样一个社会现实：教育与市场需求脱节，不仅体现在传授的知识和技术滞后于技术发展，与生产实践脱节，跟公司需求矛盾，更造成了求学历程中职业意识缺位——不知道一切学历必须以职业定位为最终目标，结果今年硕士明年博士后年烈士。

4.巧妙更换语素，收到双关效果

仿拟后的语言效果还可达到更高境界，即收到双关效果。双关是让一个词句同时关涉到两个方面，它主要是利用词句的多义、语音的相同（或相近）或语境的相似构成的。双关的话语语言比较含蓄，语义比较丰富。运用双关常常要利用语言的歧义，但又要注意双关与一般歧义的区别。双关有语义双关、语音双关和语境双关三种类型，与不须更换字词就能表达两个甚至是多个不同意思的双关辞格不同的是，仿拟需要在原有本体的基础上，更换某些词汇，这是二者的不同之处。虽然不同于双关，但是仿拟却可以收到双关效果。例如：

(a)防患于未燃（城市公益广告）

(b)川越暖冬（2008年湖南经视台一节目名）

(c)中意空调，终身无汗（中意牌空调广告）

(a)仿成语“防患于未然”，其中的“燃”是本体“然”的谐音。该广告有双层意思，一是告诉大家，对于火灾隐患要消灭在萌芽状态；二是体现了“燃”的字面意思，告诉大家在火尚未燃烧之前，要采取措施加以防范。(b)是一档节目名，源自2008年5月12日汶川大地震后，湖南经济电视台为了支援灾区安全度过灾后的第一个冬天而举办这一档节目。节目名中“川越”仿自“穿越”，通过这一仿拟，收到一语双关效果：一方面，我们要穿越冬天，迎来春天；另一方面，我们希望四川灾区能走出地震带来的阴霾，故云“川越”。(c)中，“汗”仿自“憾”，一语三关：一方面，中意空调让你终生无憾；另一方面，夏天吹中意空调不会让你流汗，说明质量好；再者，中意空调永不出汗(渗水)。由此看出，一个好的广告语言，能善于利用修辞手段，收到多重表达效果，达到让人回味无穷的目的。

5. 利用谐音功能，突出听觉效果

谐音仿拟具有谐音表义功能，这是因为汉语中存在大量的同音词或近音词，在使用过程中容易造成谐音。山西汾酒广告语“汾酒必喝，喝酒必汾”，仿自《三国演义》中“话说天下大事，分久必合，合久必分”，该例巧妙地利用谐音，让人一听到这句广告词，就仿佛是回到了熟悉的《三国演义》中的场景，在观众或听众中产生了强烈的听觉效果，从而使这类广告语具有了一定的商业传播价值。实际上，这种现象在一般语言领域中也有，比如，“沪深股市‘跌跌不休’”中的“跌跌不休”就是“喋喋不休”的谐音仿拟。当然，这种谐音不仅仅限于成语，一些固定词组也有此类仿拟现象，如“‘缘’来如此”“天赐良园”。这类谐音仿拟给人的听觉以一种和谐的感受，同时也收到了应有的效果。

上面分析了仿拟博弈所带来的5种语用效果，作为一种辞格，仿拟作用显而易见，值得注意和研究。

6.5 小　　结

从语言经济学三个角度对仿拟的研究发现，仿拟可以实现语言创新，收到语用效果，然而对仿拟的过度依赖与滥用，会导致拜物教的产生；仿拟中存在交替现象，显性交替与隐性交替存在于仿拟之中，仿拟在语言的交替中得以产生；仿拟既是一种语言间的博弈，又是人与人的博弈，博弈的存在使得语言交替发生，交替的结果是语用效果的显现。以上仅从三个角度开展研究，也许经济学其他理论也适用于语言研究，不管怎样，从经济学角度研究语言，是学科交叉的表现。

第七章　仿拟的和合学维度

7.0 引　　言

和合学由中国当代著名哲学家、中国人民大学张立文教授创建。他一生从事中国哲学与中国文化的教学与研究，出版论著40余部，发表学术论文500多篇，提出了中国哲学逻辑结构论，建构了传统学、新人学及和合哲学体系。“和合”这一概念的提出基于全球化背景，全球化这一不可避免的现象要求人们用全球化意识来处理世界经济、政治、文化问题，特别是人类所面临的人与自然、人与社会、人的心灵等方面的冲突，以求化解冲突之道。据此，张教授提出，和合文化思想是化解全球化冲突和危机之道，21世纪的全球化文化，应该是东西南北中多元文化的冲突融合，并在冲突、融合的动态过程中和合为新文化，其文化价值目标为全球化的多元民族化和多元民族化的全球化，即融突与合化。

“和合”一词最早源自于《国语·郑语》(张立文，2011:3)。和合学由两个方面的意思组成：“和”与“合”。“和”意指“和谐”“和平”“祥和”；“合”指“结合”“融合”“合作”；“和合”是指承认事物间有矛盾与差异，将有差异的事物和谐组合起来，取长补短，让它们实现最佳组合，从而推动事物的发展。和合学的本旨是和(张立文，2007a:87)，是在保证并达到“和谐”基础上的“融合”，和合可以认为是在和谐基础上的结合、融合与合作。

和谐是和合理论之重心所在，指人与自然、社会、人际、民族、种族、国家、宗教、心灵、文明间各种错综复杂关系的协调、谐和、和合(张立文，2007b:7)。和合学的理论渊源是哲学，从哲学角度看，需用和谐去化解所存在的矛盾，“太初有道”(In the beginning was the Word)(H. G. Widdowson，2000:3)，“道生一，一生二，二生三，三生万物，万物负阴而抱阳，冲气以为和”。古希腊哲学家毕达哥拉斯就有“和谐唯美”的思想，古人讲求“声无一而听，色无一而视”，追求人自和谐、人人和谐、身心和谐。

和合学的整体结构为“地”“人”“天”三界，分别构成和合的生存世界、意义世界与可能世界。一界“地”，和合生存世界。“地”是万物，包括人生命存在所必须生活于其中而不可逃的世界，可谓真实的世界。二界“人”，和合意义世界。和合学的主体核心是人,西方哲学指出,“人是万物的尺度”“人为自然立法”。北宋理学奠基者张载曰,“人为天地立心”,意思是说,天地本无心,以人心为心,亦可解释为天地本无价值和意义,因人的价值和意义而有价值和意义。三界“天”,和合可能世界。“大哉乾元,万物资始,乃统天”。始为万物之始,是对万物原始、根始的追求,贯乎天德的始终,是谓可能世界(“天”)。三界既差异分殊、相互冲突、相互竞争,又贯通融合、相互涵摄、相互转换,从而构成和合学基础理论体系结构。

贯穿至今,具有和谐思想的个体才能把握经济、文化等领域的平衡,从而提高社会整体的和谐度。有了和谐这一保证,事物就能融合、结合了。大到国家、民族,小到社会、家庭,讲求在“和生、和处、和立、和达与和爱”的前提下,以科学发展观为指导,求同存异,相互合作与柔和。和生,万物因“和”而生生。人的生命与自然生命,应建构共生意识,一方生命受到威胁或危害,另一方也难逃宿命,只有共生于“地球村”方可避免。和处,以温、良、恭、俭、让的规范自律,共处于自然与社会。和立,秉持孔子所说“己欲立而立人”“己之不欲,勿施于人”的精神,不唯我独尊,不搞霸权主义,多元文化共生。和达,共同发达。这是指在当前多元文化、多元发展、多元模式等各种错综复杂融突情境中求得协调、平衡、和谐,做到孔子所说的“己欲达而达人”。和爱,即兼爱意识。和生、和处、和立、和达、和爱五大原理,是五大中心价值,是21世纪人类最大的原理和最高的价值(张立文,2006:477－481)。

“和合理论”是古代哲学家们对自然界、人类社会中普遍存在的事物之间和谐统一现象的理论总结(钱穆,1979:21),依据和合学理论原理产生“八维和合”,张立文(2006:112)构想出和合学八类新学科分类系统:形上和合——和合自然科学;道德和合——和合伦理学;人文和合——和合人类学;工具和合——和合技术科学;形下和合——和合经济学;艺术和合——和合美学;社会和合——和合管理学;目标和合——和合决策学。这是和合人文精神及和合学理论原理在上述八大学科领域内的自觉贯通和总体体现。鉴于和合学在语言中的重要作用,笔者提出和合学的第九类学科系统:语言和合——和合语言学。

7.1 语言和合

语言和合涉及两个方面,一是语言的“和”,即和谐。赵沁平(2007:1)说过,“语言和谐是社会和谐的重要表现,也是促进社会和谐的重要因素”。二是语言的“合”。根据和合原理,“合”指结合、融合,大到语言与语言之间,小到语言内部,皆须求“合”。因此,我们称之为语言的“大合”与“小合”。

“大合”指语言与语言之间的合,既包括外语与汉语的合,亦包括民族语与汉语的合。目前,在全球化背景下,语言已不仅仅是人与人之间交流沟通的桥梁,语言的国际化程度已成为国家综合实力的重要体现。向世界推广本国语言已成为增强国家软实力、提升国际地位的重要战略手段。语言推广不只是语言本身的推广和传播,更重要的是以本国语言为载体,传播自己的文化和价值观念,使本国文化在世界多元文化格局中占据重要地位。鉴于此,英国、美国、法国、德国、日本、俄罗斯等国纷纷注重对外进行语言推广,这已为吴坚(2013)所证实。然而在这种不公平的全球化竞争当中,稍有不慎,弱国就有可能被同化。所以,采取一定措施,保护自己的母语不被吞并,这是每一个国家,特别是小国应该注重的。然而,保护母语并不等同于盲目排除外来语,实际上在开放程度如此大的今天,这也不可能做到。我们主张的是在保护母语的前提下,实现母语和外来语的和平共处,即语言之间的大合。

为达"大合"之目的,对外须做到敞开胸怀,坦然面对外来语的介入,不实行语言殖民主义,也不盲目排外;对内则在响应国家号召、推广普通话的同时,又注重保护方言,做到普通话与方言共存,语言间相互吸收合理内核,和谐共处。

例如,汉语中存在着大量字母词,显示汉语与外语间的融合。如 AA 制,B 超,CCTV,Dell 电脑,E-mail,fans(粉丝),GPS 全球定位系统,IPhone 5,MP3,Nike,T 恤,UFO,VIP,WWW,Yahoo,PM2.5,甲型 H1N1 等,有的已收入字典,有的如 PM2.5、甲型 H1N1 已进入政府工作报告。

又如,以英汉两种语言为主的多语码共存现象,也显示着多语和合。如语码转换(Code Switching)(例 1)、语码混用(code-mixing)(例 2)以及英语中的汉语借词(loan words)(例 3)。

例 1:

甲:Anyway, if you have some information, please send me an E-mail.

乙:什么?

甲:E-mail,邮件。

乙:哦,好的,E-mail。

例 2:

甲:你的材料是从哪里找的?

乙:是从 Internet 上 download 的。

甲:哦,那我可以 copy 你的吗?

乙:Definitely not!

例 3:

bok choy 白菜,cheongsam 长衫,chop suey 杂碎,chow 炒,feng shui 风水,

kowtow 叩头,kungfu 功夫,taichi 太极

语码转换是双语或多语主义所造成的难以避免的结果(Code-switching is the inevitable consequence of biligualism, or more generally, multilingualism.)(R. A. Huson, 2000:51),说两种以上语言的人根据情况在语言间做出选择。语码转换在多语国家如新加坡等国,以及非多语国家的一些开放性程度比较高的城市或涉外企业当中其实非常普遍,这又在接受新鲜事物比较容易的年轻人当中较为常见。

语码转换可出现在句子与句子之间,甚至出现在句子内部,涉及短语、单词或词汇的一部分(These code-stwitches can take place between or even within sentences, involving phrases or words or even parts of words.)(Bernard Spolsky, 2000:49),上述例子便是证明。

日常生活中以英汉两种语言为主的多语码共存现象非常普遍,二者的融合到了如此阶段,以至于朋友分手时说“Bye bye!”的频率胜过“再见”,IPhone 4s 手机连小孩子都能随口叫出,这些都说明了语言的融合与共和。衡量一个国家、一门语言成熟与否的标志,其中一项重要标准是看它是否具有包容性,能否有“海纳百川”的宽广胸怀。汉外语间的和谐相处,是和谐语言建构的一部分,因而不能盲目排斥外来词语。然主张对外来语持宽容态度,并不意味着对其放任自流,不用规范和引导,此合应为不损害国家语言规划和语言政策下的“合”。

“小合”是指语言内部的合。语言讲求形合与意合,语音、语法、语词间的组合等的和谐结合,这是语言内部和谐产生的关键。具体包含以下几方面。

1.语音和合

古人云:“韵谐则言顺,言顺则声易入。”为使语音和谐悦耳,多采用调配音素、音位、音段等手段达此目的。比如叠音(鑫兴家园)、双声(参差荇菜)、叠韵(苍茫大地)等较为常见,使得语音平仄和谐,节奏感强,抑扬有致,朗朗上口,富于音乐美,增强了语言表现力。

2.音节和合

在某些场合中,出现在词语中的音节必须考虑受众的心理习惯与接受度,音节过多过少都不合时宜,以简约而达旨为宜。

以汉语楼名为例分析之。调查发现,楼名在音节上多呈现“两头少、中间多”的趋势,即单、双音节和七音节以上楼名少,三、四、五、六音节的楼盘名称数量较多。因双音节所含信息量较少,故其单独使用并不广泛。七音节以上的楼名由于音节数量较多,在视觉和听觉上显得冗长复杂,不利于楼盘名称的传播和记忆,因此也较少。而且偶数音节数量较多,盖因其给人整齐、匀称的形式美感。此外,原因有

五:符合国人追求整齐匀称心理;结构工整,平仄错落,节奏感强,易于上口;长短适度,语义容量适中;Grice合作原则中数量原则和方式原则相互作用的结果;语言中的经济原则使然。

另外,楼名中偶数音节居多,这有两个原因。一是因为偶化音节更能适应汉语的节律,这是从中古以来的发展趋势,所以汉语构词往往倾向于双音节化;二是离不开偶数的象征意义与人们的尚偶心理。在西方社会中,偶数多被当作不吉利的数,常要避讳。然而国人在重和谐心理作用下,认为偶数具有对称和谐的语义特征,是吉利的。送礼都要偶数的礼物,敬神的祭品也要摆上偶数的菜盘,迎亲嫁娶也要选择偶数的日子,语言中也有"好事成双"一说。易经曰:"太极生两仪,两仪生四象,四象生八卦,八卦生六十四卦。"这乃古人尚偶的集中表现。近年来,人们分外重视"6""8",即为谐其音"溜""发"。再如"十全十美",各方面都非常完美,毫无缺陷。

"八"本来是个平常的数词,然而在数千年的中国文化当中,被都当作吉祥的象征,广为人们喜爱。汉语中含"八"的词语不少,如八仙祝寿、八抬大轿、八仙桌、八宝粥、四平八稳等,充分体现出"语言本来是与劳动同时发生和发展的一种社会交际工具。但是在对自然现象和自然力不太理解的环境里,语言往往被与某些自然现象联系起来。这样语言就被赋予了一种它本身所没有的、超人的感觉和超人的力量,社会成员竟以为语言本身能够给人类带来幸福或灾难,竟以为语言是福祸的根源。谁要是得罪了这个根源,谁就得到加倍的惩罚;反之,谁要是讨好这个根源,谁就能得到庇护和保佑"(陈原,1983:22)。不难看出,类似于"八"这样的吉祥数被赋予了超语言的有灵性的东西,这是迷信思想的反映,是特定社会产生的语言拜物教的表现,最终会让位于科学。

3.修辞和合

理查兹(Richards)提出,修辞学的基本视点在于人际交际,简言之,在于如何消除人们交际中的误解,促进交际双方更好地理解与合作,进而融洽人际关系,促进社会和谐。基于此,语言中多采用修辞格,常见的如比喻、双关、仿拟、引用、象征等,以达此目的。

除了上述语言之间的"大合"与语言内部的"小合"外,语言还应有另外两种形式的和合。第一,语人和合,中国传统文化的"和合"理论不仅关涉人与自然间的和谐,也关涉语言与人之间的和谐,简称语人和谐。因语言与人共生,故倡导人与语言保持一种和谐关系。第二,语物和合,可理解为语言与自然的和谐统一,主要体现在事物的命名问题上要做到"顺情""应景"。以顺应论视之,即做到语言的物质世界顺应。为此,构建了语言和合框架,如图7.1所示。

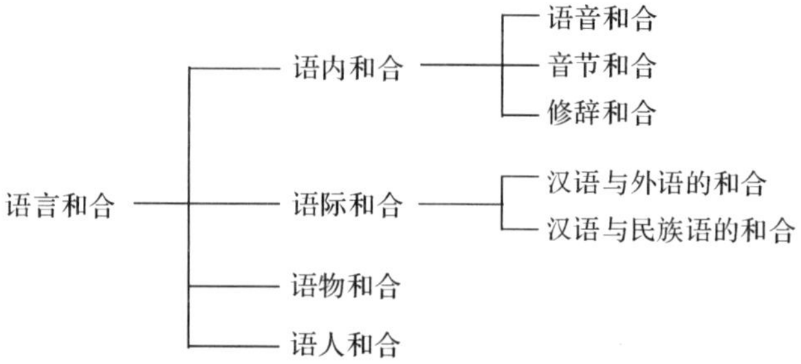

图 7.1 语言和合框架

7.2 仿拟对语言和合的叛逆

作为和合语言的主旨要义之一的和谐，从语言角度而言，有五个方面的内容（冯广艺，2006：16）：①语言人——文明和善；②语言体系——规范纯洁；③语际关系——平等互惠；④语言发展——井然有序；⑤语言运用——适境应情。然而社会上依旧存在一些语言污染问题让社会文明受到很大伤害，“正常的语言在社会的影响下混入了不正常的杂质，使明快、清新、纯洁、健康的语言变得艰涩、累赘、空虚和肮脏，影响到语言的正常交际功能，损害了语言的内质和肌体，并由此而使语言所承载的文化遭受污染和损害”（刘保俊，2005：106）。

比如，英语中的“洋泾浜”便是混入了诸多杂质而造成的语言不合现象。它原指在上海、广州等租界地区流行的不纯正英语，后引申为指一般的不纯正语言、方言，在上海话中，特指不纯正的上海话，含义近似“南腔北调”。按《上海闲话》的作者姚公鹤的说法，这是一种“以中国文法英国字音拼合而成，为上海特别之英语”。汪仲贤撰文的《上海俗语图说》中曾记载了洋泾浜歌诀：

来是“康姆”去是“谷”，廿四铜钿“吞的福”；
是叫“也司”勿叫“拿”，如此如此“沙咸鱼沙”(So and so)；
真薪实货“佛立谷”，靴叫“蒲脱”鞋叫“靴”；
洋行买办“江摆渡”，小火轮叫“司汀巴”；
“翘梯翘梯”请吃茶，“雪堂雪堂”请侬坐；
烘山芋叫“扑铁秃”，东洋车子“力克靴”；
打屁股叫“班蒲曲”，混帐王八“蛋风炉”；
“那摩温”先生是阿大，跑街先生“杀老夫”；
“麦克麦克”钞票多，“毕的生司”当票多；

红头阿三“开泼度”(Keep door),自家兄弟“勃拉茶”;

爷要“发茶”娘“卖茶”,丈人阿伯“发音落”……

又如汉语内部的语音、词汇、语法等方面的不和谐,语用中的假话、套话等语言污染问题对语言生态造成了一种破坏,这种破坏的产生,部分是由于仿拟使用不当所造成的,以此造成了表面和谐的语言形式背后所隐藏的意义不合。试问丧失了“和”,哪来的“合”呢?故此类仿拟的产生是对和合语言的一种叛逆,理应丧失存在的土壤。

因语言的不“和”而导致语言的不“合”,仿拟是原因之一,体现在语音、词汇、语法以及语言单位之间组合的不和等诸方面。

7.2.1 语音不和

谐音仿拟是仿拟的一种重要形式,被广泛使用,收到了较好的语用表达效果。如“烟酒生”“闲妻良母”“乘需而入”“中意空调,终身无‘汗’”等。但是近来也出现了一些不和谐现象。如最近网上盛传的“胸器”一词,同音仿自“凶器”,意指女性胸部特别突出。该词源自于一位据称名为“Elly Tran Ha”的16岁美籍越南女子,该女子拥有天使般的面容及魔鬼般的身材,其硕大胸部被网友冠之以“人间胸器”,至此,“胸器”一词便开始流行。笔者于2013年7月23日在“百度”输入“胸器”一词进行网页搜索,找到的相关结果达17 000 000个之多,可见其使用频率之高。

笔者认为此类谐音仿拟不妥,“凶器”在古代被认为是丧葬所用器物,有“丧服凶器不入宫”(《周礼·天官·阍人》)之说,也被认为是引起祸端的不祥之器:“名也者,相轧也;知也者,争之器也。二者凶器,非所以尽行也。”(《庄子·人间世》)“凶器”在近代堪称行凶杀人的器具,具贬义,现被仿用来指女性硕大的胸部。第一,表现了对女性的不尊,有侮辱之嫌;第二,是对未成年人的一种语言污染。该词在网络上盛传所起的导向作用,无疑会误导无知少女错误追求“胸有多大,事业就有多大”“我有胸器我怕谁”而丧失精神层面的提高乃至美的追求,因而也是一种精神污染,难怪人民网(2011年11月14日)转载《检察日报》有言:“……倾心‘肉酬定律’的编导、导演们,可否不昧良心,营造些拥有文化凝聚力的审美取向和价值观念?……其实,除了‘胸器’,我们更值得拥有的,是大脑,是思想,是文化和美德。”

语言是一种社会符号,语义的表达与传递不是简单的编码—解码过程,而是一个涉及诸多社会文化因素的表意—解意过程(Halliday,2001:F25)。因此,社会因素是语言创造与使用过程中须加以考虑的重要方面。严格来说,“胸器”一词在语音上与本体“凶器”无异,按理说做到了语音和谐。但是,在这貌似“和谐”的语音背后,其实隐藏着一个并不和谐的画外音,传递着一个本不该传递的错误信号,这种精神鸦片一旦上瘾，语言和谐就被打破，社会和谐就因此而沦丧。所以，笔者仍将此类虽然在语音上做到的“小和”，但是却以牺牲人文精神为代价而丧失的语言乃至精神与社会的“大和”这样一种现象归为仿拟的语音不和现象。

7.2.2 词汇不和

词汇层面的仿拟称“仿词”，仿拟造词的词语结构形式主要表现为“词语模”（李宇明，2002），“模标（常量语素）＋ 模槽（变量语素）”便是仿词的构成机理。如“空难、海难、矿难”，“法警、空警、路警、水警”中的模标分别为“难”和“警”，模槽为所填语素。

但是，有时候填入模槽中的词却有不妥现象，表现为仿拟后不能达到预期效果，这主要是所填词汇不妥所致，我们称之为仿拟中的“词汇不和”。如“有‘痔’无恐”（治疗痔疮的药物荣昌肛泰广告语）显然仿自成语“有恃无恐”，给人以“有了痔疮就没有什么可怕的了”感觉，这与广告初衷有出入，故徐国珍（2003：230）建议改为“有痔勿恐”。又如，仿自“矿工”的“农民工”一词在各色媒体大量出现，指“进城务工的农民”，这本是个中性词汇，如今这一名词已带有歧视性，在一些市民眼中，具“没有文化，不见世面”的文化内涵，与愚昧、贫困，甚至新时代乞丐联系。作为一个被歧化的称呼，与和谐社会格格不入，使用须谨慎，宜称之为“流动市民”或“迁徙公民”。

7.2.3 语法不和

语言组合遵循一定的结构规律，即语法，分词法和句法两种。词法研究词的内部构造（朱德熙，2007：25）。语法和谐，从语用角度看，讲求表达的通畅，应重视行文布局、遣词造句等问题（冯广艺，2007a：163）。古人讲求“文从字顺”，语言中的每一个词素，都要考虑行文布局，要遵循一定的结构规则，这样的语言方能做到和谐。从运用的角度来看，词是语言中最基本的结构单位，根据其语法特点，可以将其分为名词、动词、形容词等，它们以不同的词性特点在构句中发挥各自不同的功能作用。而仿拟中占很大比例的仿词，大多是借助于名词、动词、形容词及数词构成的，我们在模仿过程中一定要注意仿体与本体间保持结构和词性的一致性，不做变更，这样的仿拟才能在语法结构上和谐。比如仿“国庆”拟创“市庆”“校庆”“店庆”“家庆”等，填入模槽中的词的词性与本体相同，不会有什么不适感。反之，如果填入模槽中的词在词性上发生变更，这就与本体相背离，语法结构不能满足原有模型要求，容易造成负偏离。如广告语“‘痘’人喜爱”是对词语“逗人喜爱”的语音仿拟，笔者认为这则广告语不十分成功，有些牵强，主要是因为实施仿拟这一行为者只顾及对语素“痘”的谐音而仿，却忽视了这一仿的同时也对本体语法结构形式造成了破坏——将原来动词性成分换成了名词性成分，由此构成的语言现象因扭曲了原来言语形式的“骨架”，难免使人看上去就觉得别扭、不对劲。再如广告语“衣见钟情”以名词仿数词，其效果自然也就难让人满意了。所以，在仿拟中，我们要遵循这一原理：模槽中所填语素与模槽原有词汇在词性上相符，否则势必造成语法不和谐。

当然，有时候并不都如此，语言中存在一种“反语法”现象。如副词“很”一般修饰形容词，用来修饰名词就是一种“反语法”现象。如“很暴力、很文艺、很女人、很娘”，类似的例子还有诸如“比较文艺”“比较芭比”等。对此现象学者们态度不一，存在争议，可归结为汉语副词的跨类修饰。对此，学术界有四种解释：病句说、变异说、修辞说、跨文化影响。杨永林(2004:62－63)采用乔姆斯基的最简方案理论模式，找出了其跨类误用但仍能流行的原因，或许是来自语言发展变化过程中的语义泛化或虚化作用的影响，其源自于改革开放、经济发展、文化繁荣所带来的新概念、新事物和新词语，接受于社会对多元文化的逐步认同所产生的日趋成熟的大众接受心理，体现于现代生活节奏加快所要求的讲求实效的求简趋势和年轻人崇尚个性的求新求异的意识表现。

笔者认为，将反语法应用于仿拟，还须慎重，仿拟最好还是建立在语法和谐的基础上，如若能做到既以语法规则为基础，又能合理突破、超越其束缚关系，这样的广告仿拟自然是成功的，而这也是仿拟所追求的目标，其“反语法”现象不宜过多。

7.2.4 组合不和

仿拟和谐，体现在语句中主要是组合的和谐。昆提利安指出，模仿前任措词，“唯一可靠标准是当下的流通。词语的好坏并不是由其内在品质决定的……而完全取决于它们是否恰如其分地被组合起来”(刘亚猛，2008:124)。“恰如其分”指的就是词语间的相互搭配的和谐，反对那种内容空洞无物，仅以文字游戏、怪癖词语、惹眼的诗赋意向等煞费心机的噱头来吸引读者的注意力。语言间的组合应当讲求“整一”，即“由局部构成整体，局部要服从整体。另外和谐不仅体现在‘形式’方面，还与内容有直接联系”(冯广艺，2007b:33)。钱冠连(2004:203)先生据《马氏文通》中所说“凡有数句，其字数略同，而句意又相类，或排两句，或叠数句，经典中最习用也”，提出“句式讲求整齐美”一说，即音节数目略同，句意相类。仿拟的本体是既成的语言形式，这些语言形式(特别是诗歌、成语等固定结构)本身的组合已经是和谐完美的，言辞和内容已经达成美妙协调。在仿拟过程中，我们应该尽量保持这种语言单位之间的和谐组合，不进行擅自更改，更不能喧宾夺主，完全压倒原语形式的论辩力，否则，不和谐的音符就会出现。如名句“生当作人杰，死亦为鬼雄”的对应组合整齐划一、工整对仗，然仿拟该句的广告语“生当作人杰，喝清照特曲”则存在不合现象，仿拟后的句子前半部分没变，但是后部分的结构与前面并不相配，违反“句意相类”原则，句子搭配组合出现不和谐现象，应以避免。

当然，笔者并不反对仿拟后的语句较之本体而言有一定程度上的偏离，偏离是对语言常规形式的变异，成功的语言变异有可能产生有技巧的语言，而且语言变异或仿拟，是新词新语出现的途径之一，它的存在丰富了语言形式，使之出现多样化特征。但是这种变异必须以追求较好的表达效果为前提，最好控制在与本体在音节、搭配以及句意前后一致的范围内，不能一味强调表达目的的实现，而牺牲语句的固有属性与要求，即付出句式和谐的代价，要做到既考虑内容，又考虑形式，求二者之并举，达和合之境地。

7.3 仿拟造成语言不和的表征

仿拟不和，广告为甚。“酒好还怕巷子深”。为达宣传效果，广告铺天盖地，盖因以吸引受众为目的的广告须出其不意，求新求特，故大家忙于在广告文字上下功夫并乐此不疲，为达目的而不惜在语言文字上表现出反传统倾向，这就是广告语言不和之根源所在。而作为造词手段之一的仿拟，被用来充当造成这一后果的帮凶，其结果必然是语言内部的不“和”，更不用说与语言系统的不“合”。具体而言，仿拟造成语言不合表现在如下几个方面。

7.3.1 流露封建

千年封建思想的残余，加上商品社会中不应有的奢靡思想，使得大量商品广告语言称“王”称“霸”。如“游戏王、下载王、冒险王、学科王、听力王、王中王”以及“静霸、凉霸、浴霸、面霸、超霸”，甚至还有“巨无霸”“霸中霸”等，使得“王”与“霸”的词缀特征明显。人们意欲表达商品质量上乘，这本无可厚非，然而借用具“强权”“蛮横”且多少带有贬义语义特征的“霸”来表达，久而久之会引起人们的一种心理反感和厌恶之情，不如另换表达语可能效果更佳，至少可以排除语言中的这一封建思想。

7.3.2 篡改成语

对成语的适当改动，借受众熟悉的成语外壳，套意欲表达之产品概念，求接受之所易，达效果之彰显，这是产品广告仿拟中的常见现象。但这要以符合词汇语义特征，并注重词汇间的组合特性为前提。然而，其较强的语言表达效果使得人们走向效仿的极端,想尽一切办法套用成语,言必称成语仿拟,将成语固有的结构破坏殆尽,使其意义遭受完全扭曲。这种羊群效应或曰从众心理不但让语言丧失了创新,而且也是对现有成语的一种亵渎与蹂躏。类似于“丰华正茂”(丰华圆珠笔广告)等仿拟,有违《广告语言文字管理暂行规定》,易引起误导,并给青少年学生的语言学习造成不良影响。

7.3.3 诋毁名人

在语言上傍名人,企图借名人效应的东风,达商品推销之目的,这便是广告仿拟的一种常见现象。“客临顿”“泻停封”“范痔易”等就属此类。虽厂商与广告商狡辩称纯属巧合,且相关法律规定也没有限制商品名与名人谐音,但明眼人一眼看出这些商贩是在钻法律的空子,明显地在利用名人效应牟利,这难道不构成对名人的不尊和诋毁吗?这难道不算是侵权吗?再者,从效果角度来说,这类广告除了谐音外,没有妥善地将产品的名称、效果等有效信息合情合理地传递出去,构不成好的仿拟,反倒是起着相反的效果,让人们最初的新奇感很快消逝,转而留下的只有厌恶之情。所以,在产品生产和广告法律还有待进一步健全与规范的今天,作为消费者,对此类商品自觉加以抵制,这是我们的应尽之责。如是,它们也就丧失了存在的市场,会不攻自破了。所以说,要剔除产品命名中不良的急功近利思想,将产品质量摆在第一位,多一点质量意识,少一点投机行为,多一些服务意识,少一些侵权行为。否则,这种哗众取宠、目光短视的行为,其最终结果只能以产品为市场抛弃而告终。

7.3.4 伤害情感

国家民族理应得到每个公民的尊重,凡有损国家的事,都应不做,有损名族情感的语言,都应避免。赵薇身披日本国旗事件*引起国人的强烈反响,某饭店将卫生间命名为“解放区”有损人们对先烈的情感。语言文字的运用要讲究场合,有些语言在长期使用过程中不但具有某种意义,更重要的是已经带有某种情感,模仿须谨慎,否则引起人们的反感。如某餐馆为鱼头菜肴打出的广告“砍头不要紧,只要味道正”与本体“砍头不要紧,只要主义真”所反映的革命烈士为国捐躯的民族气节大相违背,严重伤害了人们的爱国情感与民族气节,违反了“修辞以适应题旨情景为第一义”(陈望道,2008:9)的原则,没有考虑说话、做事的场合,没有适应当时的

* 赵薇为《时装》杂志 2001 年第 9 期拍摄的一张图片引起了极大反响,她身着服装图案被指酷似日本军旗,引发各方不满。

情景,并且伤害了国人的情感,不和谐音由此产生。

诚然,语言变异势在必行,“语言变异的倾向,它的沿流,顺着历史先例给它规定的渠道无情地向前流……”(爱德华·萨皮尔,1985:195),从语言生态观的角度出发,要求我们对新兴话语持宽容态度,但是符合语言内在规律、保持思想的纯洁性、尊重民族情感等,这些是语言变异能为我们所接受的底线,超越这一底线,不管什么样的变异都应慎而待之。因此,从道德情操来讲,“显然,同我们有特殊联系的客观对象所激发的每一种激情的合宜性,即旁观者能够赞同的强度,必定存在于某种适中程度之内。如果激情过分强烈,或者过分低落,旁观者就不会加以体谅”(Adam Smith, 2006:22)。

7.4 和合仿拟的构建

在带来语言变异效果的同时,仿拟也存在一些不和谐音,正所谓“成也仿拟,败也仿拟”。其实仿拟作为人类语言的开拓者,所起的作用是很大的,它不断给人类语言词库增添宝贵的财富。但是之所以有些仿拟因对语言生态造成了极大的破坏而被视为语言垃圾,关键在于仿拟语言的使用者——人,正所谓“言由心生”,仿拟造成语言的不和谐现象,关键在于人的心灵不和谐。

心灵指人的思想感情,和谐心灵是面对纷繁复杂的世界时,始终保持宠辱不惊、舒坦释然的整体素质和品行操守,体现在当下,与传统儒学心灵和谐思想相对应,要求我们树立“八荣八耻”的荣辱观,促进和谐社会的构建。心灵和谐是语言和谐的保障,是和谐社会实现的根基。

国学大师季羡林95岁生日那天上午,温家宝总理专程去看望他。欢谈之余,季老强调:“人与人、人与自然之间理当和谐,但心灵和谐最为关键。”温总理引用了《管子》“和合故能谐”一说,对其观点深表赞同。季老的话一语中的,不同凡响。心灵和谐是和谐之根本与始源,有和谐之心灵,方有和合之语言,仿拟要做到内部和谐,做到仿体与本体的和合相处,从而促使语言和合的形成,首先要做的就是仿拟创造者——人的心灵和谐。为此,我们必须做到以下几方面。

7.4.1 摒弃不良价值取向

价值是“主客体关系的一种内容,其内容就是,客体是否满足主体需要,是否与主体一致”(易晓明,2008:231)。语言中我们倡导弘扬正气,摒弃与社会伦理、道德规范相违背的语言垃圾,构建和谐语言。

然而,社会上总是难以避免会有一些不和谐音符的存在,这些丑陋甚至是丑恶的现象非但没有受到猛烈抨击，反而被大肆渲染，甚至有“崇拜”之嫌。比如，重庆男子周克华相继枪杀无辜市民9人，面对冷血杀手，多家媒体、网站将其冠名曰“爆头哥”，例如：

爆头哥再现重庆，1死2伤，抢走×××万（铁血网，2012/8/10）

图揭枪击案嫌犯爆头哥8年跨3地杀8人（新华网，2012/8/12）

南京“爆头哥”在重庆持枪抢劫 武警进山追捕（搜狐网，2012/8/11）

“爆头哥”8年3地杀8人 或涉重庆杀哨兵抢枪案（红网，2012/8/11）

“哥”一词乃是对年长之男子的尊称，不管该男子与自己是否具有血缘关系。我国北方某些地区习惯将年龄长于自己的男子称为“哥”，“哥”字一出口，势必认可了对方是“自己人”而不是对立面，原本陌生的两人之间的距离被这一社交称谓语一下子拉近，陌生人带来的威胁感顿失。可见，称呼和权利、地位、态度是密切相关的（William H. Roberts & Gregoire Turgeon，2000：F26）。

然而，将恐怖的“爆头”杀手与温馨而具有亲情的“哥”相匹配，意图表现一种什么样的态度与情愫呢？是崇拜？是敬佩？是表明一种意欲将自己与社会所深恶痛绝的这一杀人狂魔归为一类的想法呢？抑或其他？因此这一仿“××哥”而作的仿拟词的创作者没有经过深思熟虑，而且受众也没有经过是非判断而随意接受，造成了语言情感上的不和，带来了与其他“××哥”词族的不合。

媒体是舆论公器，应当对是非善恶有一个基本的客观判断。而且，从语言角度而言，语言与社会文化因素发生交互作用，语言代码不再仅仅表示单纯语言学上的符号意义，而是蕴含着复杂的社会因素和深刻的文化意义（Stephen O. Murray，2004：13）。为了吸引眼球，到处称兄道弟，不但不能引导人们产生惩恶扬善、积极向上的良好情愫，反而会一不留神就会走向社会价值取向的“阴”和“丑”的一面*。这些并非简单的“愚乐”，存在解构式的反叛，是对严肃的解构，表现出文化的退化。

语言不仅是一个正式代码、一个交流媒介和一个意义的储藏室，语言还是一个唤起与地点和场景、知识和信仰体系相联系的社会和道德情愫、集体与个人认同的有力的符号工具（A language is more than a formal code, more than a medium of communication; and more than a repository of meanings. Language is a powerful semiotic tool for evoking social and moral sentiments, collective and personal identities tied to place and situation, and bodies of knowledge and belief.）（Elinor Ochs and Bambi Schieffelin，2012:8）。在追求表达意义的同时，不应该忘记我们

* “爆头哥”称谓受质疑，冷血杀手岂能获此殊荣，在线律师网 http://www.52lawyers.net，2012－08－13。

作为语言使用者所肩负的责任与使命，应该警惕与摒弃语言创作中的不良价值取向。因此，我们不宜仿“××哥”拟“爆头哥”，宜改为“爆头匪”，但愿我们的语言生活中少一些带来负面效应的“表哥”(陕西省安监局原局长杨达才因在一起特大交通事故中带名表微笑出现而得名)，多一些弘扬正能量的英勇托举被卡男孩的“托举哥”。

7.4.2 消除经济负面影响

语言与经济活动密不可分，经济活动给人们带来了丰富的物质文化的同时，也诞生出许多新词新语，这些词语对语言的扩散、推广和传播具有促进作用。然而，经济活动也使语言内部发生巨变，人们对经济的追求体现在语言中，其结果就是语言偏差的出现，受商家逐利原则的驱使，人们的心灵开始发生转移，追求一种夸大、名不副实的虚幻与急功近利，体现在语言上就是盲目追求对语言文字的篡改。如英国某超市为从美国西部进口水果所作广告：“West is the best”是“East or west, home is the best.”的仿拟，给人以夸大事实之感。商品、店铺命名中出现的胡乱篡改名人名言现象，无疑是受经济中盲目逐利的原则驱使，追求经济利益的最大化，导致财富崇尚和价值取向错位，使得财富追求成为人生主要目标，而生活意义却在沦丧，带来了人们心理取向的错位与失衡，这种错位使得现代人的内心难以保持平和、宁静，变得孤独无助，这种心理取向错位会影响人与自然、人与社会、人与人的和谐(曹亚琴，2008：111)。

为此，笔者倡导建立一种可持续发展的语言生态观，主张在追求经济利益的同时，也要考虑语言的生态性，要去除语言中的垃圾与污染，净化语言，以良好的语言来促进经济活动，并以经济活动推动语言和谐的完善，做到语言与经济二者相辅相成，互相促进，而不是“促退”，从而实现语言与经济活动中的语言使用者——人之间的和合。

7.4.3 倡导和谐语言构建

我们在求新求异的同时，始终不能忘记保持语言的纯洁与得体，正所谓“得体性是修辞的最高原则”(徐国珍，2003：278)，是修辞应用领域的不懈追求，我们应该根据语言本身的结构特点，适时采用仿拟手段，坚持仿拟所应遵循的“词性不变策略、尊重情感策略、慎用名人策略和最佳相关策略”(罗胜杰，2008：94)，避免因违背语言得体的基本原则而造成仿拟的负偏离现象，积极倡导和谐语言的构建，巧用仿拟这一语言中的“拿来主义”，了解仿拟辞格的个性特点，掌握仿拟辞格的运用规律，将仿拟手段运用得恰到好处，使语言真正收到良好的表达效果。除了这四条策略之外，其实古代思想家老子就给我们提出了具体要求，《论语》关于语言的论述“言必信、言必慎、言必雅”这一合理内核，给和谐语言的建构提供了具体参照。“言必信”要求语言表达真实可信，反对巧言令色，“无‘胃’不治”（某胃药广告）所传递的信息就非真实可信，难道这种药品的效果真就这么神奇吗？所以，说话要慎重，要做到“言必慎”。同时还要做到“言必雅”，注重语言表达效果，接受受众的评判，力求以和谐的语言来促进和谐的人际关系乃至和谐社会的构建。

7.4.4 秉承汉语意合规律

意合规律指的是在意合语法中起根本作用的具有高度概括性的规律（任永军，2010:68），分逻辑律和音韵律两类。逻辑律要求我们讲求并符合话语逻辑，音韵律要求遵循语言的声调、音节和节奏规律不作变更。仿拟的本体无论在逻辑上还是音韵上都达到了和合，对其模仿而产生的仿体在变更语言文字的同时，不能违背这两条规律，否则造成仿拟组成单位间的不和谐结合，即仿拟的不“和合”。汉语中有许多类似于“××族”“××奴”等词族的和合仿拟的例子，它们的存在，不但做到了与本体在逻辑上的和合，更给语言文字增添了宝贵的语料，一旦“语言这个雪球开始滚动，也许就会一直滚动下去”（Once the ball of language started rolling, it probably kept moving.）（Jean Aitchison, 2002: 123），语言的扩张因词汇的扩张得以实现。

7.5 小　　结

源远流长的和谐思想，上升则被系统化为“和合”理论（张从益，2009:309）。继八维和合之后，提出第九维和合——语言和合，它是和合哲学的语言体现，是对和合学的有益补充，给语言学研究提供新思路，是和合学与语言学的交叉成果。中国传统文化的“和合”理论不仅关涉人与自然间的和谐，也关涉语言与人之间的和谐（易晓明，2008:357），简称语人和谐。非但人与自然，人与语言也应保持和谐关系，语言和谐“关系到国家、民族、地区和社会的和谐、稳定与发展”（陈章太，2010:8）。和合原理的精髓——万物因和而生，给语言和合提供了一个可供参考的标准和答案，仿拟中所出现的语音、词汇、语法和单位之间的组合等不和谐现象，源自人们的心灵不和谐。“神马是否浮云，不在于观马者，而在于骑马人”（梅德明，2012:78）。语言的不合，“不是风动，不是幡动，仁者心动”（《六祖坛经》），可理解为在“科学和技术革命”的冲击下，人类的这一“内在生态规律”彻底失去了平衡，人们在“物”的丰收中迷失了“心”的意向，人们的精神领域发生了危机。人类征服了空间，征服了大地,征服了疾病,征服了愚昧,但是唯独不能征服自己,在征服的途中失去了精神,失却了灵魂。为此,需要保持一种体现为人与其自身的关系的"精神生态"的存在,摒弃不良价值取向,消除负面经济影响,倡导和谐语言构建,保持心灵和谐,方能实现和谐语言乃至和谐社会的构建。

第八章　仿拟的多学科网络框架

8.0　引　　言

在自建的跨学科理论指导下，笔者已分别从哲学、语言学、叙事学、语言经济学与和合学等五个维度对仿拟进行了跨学科研究，然而这样的研究结果却是零散的、不成整体的。笔者认为，仿拟研究应基于一个网络框架，每一个维度都是框架的有机组成部分，它们在框架内有着各自的位置，并发挥着各自不同的作用，各组成部分之间存在一定的关联度。为此，本章拟将前面所讨论的各个维度加以整合，探讨维度间的相互关系，从而构建一个整体网络框架，为类似研究提供一定借鉴，希望该网络框架能用于其他语言现象的研究。

研究认为，仿拟的哲学、语言学、叙事学、语言经济学与和合学等五个维度是仿拟研究框架中的五个支点，这五个支点一道，共同支撑起仿拟的多学科网络框架。五个支点分别对应于仿拟的“生”“质”“隐”“状”和“用”，由始至终，构成仿拟研究的一个较为完整的循环体，下面分而述之。

8.1　哲学：仿拟的“生”

“生”即生成、产生，意指仿拟的生成过程，笔者认为该生成过程应包含三个方面的内容：①仿拟信息的产生以及传递；②仿拟的存在机理；③仿拟的内在属性。三个方面的结合，构成仿拟的“生”的全貌，而且这三个方面具有先后顺序的关系。

首先，仿拟信息的产生以及传递由信息论得到解释。具体而言，仿拟的产生涉及信息的编码，仿拟的接受涉及信息的解码。

语言表达为传递信息服务，而仿拟不过是信息传递的一种手段而已。信息的传递首先由信息发出者利用感觉、知觉、联想和再造等心理手段，在头脑中对信息进行编码（完成仿拟的产生），然后由信息接受者对信息进行解码（完成仿拟的接受）。由于仿拟不是信息的直接表达，是借用已有语言形式而新造的语言形式，所以在信息解码过程中，信宿必须对接收到的信息进行匹配与完型，方能完成对信息的译码，达到成功理解仿拟的目的。可见，仿拟的产生与理解，就是信息的编码与译码。

其次,仿拟存在的物质基础由耗散结构理论提供。

信息产生和接受,奠定了仿拟的生成基础。那么它的存在机理如何? 众多形式的仿拟如何并存? 对此,耗散结构理论提供了解释。语言系统的开放性为仿拟提供了物质基础,非平衡态原则为仿拟提供了生存平台。丰富的物质基础,加上非线性相互作用,给仿拟提供了多维创造模式,使得种类众多的仿拟有了生存的基础和理由。此外,在众多仿拟中,难免存在一些不和谐的仿拟,考虑周全的耗散结构理论提出有效涨落原则,要将仿拟对源语的偏离控制在一定范围内,避免仿拟负偏离的产生。

再次,仿拟具有语言游戏的内在本质属性。

一个东西产生后,必然对它的本质属性要加以分析,否则对其产生的整个过程研究而言就是不完整的。所以,在仿拟"生"的阐释中,我们要对此进行研究。笔者认为,仿拟其实就是一种文字游戏,或称语言游戏,它具有游戏的多重属性如多样性(仿拟种类繁多)、游戏的家族相似性(众多仿拟的生成、理解、功效等相似)以及规则性(符合语言规则)。

仿拟由产生,到存在,再到属性特征,这一系列内容由系统哲学和语言哲学得到解释,二者组合成一个仿拟的哲学维度,完整地构造出仿拟"生"之本源。

8.2 语言学:仿拟的"质"

语言现象产生后,一般对其进行内在关系、现实作用和功能等分析,仿拟概莫能外,这可以归结为仿拟的"质",即本质。

仿拟终究是一种语言现象,理应由语言学提供本质揭示,语言学维度研究成为必要,三个方面的"小质",组合成仿拟的语言"大质":人脑中仿拟的认知之"质"(此其一)、仿拟语言使用之"质"(此其二)和仿拟使用功能之"质"(此其三),而这三者分别由认知语言学、语用学和命名学得以支撑。

首先,认知语言学为仿拟的形成提供认知理据。追根到底,仿拟是在人们头脑中形成的,是两个概念的整合体,故体现人们认知特点的概念合成理论揭示了仿拟在人脑中的形成过程:两个不同的输入空间将共同要素投入到合成空间,形成层创结构,仿拟便得以产生。但有的仿拟是通过多次整合而成的,这样方能产生语言效果。此外,该理论中的类属空间的作用可以得到重视和利用,能有效规避仿拟负偏离的产生。

其次,语用学对仿拟的内部关系、生成理解和现实作用提供现实理据。就仿拟内部关系而言，关联理论告诉我们，仿拟的本体和仿体之间存在语音、语义和语篇等关联，语言的相关性构成仿拟的生成基础，关联是仿拟内部关系的本质体现；就理解而言，仿拟是三种力量——言语力、社会力和经验力共同作用的结果。不过，过分依赖自主性，讲求“我的仿拟我做主”，其结果必将是仿拟的滥用，造成负偏离；就现实作用而言，虽然不能否认仿拟的经济规律——省力原则的体现，但是仿拟的边际效用递减规律的存在，提醒我们不能一味使用，要结合利用其他语言手段，达到创新目的。

那么在其产生过程中，有哪些要素参与作用呢？这在“中心词＋外化亲属称谓语”的研究中得到解释。笔者认为，在此类称谓语的创造过程中，除了经验观、注意观和凸显观之外，要调动我们的联想观，四种因素共同作用的结果，便是仿拟的产生。

最后，命名学为仿拟提供功能理据。语言学角度视之，仿拟除了具有修辞与构词功能外，还存在命名功能。生活（包括楼名在内）中的各类仿拟命名现象，是仿拟命名功能之体现。

从内部关系，到其生成理解的力量依靠，再到现实作用，体现出人类语言认知的伟大力量，而命名成为了其语言力量的一种具体体现。以上分析是仿拟的“质”的表现。

8.3　叙事学：仿拟的“隐”

在仿拟的“生”和“质”得以揭露之后，还有一种内在的或称隐藏的东西需要挖掘，仿拟这一语言表象背后所隐藏的东西值得关注，对此的忽略，是从根本上对仿拟信息传递的本质规律的忽略，所以这一研究成为必要，而仿拟的“隐”可以由叙事学得到揭示。

仿拟的表象背后，隐藏着这样一种本质内涵：仿拟是一种叙事，此为仿拟的“隐”。修辞叙事学使得作为修辞手段之一的仿拟叙事观得以成立，此外，仿拟当中事件的存在，使得仿拟满足叙事学的本质需要，所以笔者认为，仿拟为叙事。

确立了仿拟叙事观后，我们有必要揭示仿拟这一特殊叙事形式的叙事规律。研究表明，仿拟秉持互文性的叙事理念，使用陌生化的叙事语言，依靠模仿类推的叙事动力，述说了一个又一个的故事。仿拟的叙事学研究，不仅论证了仿拟的叙事学本质，揭示了其不同一般的叙事特征，而且对于泛叙事观是一种有力支持，叙事学不仅揭示了仿拟的内涵，反过来仿拟叙事的存在从另一方面又进一步证明并完善了 20 世纪 90 年代出现的“泛叙事观”，二者相辅相成，相得益彰。

8.4 语言经济学:仿拟的"状"

仿拟的"生"(产生)经由哲学阐释后,其"质"(本质)从语言学中找到了答案,而其背后的"隐"(隐含)也为叙事学所揭露,但是其运作规律即仿拟的"状"还得由语言经济学加以诠释。

首先,仿拟的使用现状何如?缘何有此现状?如何改变这一现状中不合理的要素呢?拜物教是这一问题的解释者。

仿拟的频繁使用,已经达到拜物教的境地,这与世人的浮躁与急功近利不无关系,反映出仿拟业已从文人的文字游戏转变成了商业赢利的一种帮凶,将仿拟的幽默讽刺的修辞手段活生生变成了没有丝毫创新精神而只是徒增了些许语言垃圾的一种辅助的牟利手段。通过此类仿拟,人们在游戏语言的过程中,实际也是在游戏社会、游戏人生,仿拟的使用已成为"语言不堪承受之重",现状堪忧!

其次,我们想要改变其拜物教性质,实现仿拟对语言的良好服务,这就要在仿拟的交替上做文章。我们不能在片面追求仿拟的显性交替的同时,以牺牲仿拟隐性交替,尤其是交替效果为代价,要在仿拟语言选择过程中,达成这样一种交替平衡状态:既讲求语言形式上的完美无缺,更追求表达效果上的最佳状态。

第三,上述形式和效果两个方面的满足,是仿拟博弈的理想结果。仿拟博弈涉及到语言形式上的博弈和人的博弈两方面,而语言形式的博弈,是由人来完成的,最终体现在人的博弈上,即仿拟创作者和接受者之间的博弈。博弈的最终结果,有可能收到一定的语言表达功效:或表现人物形象,或达成幽默效果,或增强讽刺功能等。

8.5 和合学:仿拟的"用"

任何一门语言的研究,其结果最终都要落实和体现在"用"上,这样的语言研究方显意义,所以,仿拟的"用"是仿拟完整的研究体系的最后一环。

纵观仿拟的使用现状,反映出仿拟的"用"存在不和谐音,其语言表征在于语音不和、词汇不合、语法不合与组合不合,其现实表征体现在封建思想的流露、成语的篡改、对名人的诋毁与国人情感的伤害等方面。而其正确、得体、合理的使用,必须摒弃不良价值取向,消除经济负面影响,秉承汉语意合规律,倡导和谐语言构建。仿拟服务于语言,而语言服务于社会,所以仿拟语言要为社会提供服务。在使用过程中,要做到语言的"和谐"与"合作",即和合,体现为以心灵和谐为本真,实现仿拟的本体与仿体在语音、词汇、语法与组合搭配等方面的和谐与融合。仿拟和谐,能促成语言的和谐,进而以语言的"小和谐"促成社会的"大和谐"。

8.6　仿拟的多学科网络框架

经过上述研究，笔者彻底摆脱了仿拟长期囿于语言学层面的单维研究历史，从多学科视角进行研究，拟构了一个仿拟的多学科网络框架。在此框架内，五个维度分别构成仿拟研究的五个支点，每个学科负责解释仿拟的一个侧面，它们承上启下，紧密相连。如此排列不是偶然的，而是必然的，也是必须的。因为我们只有先了解仿拟的"生"，然后才能探索仿拟的"质"，随后揭示其"隐"，这是仿拟深层次的现象揭露。仿拟一旦得以普遍应用，其现状的探讨成为必要，而现状最终给旨在促成和谐语言的仿拟的"用"提供土壤和现实来源。说到底，仿拟的使用离不开和谐语言大家族的限制，其"用"必须遵循语言中的"和合原理"。最后，和谐的仿拟产生又给信息编码和解码提供便利，使得更好的仿拟形式得以产生，如此形成一种语言的良性循环。语言的良性循环有利于语言体系的净化与和谐使用。

至此，仿拟的五个研究维度形成一个完整的统一体和循环体，最终仿拟的多学科网络框架得以形成(见图 8.1)。

值得补充的而这也是本研究之极富价值之一的地方，那就是仿拟多学科网络框架的构建，给语言中类似现象如歇后语、双关语等研究提供参考，从而为揭示语言产生、运作与规范提供范式，最终达到语言和谐之目的。

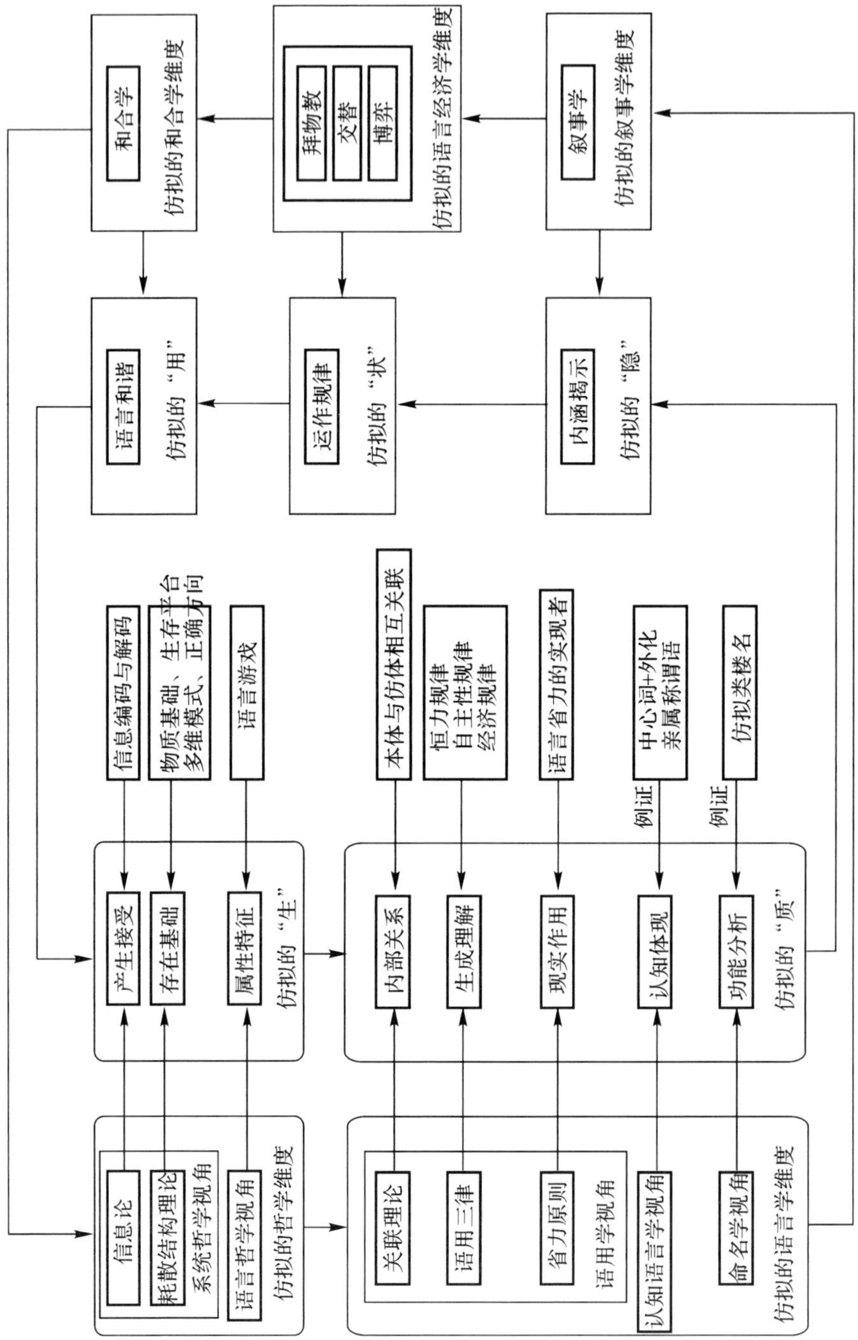

图 8.1 仿拟的多学科网络框架

第九章 结　语

总结全书，笔者基于英汉语料，分别从哲学、语言学、叙事学、语言经济学与合和学五个维度对仿拟进行了较为全面而详尽的跨学科研究，并据此构建了仿拟多学科网络框架。回顾视角的选取，基于以下考虑：哲学是众学科之基石，理应排在研究首位。从本质上说，仿拟是语言的一个有机组成部分，它服务于语言，所以其语言学角度应是研究的中心；仿拟是叙事学中语言叙事之体现，以其为例的修辞叙事是后现代叙事学研究内容的一部分和有力补充，应纳入研究范畴；语言经济学是语言学和经济学学科交叉的成果，对仿拟研究起指导作用；合和学不仅是语言学，而且是社会学课题研究中的应有之义，透过仿拟看语言和谐，体现新的角度。基于此，仿拟多学科网络框架就此形成。

9.1 研究结果与主要发现

回顾前面的内容，笔者针对仿拟在上述每一个学科领域的研究都有一些新的发现，也获得了些许成果。尽管这些成果可能微不足道，然而笔者认为，其中某些发现对于仿拟研究有着一定的启发作用，而且对于其他语言现象的研究也有一定的借鉴作用。以下是本书的研究结果与主要发现。

第一，完善了仿拟的定义与内在要素的关系。在本书的第一章里，针对林林总总的仿拟多方定义，进行了总结并据此提出了关于仿拟定义的一些见解，对其进行重新定义，笔者认为这样的定义更全面，更能充分展现仿拟的本质与功用。此外，对于仿拟内在要素之本体和仿体内在关系的研究，让我们能更清楚地认识到仿拟两要素间的传承与发展关系，而这两点，构成了仿拟定义和内在要素的成果发现。

第二，拓展了仿拟研究视角。在第二章里，对仿拟的国内外研究现状做了较为详细的分析，首次对国内仿拟研究历史时段进行了划分，总结了该课题不同历史时段的研究特点与研究不足，针对近几年研究成果数量呈下降趋势这一现象，分析了原因所在并提出了问题的解决方法，那就是从多学科视角开展仿拟研究，为本课题的进一步研究拓宽思路。仿拟研究视角的拓宽，成为本书的第二个成果。

第三，建立了跨学科理论框架。语言现象的跨学科研究，借用单一学科理论无法实现，必然涉及各学科理论的使用。然而众多零散的理论如果没有一个能够体现各理论间联系的大理论的支撑，就会使得文章成为一盘散沙，所以笔者在分析总结各学科小理论以及其中相互关系的基础上，构建了一个具有“自主产权”的大理论，将之命名为“跨学科理论”，这一点在第二章“研究设计”中有图表显示。该理论的创新在于以小理论之间的关系以及先后顺序为基础，将它们加以整合。“跨学科理论”虽然很不成熟，但经过进一步完善与验证后，也许能为语言现象的跨学科研究提供一定借鉴。因此，作为支撑全文仿拟多学科研究的跨学科理论框架，是本书的第三个成果与发现。

第四，首次尝试了仿拟的哲学研究。仿拟的哲学研究成果乏见，本书做了研究尝试，从系统哲学和语言哲学两个角度切入。

就系统哲学而言，信息论适用于仿拟创作，仿拟的产生涉及信息编码，外界接收的信源经由人们的感觉、知觉，发挥联想，再造出新的表达信息。新信息传递到信宿后，经过匹配与完型，将信息解码，完成仿拟信息的理解与接受，由此建立了一个“基于信息论的仿拟产生与接受模型”。此外，众多类型的仿拟的产生和存在有着耗散结构理论基础，语言系统的开放性使得负熵流不断涌入，从而使仿拟的多样化成为可能，基于此，建立了一个仿拟耗散结构模型。

对语言哲学来说，仿拟具有语言游戏的多样性、规则性和家族相似性，可归结为语言游戏，提出假设：不同类型的仿拟所具有的小的家族相似性，与其他类型的语言游戏一起，共享一个较大的语言家族相似性，然后这个较大的语言相似性，又与另外类型的语言文字一起，共享一个更大的语言相似性，这样无穷下去，语言与语言间具有家族相似性（语言系统内部具有全息关系），乃至整个宇宙中的各种组分如语言与自然等都具有家族相似性。这一假设的提出，被认为是又一个研究结果。

第五，对仿拟的语言学研究有新发现。

如果从认知语言学角度中的概念合成理论来研究仿拟的生成机制不算什么大的创新（虽然其中仿拟的多域整合研究为首次），但是该理论中的类属空间对仿拟负偏离的产生与规避作用的揭示，应属新的研究成果，此其一；其二，通过对“中心词＋外化亲属称谓语”的研究，确立了认知语言学除经验观、注意观、凸显观之外的第四种表征方法——联想观。以上二者是本书对认知语言学研究的一个也许算不上补充的一点体会吧。

此外，语用学给仿拟的内部关系提供解释，仿拟的本体和仿体存在相互关联，其使用过程中遵循一定的语用规律如恒力规律、自主性规律和经济规律，体现了语言的省力原则，仿拟是语言省力45°角的实现者。

另外，从命名学角度研究仿拟的命名功能，补充了此方面研究的不足。在前人关于仿拟语言学维度基础上的进一步拓展与补充，是本书的另一研究成果。

第六，对叙事学研究做了有益补充。仿拟的叙事学研究是一空白，本书从叙事学角度研究仿拟，确立了仿拟叙事观，分析了仿拟的叙事理念、叙事语言和叙事动力，这不但是仿拟研究新视角的开拓，也是对传统叙事学的一个有力拓展，体现修辞学与叙事学的跨学科交叉。

第七，仿拟的语言经济学研究是一个新尝试。从语言经济学入手，选取三个角度，从拜物教、交替和博弈视角研究仿拟，国内外尚属首次。针对仿拟滥用现象，提出仿拟拜物教一说，研究了其产生根源、现实表征及应对措施。此外，分析了仿拟交替现象，对显性交替与隐性交替做了分析，并提出了交替平衡策略，对语言创新有着积极意义。最后，研究了仿拟中的博弈现象，分析了仿拟博弈的语用效果。将经济学相关理论用于修辞研究，这也是一种新的尝试。

第八，仿拟的和合学研究具创新性。根据张立文教授所创立的和合学理论，笔者提出其“八维和合”之外的第九维和合——语言和合。针对仿拟中与和合语言之间存在的语音不合、词汇不合、语法不合以及词语间的组合不合的语言学表征，分析这种不合存在的内在原因，提出和合仿拟构建的主要措施，倡导以心灵和谐为前提的语言和合。透过仿拟提出构建和合语言，并以此促进社会和谐。

最后，建立了仿拟的多学科网络框架。基于全书研究，构建了仿拟的多学科网络框架，以图表方式对全书进行归纳和总结，成为本书的高度浓缩。在此框架中，将仿拟的五个研究维度纳入一系统，确立了各学科在仿拟研究中的相互关联与地位以及研究顺序，五个维度分别揭示了仿拟的“生”“质”“隐”“状”与“用”，五个本质呈顺序状，最后通过仿拟的“用”给仿拟更好的“生”提供了支撑与参考，从而构成仿拟的一个完整的同时也是良性的循环体系，为使仿拟类语言更好地服务于社会提供参照，同时，该框架的建立给类似语言现象研究提供一定借鉴。

9.2 研究不足

尽管从不同维度对仿拟做了跨学科研究尝试，而且也得出了一些自认为比较“独到”的研究成果与发现，但是总觉得囿于各种原因，本书貌似完善的背后还存在以下不足需要解决。

9.2.1 英语语料不足

笔者提出基于英汉语料的仿拟跨学科研究这一课题，两种语言的语料收集成为必要，故而展开此方面的积累，而且这些语料在文章中也有一定程度的体现。然而美中不足的是汉语的语料较多而英语语料较少，这不能不说是一大遗憾。缘何如此？笔者发现，不仅因为作为母语，汉语语料收集比较容易，笔者以为汉语比较讲求表达技巧的使用与追求表达效果的彰显，所以仿拟用得比较多，语料收集也较为容易。而英语语料收集较难，也有两个原因，一来盖因仿拟在英语中的出现频率远不及汉语，二来国外对仿拟重视度和研究成果都不及国内，故而英语仿拟语料和文献的收集较难。所以在英语语料这一问题上，收集有限，除书中所提及和未提及的英语例子外，缺乏更多语料支撑，这不能不说是一件憾事。然而笔者认为瑕不掩瑜，少则少之，有代表性就行，而且出于语言相通的角度考虑，汉语众多的相关语料也许稍能弥补英语语料的不足吧。关于这一点，可由语言之间所具有的共性得以支持。程工(1999)将语言的共性分为三类：美国结构主义者中普遍流行的保守的共性观、当代功能/认知学派持有的弱势共性观和以 Chomsky 为代表的生成语法主流学派提倡的强势共性观，并其在专著《语言共性论》一书中进行了详细论证。既如此，英汉两种语言之间的共性，使得英汉语语料之间的共性得以存在，以其中一种语言的语料来弥补另一种语言语料的不足成为可能。

9.2.2 研究视角不足

以上从所涉五个研究维度中的多个视角展开对仿拟的研究，虽说涉及面广，但不能说这已达到完美地步，其实有很多视角还没有涉及或涉足不深，比如说文学视角。这一点在国外做得比较好，文学视角的仿拟研究在国内有所涉及，但不多见，徐国珍教授在《仿拟研究》一书中有所研究，她分析了《鹿鼎记》中的仿拟辞格在韦小宝这一人物形象塑造中的运用，暂时弥补了国内仿拟文学领域研究的些许不足吧。鉴于笔者在这一领域内暂时没有新的发现，也不可能一时间做到超越，故而暂不涉及。此外，囿于篇幅与精力，本书不可能做到面面俱到，将所有东西囊括在内，所以没有涉及经典文学领域，仅仅分析了网络文学、校园文学和新闻标题等亚文学中的仿拟现象，故而成为不足之处。然而悲则喜之，研究视角的不足，恰好说明仿拟研究尚未达到边际效应递减，还处于边际效应递增阶段，可能其边际还没有形成。因此，仿拟研究视角的进一步挖掘，应成为今后的研究内容与重点。

9.2.3 视角拓宽不足

就本书所选取的视角而言，研究也非完美无缺，有些研究视角的拓宽不足。例如本书选取语言经济学视角来研究仿拟，只涉及其中的三个角度：拜物教、交替和博弈论，经济学其他一些理论如蝴蝶效应理论等并没有纳入其中，由此看来，至少就该领域而言，研究视角有待拓宽。而且笔者认为，语言经济学角度的语言研究还大有文章可做，而笔者下一阶段的研究目标即在于此。

9.3 研究展望

跨学科研究是今后语言研究的趋势，体现学科间的融合，而界面研究的出现，更是“跨学科研究的升级版，是学科分类进一步细化的产物”(潘文国，2012：1)，是今后研究的主攻方向之一。顺应这一趋势，本书做了跨学科研究尝试，然而研究中存在的下列问题也不得不成为今后进一步的研究对象，因此，笔者提出如下研究展望。

第一，证伪与验证本书所提跨学科理论。在本书中提到，仿拟的跨学科研究得有一个大的、系统的理论作为支撑，所以我们整合了研究所涉及的五个学科中的几个小理论，建立了一个自以为能说明点问题的跨学科理论以指导课题研究。然而我们也知道，该理论不过是笔者对文章数个所涉学科中的少数研究理论的擅自整合结果，按照语言现象(如仿拟)从产生，到本质，到隐含，到现状，再到使用所涉及的少数理论的整合罢了，属于自创整合而成。这一整合的结果是跨学科理论的产生，我们觉得这是粗糙的、不完善的，甚至也许还是一种悖论，所以该理论的正确与否、可行与否以及应用与否，还有待今后的进一步检验与完善，这是今后研究要解决的首要问题。

第二，完善跨学科维度系统。语言的跨学科研究，涉及多个维度。由于诸多因素的限制，本研究只选取了其中五个学科维度作为跨学科研究的所涉对象，这是有缺陷的，在后续研究中，笔者除了要深化仿拟的语言学研究外，更要加强与其他学科之间的融合，比如文学维度的融入、语言经济学维度的深入等。

第三，解决本研究中的一些遗留问题。囿于篇幅与个人研究能力，本课题中还有许多悬而未决的问题亟待解决。如仿拟的边际效用递减规律就不完美，笔者无法确定其中边际的具体位置何在，而这一点的确定很难，因为这涉及许多未知因素，许多变量难以考虑周全，而且受仿拟接受者个人喜好等因素的影响，其边际所处位置不同。此问题的解决，需要在大量的问卷调查的基础上综合研究方能完成，因此，该问题有待于今后进一步的研究。

第四，验证推广本研究范式。本研究中，笔者以仿拟这枚小小卒子为先锋，做了跨学科研究尝试。笔者大胆设想，这种研究范式的产生，不仅仅只适用于仿拟，它在今后经过进一步完善后，还具有一定的借鉴作用和推广价值，可以带动整个修辞学领域的诸多修辞格的跨学科研究，从而掀起一番至少是在修辞学领域内的跨学科研究新浪潮。

参考文献

[1] ADAM S. The Theory of Moral Sentiments [M]. 4th ed. London: Clarendon Press, 2006.

[2] ADELE E G. Constructions: A Construction Grammar Approach to Argument Structure [M]. Chicago: University of Chicago Press, 1995.

[3] ANDRE M. A Functional View of Language [M]. Oxford: Oxford University Press, 1962.

[4] BERNARD S. Sociolinguistics [M]. Shanghai: Shanghai Foreign Language Education Press, 2000.

[5] BROOKE N M, PARKER R. Critical Thinking [M]. 7th ed. New York: McGraw - Hill Companies, Inc. , 2004.

[6] CHRIS S. Languages, Culture and Mind: The Lectures on Development Evolution and Cognitive Linguistics [M]. Beijing: Foreign Language Teaching and Research Press, 2010.

[7] CLAIRE K. Language and Culture [M]. Shanghai: Shanghai Foreign Language Education Press, 2000.

[8] DAVID G M. Social Psychology [M]. New York: McGraw - Hill Company, 2005.

[9] DAVID W C. Psychology of Language [M]. 3rd ed. Beijing: Foreign Language Teaching and Research Press, 2000.

[10] DEIRDRE W. Relevance and Understanding [C]//Gillian Brown, et al. Language and Understanding. Shanghai: Shanghai Foreign Language Education Press, 1999: 45.

[11] DWIGHT B. Aspects of Language [M]. Beijing: Foreign Language Teaching and Research Press, 1993.

[12] EDWARD S. Language: An Introduction to the Study of Speech [M]. Beijing: Foreign Language Teaching and Research Press, 2002.

[13] ELINOR O, SCHIEFFELIN B. Language Socialization: A Historical Overview [C]//Patricia A D. Language Socialization. Shanghai: Shanghai

Foreign Language Education Press,2012:8.

[14] GRIFFIN E M. A First Look at Communication Theory [M]. New York: McGraw - Hill Company,2000.

[15] ERVIN M S. Imitation and Structure Change in Children's Language [C]//LENNEBERG E H. New Directions in the Study of Language . Cambridge:MIT Press,1964:163 - 189.

[16] EVELYN H,CHERYL B. Vocabulary,Semantics and Language Education [M]. Beijing:Foreign Language Teaching and Research Press,2001.

[17] FERDINAND D S. Course in General Linguistics [M]. Beijing: Foreign Language Teaching and Research Press,2001.

[18] FLORIAN C. The Handbook of Sociolinguistics [M]. Beijing: Foreign Language Teaching and Research Press,2001.

[19] FRANCOIS G. European Research on the Economics of Language:Recent Results and Relevance to Canada [J]. Official Languages and the Economy,1996.

[20] FREDERIC B S. Verbal Behavior [C]//Liu Runqing,Cui Gang. Readings in Linguistics: Ninety Years Since Saussure (Volume One). Beijing: Foreign Language Teaching and Research Press,2009:493.

[21] FRIEDMAN J. Cultural Identity & Global Process [M]. London: Sage, 1994.

[22] FRIEDRICH U,SCHMID H J. An Introduction to Cognitive Linguistics [M]. Beijing:Foreign Language Teaching and Research Press,2001.

[23] GEOFFER Y L. Principles of Pragmatics [M]. London:Longmans,1983.

[24] GEORGE K Z. Human Behavior and the Principle of Least Effort: An Introduction to Human Ecology [M]. Cambridge: Addison - Wesley Press,Inc. ,1949.

[25] GEORGE L. Ten Lectures on Cognitive Linguistics [M]. Beijing:Foreign Language Teaching and Research Press,2007.

[26] GEORGE Y. Pragmatics [M]. Shanghai: Shanghai Foreign Language Education Press,2000.

[27] GEORGE Y. The Study of Language [M]. 2nd ed. Beijing: Foreign Language Teaching and Research Press,2000.

[28] GILLES F. Mappings in Thought and Language [M]. Cambridge:

Cambridge University Press,1997.

[29] GILLES F. Conceptual Integration [J]. The Journal of Foreign Languages,2001(3):37 - 43.

[30] GILLES F. Conceptual Integration [J]. The Journal of Foreign Languages,2003(2):2 - 7.

[31] GILLES F,TURNER M. Conceptual Integrations Networks [J]. Cognitive Science,1998(2):133 - 187.

[32] GREG B, et al. Critical Thinking [M]. New York: McGraw - Hill Company,2002.

[33] HALLIDAY M A K. Language as Social Semiotic: The Social Interpretation of Language and Meaning [M]. Beijing:Foreign Language Teaching and Research Press,2001.

[34] HENRY W. Selected Works of Henry Widdowson on Applied Linguistics [M]. Beijing:Foreign Language Teaching and Research Press,2009.

[35] WIDDOWSON H G . Linguistics [M]. Shanghai: Shanghai Foreign Language Education Press,2000.

[36] HINTIKKA L. Language - game and Information [M]. London: Oxford University Press,1973.

[37] JEAN A. The Seeds of Speech: Language Origin and Evolution [M]. Beijing:Foreign Language Teaching and Research Press,2002.

[38] JEF V. Pragmatics as a Theory of Linguistic Adaptation [M]. Antwerp: International Pragmatics Association,1987.

[39] JEF V. Understanding Pragmatics [M]. Beijing: Foreign Language Teaching and Research Press,2000.

[40] JOHN T. Ten Lectures on Applied Cognitive Linguistics [M]. Beijing: Foreign Language Teaching and Research Press,2007.

[41] LANGSHAW J A. How to Do Things with Words [M]. Beijing:Foreign Language Teaching and Research Press,2002.

[42] LAWRENCE R T. Historical Linguistics [M]. Beijing:Foreign Language Teaching and Research Press,2000.

[43] LEO V L. The Ecology of Language Learning and Sociocultural Theory [C]//Angela C,Peter M , Nancy H H. Ecology of Language. Shanghai: Shanghai Foreign Language Education Press,2012:56.

[44] LINDA H. A Theory of Parody — The Teachings of Twentieth - Century Art Forms [M]. New York:Methuen,1985.

[45] MARGARET A R. Parody: Ancient, Modern, and Post-modern [M]. Cambridge:Cambridge University Press,1993.

[46] MARJOLIJN H V. Cognitive Linguistics and its Applications to Second Language Teaching [C]//JASON C, NANCY H H. Knowledge About Language . Shanghai: Shanghai Foreign Language Education Press,2012: 80.

[47] MARK T. Ten Lectures on Mind and Language [M]. Beijing: Foreign Language Teaching and Research Press,2010.

[48] MICKAEL K. Rhetorical Narratology [M]. Omaha: University of Nebraska Press,1999.

[49] NOAM C. Knowledge of Language: Its Nature, Origin, and Use [M]. Beijing:Foreign Language Teaching and Research Press,2002.

[50] NEIL S. Chomsky: Ideas and Ideals [M]. Beijing: Foreign Language Teaching and Research Press,2001.

[51] PAUL J H,TRAUGOTT C E. Grammaticalization [M]. Beijing: Foreign Language Teaching and Research Press,2001.

[52] PENELOPE B,LEVINSON C S. Politeness,Some Universals in Language Usage [M]. 2nd ed. Cambridge:Cambridge University Press,1978 / 1987.

[53] HUDSON R A. Sociolinguistics [M]. 2nd ed. Beijing: Foreign Language Teaching and Research Press,2000.

[54] RALPH F. The Sociolinguistics of Language [M]. Beijing: Foreign Language Teaching and Research Press,2000.

[55] RICHARD D. The Selfish Gene [M]. New York: Oxford University Press,1976.

[56] ROGERS J S. Speech Acts:An Essay in the Philosophy of Language [M]. Beijing:Foreign Language Teaching and Research Press,2001.

[57] RONALD L. Ten Lectures on Cognitive Grammar [M]. Beijing: Foreign Language Teaching and Research Press,2007.

[58] RONALD W. An Introduction to Sociolinguistics [M]. 3rd ed. Beijing: Foreign Language Teaching and Research Press,2004:223.

[59] RON S, SUZANNE W S. Intercultural Communication: A Discourse

Approach [M]. Beijing: Foreign Language Teaching and Research Press, 2000.

[60] SLOBIN D I. Cognitive Prerequisites for the Development of Grammar [C]//Ferguson C A, SLOBIN D I. Studies of Child Language Development. New York: Holt, Rinehart & Winston, 1973.

[61] STEPHEN O M. American Sociolinguistics Theorists and Theory Groups [M]. Beijing: Peking University Press, 2004.

[62] SUSAN B. The Meme Machine [M]. Oxford: Oxford University Press, 1999.

[63] TIMOTHY B J. The Psychology of Language [M]. Beijing: Peking University Press, 2004.

[64] TOM S. Learning New Languages [M]. Beijing: Foreign Language Teaching and Research Press, 2004.

[65] VITORIA F, et al. An Introduction to Language [M]. 7th ed. Beijing: Peking University Press, 2004.

[66] WALLACE M. Recent Theories of Narrative [M]. Beijing: Peking University Press, 2006.

[67] WILLIAM A F. Anthropological Linguistics: An Introduction [M]. Beijing: Foreign Language Teaching and Research Press, 2001

[68] WILLIAM C, CRUSE A. Cognitive Linguistics [M]. Beijing: Peking University Press, 2006.

[69] WILLIAM H R, TURGEON G. About Language: A reader for Writers [M]. 5th ed. Beijing: Foreign Language Teaching and Research Press, 2000.

[70] 萨丕尔.语言论[M].北京:商务印书馆,1985.

[71] 薛定谔.生命是什么[M].罗来欧,罗辽复,译.长沙:湖南科学技术出版社,2003.

[72] 白解红.英语仿词的构成方式及翻译[J].中国翻译,2001(5):25-27.

[73] 阿波特.剑桥叙事学导论[M].北京:北京大学出版社,2007.

[74] 曹亚琴.心灵和谐的社会实现途径和建构价值[J].求索,2008(10):110-112.

[75] 蔡辉.语言经济学:发展与回顾[J].外语研究,2009(4):1-5.

[76] 陈嘉映.语言哲学[M].北京:北京大学出版社,2003.

[77] 陈琳霞,何自然. 语言模因现象探析[J]. 外语教学与研究,2006(3): 108-114.

[78] 陈柳钦. 用规则来解释规则 用语言来解释语言——西方语言经济学的缘起和发展[N]. 中国社会科学报,2011-04-25(13).

[79] 陈望道. 修辞学发凡[M]. 上海:复旦大学出版社,2008.

[80] 陈原. 社会语言学[M]. 上海:学林出版社,1983:337.

[81] 陈章太.《国家通用语言文字法》的成就与发展[J]. 语言文字应用,2010(3): 8.

[82] 程俊. 绵阳市楼盘命名的语言文化心理分析[J]. 绵阳师范学院学报,2008(10):101-105.

[83] 程工. 语言共性论[M]. 上海:上海外语教育出版社,1999.

[84] 崔雅丽. 构式压制对语言异质现象的阐释[J]. 外国语文,2011(3):59-62.

[85] 赫尔曼. 叙事理论的历史(上):早期发展的谱系[C]//JAMES P. 当代叙事理论指南. 申丹,等,译. 北京:北京大学出版社,2007:18.

[86] 戴炜栋. 适应市场经济,深化外语教改[J]. 外语界,1993(3):11-14.

[87] 戴炜栋. 潜心向学 勇于探索——谈博士生的培养[J]. 外语教学与研究,2000(5):385-386.

[88] 邓志勇. 叙事、叙事范式与叙事理性——关于叙事的修辞学研究[J]. 外语教学,2012(4):37-41.

[89] 丁衡祁. 努力完善城市公示语,逐步确定参照性译文[J]. 中国翻译,2006(6):42-46.

[90] 董明. 谈"语言博弈"中否定的使用[J]. 北京师范大学学报:社会科学版,1995(6):87-91.

[91] 董小英. 游戏规则——维特根斯坦与语言游戏情节[J]. 外国文学动态,2000(4):44-48.

[92] 段惠琼,王川一. 维特根斯坦的"语言游戏论"及其语用价值[J]. 江西社会科学,2009(4):76-79.

[93] 段晓静. 耗散结构理论及其广泛应用[J]. 乐山师范学院学报,2003(4): 64-67.

[94] 范玉刚. 欲望修辞与文化守夜[M]. 北京:中国文联出版社,2008.

[95] 封宗信. 现代语言学流派概论[M]. 北京:北京大学出版社,2006.

[96] 冯广艺. 语言和谐论[J]. 修辞学习,2006(2):14-16.

[97] 冯广艺. 语言和谐论[M]. 北京:人民出版社,2007.

[98] 冯广艺.关于语言和谐的研究[J].江汉大学学报:人文科学版,2007b(5):30-34.

[99] 傅远碧.大学校园文化流行用语浅谈[J].语文学刊,2004(2):92-93.

[100] 高一虹,等.回归前香港、北京、广州的语言态度[J].外语教学与研究,1998(2):21-28.

[101] 葛本仪.汉语词汇学[M].济南:山东大学出版社,2003.

[102] 葛彬超.媒介文化与消费主义[J].东北大学学报:社会科学版,2009(1):25-28.

[103] 顾曰国.礼貌、语用与文化[C]//束定芳.中国语用学研究论文精选.上海:上海外语教育出版社,2001:182.

[104] 黄伯荣,廖序东.现代汉语(下)[M].北京:高等教育出版社,1997.

[105] 黄金南,等.系统哲学[M].北京:东方出版社,1992.

[106] 黄缅.谐音仿拟的认知机理——谐音仿拟研究的新进路[J].外语教学,2007(4):16-19.

[107] 黄知常.修辞与语言经济学[J].衡阳师范学院学报:社会科学,2002(1):107-110.

[108] 韩林合.维特根斯坦“语言游戏”和“生活形式”[J].北京大学学报:哲学社会科学版,1996(1):101-108.

[109] 韩林合.维特根斯坦哲学之路[M].昆明:云南大学出版社,1996.

[110] 贺玉高.从虚假需要、符号价值到拜物教——回归马克思主义的广告文化批评[J].新闻爱好者,2001(4):22-23.

[111] 何自然.语用学与英语学习[M].上海:上海外语教育出版社,1997.

[112] 何自然.语言中的模因[J].语言科学,2005(6):54-64.

[113] 何自然.语用三论:关联论·顺应论·模因论[M].上海:上海教育出版社,2007.

[114] 何自然.语言模因及其修辞效应[J].外语学刊,2008(1):68-73.

[115] 何自然.新编语用学概论[M].北京:北京大学出版社,2009.

[116] 江桂英.中国英语教育:语言经济学视角[M].厦门:厦门大学出版社,2010.

[117] 蒋冰清.言语幽默生成机制的认知研究[J].西安外国语大学学报,2007(4):19-21.

[118] 蒋景东.耗散结构理论对商务英语教学的启示[J].中国成人教育,2010(18):178-179.

[119] 姜望琪. Zipf 与省力原则[J]. 同济大学学报,2005(2):89-95.

[120] 孔庆成,刘文波. 翻译信息论[J]. 上海科技翻译,1992(4):5-10.

[121] 黎昌友. 网络语言的变异及其成因[J]. 语言与翻译(汉文),2008(4):51-54.

[122] 李福印,丁研.《我们思考的方式》述评[J]. 当代语言学,2006(2):174-179.

[123] 李国南. 辞格与词汇[M]. 上海:上海外语教育出版社,2001.

[124] 李军,宋燕妮. 面子理论在汉文化中的考察[J]. 修辞学习,2004(2):29-32.

[125] 李苓. 信息论的基本内容与传播方式[J]. 重庆社会科学,2008(9):69-72.

[126] 李萍,邓军. 上海楼盘名的语用分析及其规范化问题[J]. 现代语文(下旬),2006(11):94-96.

[127] 李瑞萍. 网络语言的经济学分析——来自中国网络语境的报告[D]. 北京:北京林业大学外国语学院,2009.

[128] 李鑫华. 英语修辞格详论[M]. 上海:上海外语教育出版社,2001.

[129] 李鑫华. 试论仿拟的哲学思维特点[J]. 四川外语学院学报,2001(6):49-51.

[130] 李秀明. 语言规划和推广的战略思考——第二届语言与国家高层论坛会议综述[J]. 绍兴文理学院学报,2007(3):45.

[131] 李燕春. 语言经济学视域下的网络语言的分析[D]. 武汉:武汉理工大学外国语学院,2010.

[132] 李宇明. 语法研究录[M]. 北京:商务印书馆,2002.

[133] 梁兰. "语言游戏说"与英语视听教学[J]. 忻州师范学院学报,2008(3):106-108.

[134] 梁艳春. 合成空间理论对委婉语的阐释力[J]. 暨南大学华文学院学报,2003(2):53-61.

[135] 林克难. 从信达雅、看译写到模仿—借用—创新——必须重视实用翻译理论建设[J]. 上海翻译,2007(3):5-8.

[136] 林汝昌,李曼珏. 中西哲学观对汉英语言之影响[C]//左飚. 冲突·互补·共存:中西文化对比研究. 上海:上海外语教育出版社,2009:252.

[137] 刘保俊. 社会转型时期的语言污染和文化暴力[J]. 湖北社会科学,2005(8):105-107.

[138] 刘重霄. 边际效用递减理论在习语翻译中的应用——谈归化与异化的均衡

点[J]. 北京青年政治学院学报,2011(4):103-108.

[139] 刘春丹. 中国网络语言研究的现状及其发展趋势[J]. 山东社会科学,2008(9):155-158.

[140] 刘敦萍. 概念整合理论对幽默言语的阐释力[J]. 四川外语学院学报,2006(4):80-88.

[141] 刘龙根. 维特根斯坦"语言游戏说"探析[J]. 广西社会科学,2004(7):34-36.

[142] 刘亚猛. 西方修辞学史[M]. 北京:外语教学与研究出版社,2008.

[143] 刘娅琼. 从"×帝"等看敏感事件投射命名——兼论关系性框填结构[J]. 当代修辞学,2012(1):10-18.

[144] 刘永厚. 汉语称呼语的研究路向综观[J]. 语言文字应用,2010(3):89-97.

[145] 刘焱可. 从省力原则看言语交际[J]. 安徽文学,2008(8):319-321.

[146] 刘宇红. 认知语言学:理论与应用[M]. 北京:中国社会科学出版社,2006.

[147] 刘宇红. 模因学具有学科的独立性与理论的科学性吗? [J]. 外国语言文学,2008(3):145—149.

[148] 刘宇红,谢亚军. 从构式语法看汉语成语的仿用[J]. 解放军外国语学院学报,2007(6):10-13.

[149] 刘泽权. 广告英译中的仿拟[J]. 现代外语,1995(2):31-34.

[150] 刘正光. Fauconnier 的概念合成理论:阐释与质疑[J]. 外语与外语教学,2002(10):8-12.

[151] 刘茁. 杜撰词的分类及其语言学分析[J]. 外语与外语教学,2005(9):16-19.

[152] 鲁宾斯坦. 经济学与语言[M]. 上海:上海财经大学出版社,2004.

[153] 罗胜杰. 英汉仿词比较[J]. 湖南工程学院学报,2005(2):31-33.

[154] 罗胜杰. 关联理论在英汉仿拟构成中的运用[J]. 怀化学院学报,2007(1):99-101.

[155] 罗胜杰. 英汉仿拟之本体和仿体研究[J]. 湖南工程学院学报:社会科学版,2008a(2):40-44.

[156] 罗胜杰. 广告仿拟运用的策略分析[J]. 中国酿造,2008b(4):34-36.

[157] 罗胜杰. "××门"的分析和探讨[J]. 中国科技术语,2008c(6):55-58.

[158] 罗胜杰. 合成空间理论对仿拟的阐释力[J]. 外语教学,2009(1):49-52.

[159] 罗胜杰. 网络小说中的仿拟研究[J]. 小说评论,2010(2):60-63.

[160] 罗胜杰,谭芳,郑立平. 英汉仿拟研究[M]. 西安:西北工业大学出版社,

2010.
[161] 罗胜杰,张从益."中心词+外化亲属称谓语"的多维分析[J].外语学刊,2011(3):24-26.
[162] 罗胜杰.仿拟拜物教论说[J].湖南工程学院学报:社会科学版,2012(3):54-57.
[163] 陆国强.现代英语词汇学[M].上海:上海外语教育出版社,1999.
[164] 吕公礼.语言信息新论[M].北京:中国社会科学出版社,2007.
[165] 吕津.杭州楼盘名称的语言文化分析[J].浙江教育学院学报,2004(5):35-40.
[166] 马宏基,常庆丰.称谓语[M].北京:新华出版社,1998.
[167] 马琳.维特根斯坦语言游戏概念新探[J].学术月刊,2009(3):48-55.
[168] 马克思.资本论:第一卷[M].北京:人民出版社,2004.
[169] 马钦忠.语言的诗性智慧[M].上海:学林出版社,2004.
[170] 曼昆.经济学原理[M].北京:三联书店,1999.
[171] 梅德明,高文成.命名理论的辩证观与实践观[J].外语学刊,2007(2):25-29.
[172] 梅德明.悟道与译道[J].中国翻译,2012(5):78-80.
[173] 莫再树,张小勇,张云.基于语言经济学的商务英语研究[J].湖南大学学报:社会科学版,2006(4):102-106.
[174] 莫再树.语言经济学视角下的商务英语教育研究[J].外语界,2008(2):65-72.
[175] 聂庆璞.网络叙事学[M].北京:中国文联出版公司,2005.
[176] 牛保义,席留生.仿拟构式生成的认知语用学解释[J].现代外语,2009(2):118-126.
[177] 欧阳旭."仿拟"(Parody)在英文广告中的功能和特点[J].邵阳学院学报:社会科学版,2006(4):81-83.
[178] 欧阳友权.网络文学本体论[M].北京:中国文联出版社,2004:217-218.
[179] 潘文国.界面研究的原则与意义[J].外国语文,2012(5):1-2.
[180] 钱冠连.美学语言学——语言美和言语美[M].北京:高等教育出版社,2004.
[181] 钱冠连.钱冠连语言学自选集[M].北京:外语教学与研究出版社,2008.
[182] 钱穆.从中国历史来看中国民族性及中国文化[M].香港:香港中文大学出版社,1979.

[183] 钱兆华,马红霞.系统思想的结晶:系统哲学[J].系统辩证学学报,2004(2):1.
[184] 覃胜勇.转喻与概念整合理论[J].北京第二外国语学院学报,2002(2):38-42.
[185] 任荣.流行语背后的语言经济学[J].重庆大学学报:社会科学版,2003(5):150-152.
[186] 任荣.合作原则之博弈论新解[J].绍兴文理学院学报,2006(3):71-73.
[187] 任永军.汉语意合问题研究述略[J].汉语学习,2010(3):64-71.
[188] 芮渝萍,范谊.认知发展:成长小说的叙事动力[J].外国文学研究,2007(6):29-35.
[189] 申丹.20世纪90年代以来叙事理论的新发展[J].当代外国文学,2005(1):47-54.
[190] 申丹,王丽亚.西方叙事学:经典与后经典[M].北京:北京大学出版社,2010.
[191] 申小龙.汉语句型研究[M].海口:海南人民出版社,1989.
[192] 申小龙.汉语与中国文化[M].上海:复旦大学出版社,2005.
[193] 束定芳.认知语义学[M].上海:上海外语教育出版社,2008.
[194] 束定芳,王虹.言语交际中的扬升抑降与礼貌原则[C]//束定芳.中国语用学研究论文精选.上海:上海外语教育出版社,1993:528.
[195] 苏桂凤.耗散结构理论[J].理论学刊,1986(5):46-48.
[196] 孙汝建.修辞的社会心理分析[M].上海:上海外语教育出版社,2006.
[197] 孙锡信.语法化机制探析[C]//《纪念王力先生百年诞辰学术论文集》编委会.纪念王力先生百年诞辰学术论文集.北京:商务印书馆,2002:91-95.
[198] 谭君强.叙事学导论——从经典叙事学到后经典叙事学[M].北京:高等教育出版社,2008.
[199] 谭璐,姜璐.系统科学导论[M].北京:北京师范大学出版社,2009.
[200] 谭汝为.楼盘命名的社会语言学分析[J].修辞学习,2004(1):37-40.
[201] 唐建军.耗散结构理论对于中国翻译教学研究的启示[J].河北理工大学学报:社会科学版,2010(3):168-170.
[202] 唐骏.汉语仿拟翻译研究——社会符号学视角[M].武汉:武汉大学出版社,2011.
[203] 唐伟胜.国外叙事学研究范式的转移——兼评国内叙事学研究现状[J].四川外语学院学报,2003(2):13-17.

[204] 田臻.类属空间在隐喻概念合成中的运用[C]//吴友富.外语与文化研究:第六辑.上海:上海外语教育出版社,2007:83.
[205] 汪丁丁.语言的经济学分析[J].社会学研究,2001(6):86-93.
[206] 汪立荣.概念整合理论对移就的阐释[J].现代外语,2005(3):239-248.
[207] 汪少华.合成空间理论对隐喻的阐释力[J].外国语,2001(3):37-43.
[208] 汪少华.概念合成与隐喻的实时意义建构[J].当代语言学,2002(2):119-127.
[209] 汪榕培.英语词汇学教程[M].上海:上海外语教育出版社,2000.
[210] 汪榕培.英语新词追踪[J].外语与外语教学,2000(8):10-14.
[211] 王斌,王晋瑞.从信息论和符号学看翻译对等[J].上海科技翻译,2000(4):4-8.
[212] 王德春.修辞学词典[M].杭州:浙江教育出版社,1987.
[213] 王德春,陈晨.现代修辞学[M].上海:上海外语教育出版社,2001.
[214] 王健平.语言哲学[M].北京:中共中央党校出版社,2003.
[215] 王少杰.大学生英语写作与语言经济学[J].沈阳师范大学学报:社会科学版,2011(3):140-141.
[216] 王委艳.论电视广告的修辞叙事学特征[J].邯郸学院学报,2010(1):70-73.
[217] 王宁.消费与认同——对消费社会学的一个分析框架的探索[J].社会学研究,2001(1):4-14.
[218] 王希杰.汉语修辞学(修订本)[M].北京:商务印书馆,2004.
[219] 王雪玲.语言哲学视域下的语言交际博弈论[J].当代外语研究,2010(4):13-17.
[220] 王宜广."范跑跑"式新称呼语构成的认知机制[J].语言与翻译,2010 (4):40-44.
[221] 王寅.中西语义理论对比研究初探——基于体验哲学和认知语言学的思考[M].北京:高等教育出版社,2007:201.
[222] 王元骧.论马克思主义文艺学在当代的发展和意义[C]//方宁.理论的声音.重庆:西南师范大学出版社,2009:15-16.
[223] 王正元.概念整合理论及其应用研究[M].北京:高等教育出版社,2009.
[224] 维特根斯坦.哲学研究[M].汤潮,范光棣,译.北京:生活·读书·新知三联书店,1992.
[225] 魏志成.英汉语比较导论[M].上海:上海外语教育出版社,2003.

[226] 温伟华.《京华烟云》中言语交际的语言经济学研究[D].武汉:武汉理工大学,2008.

[227] 吴丹涛.对边际效用递减规律的再认识[J].惠州学院学报:社会科学版,2008(4):75-78.

[228] 吴坚.全球化下国家语言推广战略——政策、模式与中国的借鉴[M].北京:科学出版社,2013.

[229] 吴今培,李学伟.系统科学发展概论[M].北京:清华大学出版社,2010.

[230] 吴礼权.传情达意——修辞的策略[M].长春:吉林教育出版社,2004.

[231] 吴彤.中国系统科学哲学三十年:回顾与展望[J].科学技术哲学研究,2010(2):1-12.

[232] 吴文虎.传播学概论[M].武汉:武汉大学出版社,2000:172.

[233] 吴小芬.简论仿拟格在网络语言中的运用[J].浙江教育学院学报,2006(6):106-109.

[234] 吴晓岚,简庆闽.广告英语比喻类辞格初探[J].外语与外语教学,2007(5):10-12.

[235] 吴亚芝.英汉仿拟对比研究——认知角度新探索[D].福州:福建师范大学,2004.

[236] 吴艳.时尚驱动下的词语罐装现象[J].修辞学习,2004(4):57-58.

[237] 向明友.论言语的社会交际功能——经济分析语用学探究之二[J].外语学刊,2001(1):81-86.

[238] 向明友.关联论献疑——经济分析语用学研究之六[J].外语学刊,2004(2):34-38.

[239] 向明友.论言语配置的新经济原则[J].外语教学与研究,2002(5):309-316.

[240] 向明友,贺方臻.论“言多必失”:修辞箴言的语用探析之一[J].同济大学学报,2008(1):74-78.

[241] 向明友.语用三律[J].外语教学,2008(2):1-5.

[242] 向明友,夏登山.博弈语言用述评[J].山东外语教学,2011(4):15-20.

[243] 肖翠云.仿拟新论——兼论仿拟与戏拟的纠葛[D].福州:福建师范大学文学院,2003.

[244] 谢识予.经济博弈论[M].上海:复旦大学出版社,2002.

[245] 谢朝群,何自然.语言模因说略[J].现代外语,2007(1):30-39.

[246] 辛斌.当代语言研究中的游戏观[J].外语教学与研究,2003(3):331-336.

[247] 熊俊.汉语仿拟翻译研究——社会符号学视角[M].武汉:武汉大学出版社,2011.

[248] 熊伟.语言经济学视域下的口译教学研究[D].武汉:武汉理工大学外国语学院,2010.

[249] 徐国珍.二十世纪仿拟辞格研究综述(上)[J].湖北师范学院学报:哲学社会科学版,2000(4):28-34.

[250] 徐国珍.二十世纪仿拟辞格研究综述(下)[J].湖北师范学院学报:哲学社会科学版,2001(3):49-54.

[251] 徐国珍.仿拟格与命名艺术[J].修辞学习,2001(5):33-34.

[252] 徐国珍.论《红楼梦》对话中的仿拟艺术[J].红楼梦学刊,2003(2):294-307.

[253] 徐国珍.仿拟研究[M].南昌:江西人民出版社,2003.

[254] 徐国珍.广告中仿拟运用的副偏离现象及对策研究[J].江西社会科学,2004(8):176-180.

[255] 徐国珍.仿拟造词法论略[C]//王德春,李月松.修辞学论文集(第十集).上海:上海外语教育出版社,2006:356-359.

[256] 徐国珍.论仿拟造词法的内部理据——汉语造词法理据探析的个案研究[J].汉语学习,2007(6):35-40.

[257] 许建平,沈达正.试论 Nonce Word、Parody 与"仿词"的关系[J].外语教学,2001(4):27-30.

[258] 许宁云.语篇回指博弈论[J].外国语,2005(6):47-53.

[259] 徐默凡.论命名性修辞[J].当代修辞学,2011(1):44-52.

[260] 徐默凡.流行语的游戏心态和游戏成分——以无关指称为例[J].当代修辞学,2012(1):36-42.

[261] 徐盛桓.礼貌原则新拟[J].外语学刊,1992(2):1-7.

[262] 许其潮.语言与经济:一个新兴的研究领域[J].外语与外语教学,1999(7):4-7.

[263] 徐蓓春.审美文化的超功利走向阐释[J].宁波大学学报:人文科学版,2005(2):61-64.

[264] 徐建军,龚涛.耗散结构理论视野下的大学生文化素质教育体系创新[J].湘潭大学学报:哲学社会科学版,2011(1):14-17.

[265] 徐鹏,等.修辞和语用——汉英修辞手段语用对比研究[M].上海:上海外语教育出版社,2007.

[266] 徐启龙.语言经济学视野中的网络英语[J].西安外国语大学学报,2011(2):26-29.

[267] 杨桂通.系统哲学是马克思主义哲学的全新发展[J].系统科学学报,2011(2):1-4.

[268] 杨虹.现代商业社会的文学时尚[M].长沙:湖南人民出版社,2005:153-154.

[269] 杨绍梁.界面研究:外语科研创新的一条途径[J].外国语文,2012(1):142-144.

[270] 杨清.现代西方心理学主要流派[M].沈阳:辽宁人民出版社,1983.

[271] 杨永林.社会语言学研究:文化·色彩·思维篇[M].北京:高等教育出版社,2004.

[272] 杨永林.社会语言学研究:功能·称谓·性别篇[M].北京:高等教育出版社,2004.

[273] 幺孝颖.从图形-背景理论看仿拟修辞格生成的认知本质[J].外语研究,2007(4):21-25.

[274] 幺孝颖.仿拟话语的认知语用研究[M].北京:国防工业出版社,2008.

[275] 姚小平.洪堡特——人文研究和语言研究[M].北京:外语教学与研究出版社,1995.

[276] 姚俊.广告双关语的认知研究[J].四川外语学院学报,2004(9):102-106.

[277] 姚明发.语言经济学的历史回顾与研究路向[J].社会科学家,2007(9):204-206.

[278] 尹晓妍,李强.语言游戏说与对外汉语教学[J].怀化学院学报,2007(11):118-119.

[279] 普里戈金,斯唐热.从混沌到有序——人与自然的新对话[M].曾庆宏,沈小峰,译.上海:上海译文出版社,1987.

[280] 袁聪,张鸿燕,王新梅.Shannon 信息论及其新发展[J].通信技术,2002(10):76-78.

[281] 袁俏玲.再议语言经济学[J].外语教学,2006(5):50-52.

[282] 邓普.论滑稽模仿[M].北京:昆仑出版社,1992.

[283] 岳启业.信息论翻译的多维度探索[J].外语学刊,2010(4):121-124.

[284] 易晓明.文化差异与社会和谐[M].长沙:湖南师范大学出版社,2008.

[285] 余渭深,董平荣.合成空间理论与中国古典诗词意象[J].外语与外语教学,2003(3):4-6.

[286] 于全有.一种颇为惹人注目的仿名命名倾向[J].修辞学习,2006(1):75-76.

[287] 曾庆璇.著名广告词修辞艺术[M].重庆:重庆出版社,2001.

[288] 曾祥云."名学"究竟是什么——与孙中原先生商榷[J].学术界,2002(5):133-140.

[289] 张从益.英汉水意象叙述行为的内外动力源因素分析[J].小说评论,2009(5):308-310.

[290] 张从益.基于叙事动力的内外发生分析在交际称谓学时中的应用[J].外语教学,2010(5):41-44.

[291] 张嘉昕,吴宇晖.经济语言学:一门新兴边缘学科的厘清与追踪[J].贵州社会科学,2011(8):83-86.

[292] 张兢田.博弈语用言学[J].语文学刊:外语教育教学,2011(10):1-4.

[293] 张立文.和合学——21世纪文化战略的构想[M].北京:中国人民大学出版社,2006.

[294] 张立文.国学与和合学[J].北京行政学院学报,2007a(4):86-89.

[295] 张立文.和合、和谐与现代意义[J].江汉论坛,2007b(2):5-9.

[296] 张立文.和合学——全球化时代的中国哲学[J].苏州科技学院学报:社会科学版,2011(1):3.

[297] 张天勇.从生产社会到消费社会的转变:符号拜物教的现实根基[J].学术论坛,2007a(3):16-19.

[298] 张天勇.论符号拜物教——从媒介的角度看[J].重庆社会科学,2007b(11):33-36.

[299] 张卫国.语言的经济学分析:一个初步框架[D].上海:上海大学经济学院,2008.

[300] 张卫国.语言经济学三大命题:人力资本、公共产品和制度[N].中国社会科学报,2010-02-23(8).

[301] 张卫国.语言的经济学分析:一个综述[J].经济评论,2011(4):140-149.

[302] 张忻.语言经济学与语言政策评估研究[J].语言文字应用,2007(4):13-20.

[303] 张勇,宋旭.语言省力原则探究[J].青岛大学师范学院学报,2010(1):116-122.

[304] 赵国燕.语言经济学视角中的中国高校双语教学[D].青岛:中国海洋大学外国语学院,2009.

[305] 赵琴. 概念整合视野下 zeugma 的认知研究[J]. 西安外国语大学学报，2007(9)：20－24.

[306] 赵沁平. 加强语言文字应用研究，构建和谐的语言生活——在“国家语委‘十一五’科研工作会议”上的讲话[J]. 语言文字应用，2007(1)：1－4.

[307] 赵彦春. 关联理论与翻译的本质——对翻译缺省问题的关联理论解释[J]. 四川外语学院学报，2003(3)：117－121.

[308] 赵彦春. 翻译学归结论[M]. 上海：上海外语教育出版社，2005：232.

[309] 赵艳芳. 认知语言学概论[M]. 上海：上海外语教育出版社，2001.

[310] 郑献芹. 近十年来汉语称谓词语研究概况及分析[J]. 江西社会科学，2006(5)：181－184.

[311] 钟蕾. 概念整合理论对《雨中的猫》的认知解读[J]. 外国语文，2011(4)：34－38.

[312] 周光庆. 从认知到哲学：汉语词语研究新思考[M]. 北京：外语教学与研究出版社，2009.

[313] 周辉，张巍成. 语言游戏论与英语口语教学[J]. 辽宁教育行政学院学报，2007(2)：66－67.

[314] 周祖谟. 汉语词汇讲话[M]. 北京：外语教学与研究出版社，2006.

[315] 朱德熙. 语法讲义[M]. 北京：商务印书馆，2007.

[316] 祝碗瑾. 社会语言学概论[M]. 长沙：湖南教育出版社，1992.

[317] 左飚. 环性与线性：中西方文化特征比较[C]//左飚. 冲突・互补・共存：中西文化对比研究. 上海：上海外语教育出版社，2009：176－185.

后　记

本书是在我的博士论文基础上修改而成的，并且是2011年湖南省哲学社会科学基金项目“英汉仿拟的跨学科研究”(批准号：11WLH16)的结题成果。

从2010年3月为博士论文选题开始构思起，到成功获批湖南省哲学社会科学基金项目，再到博士论文答辩完成后的修改为止，前后历时整整5年之久。期间经历了选题之初彻夜难眠的冥思苦想，到获知课题批准时的高兴万分，到博士顺利答辩后的欣喜若狂，再到修改整理的难熬艰苦，酸甜苦辣，唯我自知。经过两年的资料收集、两年时间的艰难写作过程，这一课题的研究总算告一段落了。尽管问题一定还有不少，但总算是成了型。值本书完成之际，我的内心充满了谢意。

首先，感谢湖南省社会科学规划基金提供项目资助以及鼓励，给我以精神上的莫大鼓舞，双重资助使得该研究得以正常进行，从而促成这本专著得以付梓。感谢我的博士生导师梅德明教授。本书撰写的一系列过程：选题、大纲的确定以及文章的反复修改等，都是在梅老师耐心细致的指导下完成的。梅老师渊博的学识、严谨的治学态度令我折服，他高瞻远瞩、诲人不倦的悉心指导让我受益，感激之情，难以言表。

其次，感谢虞建华教授、李维屏教授、邹申教授、陈坚林教授、俞东明教授、柴明熲教授、张健教授等所有上海外国语大学为我们博士班授课的老师，他们的授课开阔了我的学术视野，激发了我的学术灵感。感谢戴炜栋教授和李基安教授，他们为我论文的撰写提供了许多宝贵的建议。感谢彭禹博士、张翀博士、李海军博士，他们为我的博士论文提出了富有价值的启发和建议。此外还有我的同门师姐妹万华和陈卉两位博士，由于我地域不便，她们给我提供了材料整理和资料递交等许多帮助，在此一并表示感谢。

另外，感谢湖南工程学院张从益教授，他无私地向我提供了100余本英文原著，给我资料收集和查阅以极大的便利，正是在他的支持、鼓励和帮助下，我才坚持完成本书的撰写工作。感谢湖南工程学院和上海外国语大学图书馆的工作人员，他们给与了我资料查阅与复印极大的便利。

同时，我还要感谢这一论题研究领域中的前辈学人，他们的学术著作和论文，为我的研究奠定了深厚的基础，引领我步入学术前沿，并在此基础上迈出了可喜的一步。

最后，我要感谢我的妻子蒋慧筠女士，她在我读博和撰写专著的过程中，承担了全部家务和儿子的学习辅导与生活照料等繁重的家务，从而使得我能专心完成学术创作。同时还要感谢我的儿子罗佳程，父亲不在身边的那些日子里，他小小年纪便承担了一个男子汉的责任。同时，我还要感谢在背后默默支持我的朋友们，我的每一个细小的进步都离不开他们的支持和理解。另外，在学术著作出版如此艰难之际，西北工业大学出版社不避亏损风险，使此书得以顺利面世，责任编辑雷军女士为本书的出版付出了极大的努力与辛勤的劳动，在此一并致以衷心的谢忱。

人生有涯而学海无涯，学术之路漫长而艰辛。上海外国语大学堪称我学术成长过程中的转折点，而湖南工程学院堪称我成长的摇篮。我仍将努力，上下而求索，以此回报母校和师长的培养。

罗胜杰

2015 年 5 月 25 日

于湖南工程学院